私募股权
投资交易
法律适用与实践

季境 著

人民出版社

目　录

序 一

季境博士的《私募股权投资交易法律适用与实践》即将付梓，请我作序，我欣然接受。

市场经济是法治经济，资本市场是法治经济的最前沿。二十一世纪以来，私募股权投资支持创业企业这一新生模式，随着一些交易案例的公布开始走进人们的视野。伴随市场经济的迅速发展，私募股权投资已成为新生业态企业在创业阶段的主要融资来源。可以说，私募股权投资对我国现阶段的大众创业、万众创新具有不可替代的推动作用。

习近平总书记曾说过创新是一个民族进步的灵魂，是一个国家兴旺发达的不竭动力，在激烈的国际竞争中，惟创新者进，惟创新者强，惟创新者胜。而创新的基本保障则在于营造有利于大众创业、市场主体创新的政策环境和制度环境。创造一个保护产权、维护契约、平等交换、公平竞争、有效监管的政策环境和制度环境，才能有效促进我国经济、社会的持续、健康发展，才能实现全面建成小康社会、中华民族复兴的宏愿。

《私募股权投资交易法律适用与实践》在整合已有研究成果的基础上，结合作者近年来在私募股权投资法律实践领域所取得的成功案例，大胆尝试不囿于合同法、公司法、金融法"各说各话"的研究范式，从私募股权投资在我国当前的实际情况、规则之间的矛盾和冲突、对司法裁判的认识等多角度深入解析，提出法律适用的趋势和立法制度设计，为私募股权投资领域的规范化、法制化探讨合理路径。

季境博士总说自己天赋不高，但她始终孜孜不倦，不断在新领域里探索，并且求精、求实。她是一个极其执着的学者，一旦对新的研究题目产生兴趣，就全身心地投入。她也是一个学术悟性极高的学者，对于学术和实务领域的新问题，具有高度的敏感性，而且总是能够做出成就来。她又是一个生活趣味丰富的学者，喜爱一切具有文化美感的事务，让自己的生活充满乐趣。正是这些品格支撑了她的学术和实务的成就，以及幸福家庭。

《私募股权投资交易法律适用与实践》虽不是鸿篇巨制，却也是十年磨一剑。字里行间，充满了一个法律人的使命感与责任感——她分别从合同法、公司法、金融法角度对私募股权投资在中国经济法律环境中运行的各个环节进行分析，始终坚持促进交易进行，维护交易安全的民法理念，坚信只有正确价值取向之下的规则和规范，才不会成为裁判者的专断。我们应当看到，虽然与资本市场相关的《公司法》、《证券法》等有关法律正在不断完善，规范企业投、融资的法律制度框架也在完善之中，但还远远不能满足市场经济快速发展的要求，仍然需要社会各方面的不懈努力。

新一轮科技和产业革命正在创造历史性机遇，信息科技、材料科技、人工智能、生态环保科技等领域都酝酿着激动人心的重大突破，给经济增长和社会发展提供了新动力、新契机。我们期待良好的政策环境、市场环境、法治环境能为我们开创新的历史篇章保驾护航，期待像季境一样踏实做事、勤恳治学的学者全力以赴，为实现中华民族的伟大复兴贡献自己的绵薄之力。

是为序。

信春鹰

2016 年 11 月

序 二

　　在民商法学者中，季境博士颇有些个人特点。她在做过多年法官后，转身投入中国政法大学研究生院。取得博士学位后，她一边从事法律实务，一边投身法学教育和研究，在西南政法大学开设"非诉律师实务"、"资本市场法律实务"等诸多理论与实务相结合的法学前沿课程，给予学生新的专业视野和思维训练，同时笔耕不缀，不断推出新的研究成果。她的研究成果大多能把握前沿，紧贴实践，基于对市场秩序需求及市场主体诉求的了解，运用法学理论对现实问题进行理性分析，努力发掘法律制度在经济生活中均衡利益关系、增进社会福利的潜能。她的特点在于能够面对实践中富有挑战性的问题，以律师的眼光和学者的思维，通过准确的聚焦和细致的分析，阐明法理，揭示要义，寻求方案，开辟路径，从而越过充满矛盾与冲突的现实世界，在法律的理性王国中展现追求合理秩序的信念和信心。我以为，法学工作者对社会的贡献，不仅在于帮助人们解决时下的种种疑难，而且在于唤起人们对美好境界的向往。法律始终追求正义，正义永远朝向至善。

当然，来自实践的问题和需求是法学理论不断发展的永恒动力。本书是一本研究私募股权投资法律问题的法学专著。随着我国金融经济的发展，私募股权投资已经成为我国直接融资市场蓬勃兴起的新型业态。同时，私募股权也是一种特殊的投融资模式。在私募股权投资中，投资者与被投资企业基于双方的现实需求，在平等自愿和互利共赢的认知下，通过包括"对赌协议"等特别条款在内的灵活多样的交易安排，实现风险分配和利益契合，促进了资本市场的繁荣，其积极作用不可否认。对于这些交易安排，无论是习惯于传统监管思维的官员，还是局限于固有概念逻辑的学者，都以不同方式表达了困惑、质疑甚至否定的态度。因此，对于这些问题进行深入的法理探讨，实为必要。

本书以一起投资纠纷案件为叙事起点，聚焦"对赌协议"，对私募股权投资的特殊交易安排进行了深入的讨论。在案件分析中，作者对大量私募投资机构签署"对赌协议"的实践进行了深入调研，以充分的说理、严密的论证，提出了自己的见解，并就推动立法完善积极建言。本书运用合同法、公司法的原理，对私募股权交易法律关系的特点，从交易目的、交易结构、交易产品的特殊性到由此导致的法律关系的不稳定性，以及这类交易面对的法律障碍，进行了细致的论证，为理论研究者打开了新的视野，给实务工作者带来了新的启迪。

在本书生动而严谨的叙述中，人们还可以看到了一位紧贴实务的民商法研究者所具有的关注市场、理解市场、尊重契约、保护契约的立场与信念。这恰恰是许多"学院派"法学研究者所缺乏的素养。我希望有更多的法学界同仁进一步深入市场经济的广阔天地，将法学理论应用于交易实践，以推动我国经济发展协调有序、行稳致远，不断地接近效率与公平相统一的理想彼岸。

是为序。

2016 年 11 月

自　序
让私募股权投资交易在法治轨道上畅行

一、我为什么写这本书

　　写作从来都是一件苦差事，特别是对于一贯自认慵懒的我而言，更是难得有为一个问题而上下求索的足够动因。对于私募股权交易这一实践中的新兴事物，虽一直颇为关注，也曾对感兴趣的相关问题做了一些研究，但也仅限于此，并没有为此系统写作的计划。或许偶然性才是真正的推动力，本书的写作源于一个真实案件。[1]2012 年上半年，北京富汇科创创业投资中心等六家 PE 机构，委托我代理其在中国国际经济贸易仲裁委员会（以下简称"贸仲"）申请仲裁投资人和目标公司之间的私募股权投资补偿款纠纷，让我对私募股权投资领域有了更深入的接触和了解，特别是案件中涉及的估值调整机制

（Valuation Adjustment Mechanism，VAM）在中国司法上的认定等一些新的法律问题和司法困惑，进一步激发了我的研究热情，促使我从这个案件切入，展开对私募股权投资（Private Equity, PE）领域的学理探究及对社会实践颇具影响的相关话题的讨论，于是便有了今天本书的付梓。

（一）"对赌协议"——徘徊在法律灰色地带的"小强"

在我国，民法理论和实务界存在不少关于估值调整机制法律问题的争论，由于媒体在报道此类估值达成的交易使用了"对赌"条款的说法，所以法学上的讨论也一直使用"对赌协议"的称谓。对这类估值交易，我国合同法尚无明确规定。在实务界曾经流传着一种说法，即最高人民法院的观点为：投资人与控股股东对赌有效，但与目标公司对赌无效。

从此类交易的特点看，是一种"以退为进"的交易方式，即投资人与目标公司签订合同的目的是最终通过上市、并购或管理层收购等方式出售持股——退出交易以获利，所以应属证券监管的范畴。但由于这种投资是由投融资双方以交易的方式达成，以非公开配售的方式避免了监管机构关于公开配售需要提供招股说明书等一系列要求，因此也就绕过了招股所需要的各种审查。

在实践中，证券监管机构的要求是：凡是企业在首次公开发行股票（Initial Public Offerings, IPO）投资前存在估值调整协议的，必须在向证监会报送 IPO 申请文件前予以清理。证券监管部门的态度是：对投资人与目标公司是否签订对赌协议无力顾及，也不对协议效力给予评价，但要求目标公司在提交上市审查资料时不能存在对赌协议。这自然令投资人产生一个这样的印象：政府监管部门对对赌协议不予认可，至少这类协议是处于灰色地带的一个事物。然而，尽管缺少权威机构的认可，但实践中旺盛的市场需求，使得这类协议在私募股权交易中展现出蓬勃的生命力，甚至成为一种常态，成为实践先行的又一例证。

同时，还有一个非常重要的现象，就是对于这种源于美国的投资架构模式，国际私募机构出于对中国法律和监管政策变动不定的担忧，在交易中多运用协议控制的方法，利用"返程投资模式"，借助"可变利益实体"（Variable Interest Entities, VIE）等手段实现海外融资和上市，这样就通过将英美法律制度"溢出"的方式实现了该交易机制在异国法律制度下的安全着陆。对中国市场和中国企业的投资过程中，投融资双方纷纷选择去维京群岛、百慕大等地注册 VIE 公司，再通过对国内实体的协议控制完成上市之路。这样曲线上市的原因除了税收等因素的考虑外，更主要的原因是投资人认为该交易机制的有效运行和交易利益的最终兑现，均须借助美国公司法及其相配套的一系列保护特别股的法律制度方能实现。抑或说，之所以历尽波折去海外架构、注册公司，就是为了实现美国法律制度的"溢出"效应，重要的原因之一就是担心这种交易机制为中国的法律环境所不容，以及由此的退出周期过长所致的风险加大。

（二）投资人——是什么让你如此纠结

基于上述对中国法律环境的认识，当投资人面临对赌协议纠纷时，难免对诉讼前景抱相对悲观的心态，我接手案件的当事人正是如此。当时，该案的投资人与被投资企业之间的关系已经不可调和，双方的拉锯战僵持了半年之久。实际上，据我所知，实践中因业绩不达标导致依估值条款需要调整时，双方借助诉讼手段去实现调整的很少。投资人除了对该交易机制在中国法律环境运行的确定性担心外，还需要考虑诸如对基金管理公司的品牌影响、对有限合伙人（简称 LP）和一般合伙人（简称 GP）的责任承担以及对被投资企业近期上市前景的影响等多种因素。本案中，投资人也一直在做利弊权衡。但他们也明白这样一味等待下去的结局是什么，并渐渐形成一致的想法：哪怕（仲裁裁决）前景不乐观，诉讼（仲裁）也可以作为一种施压的策略。因为一般来讲，被投资企业也会考虑诉讼对企业上市所产生的不利影响，这些因素也许会敦促双方达成和解。最终，促使本案投资人下决心提交仲裁的原因是：双方合同中存在这样一个条款，即"任何因本协议的解释或履行而发生的争议，均应首先通过友好协商方式加以解决。如协商未果，则任何一方有权在该争议发生后六十（60）天内，将争议提交中国国际经济贸易仲裁委员会依据其届时有效的仲裁规则仲裁解决"。该案中，双方约定的是以 2011 年税后净利润为估值依据，至 2012 年 6 月 30 日董事会报告公布 2011 年净利润以后，双方争议的基础事实即已出现。根据在争议发生 60 天内提交仲裁的约定，投资人担心一旦超过 60 天，此案便将出现诉讼无门的局面，届时会更加被动，于是六家投资机构决定背水一战，决定在 60 日期限截止的前一天（8 月 29 日）正式提交仲裁申请书。

为了让读者能够更好地理解这类投资交易，我们先举个非常简单的例子：甲提供资金委托农户乙饲养农家猪（实际就是甲以先付款的方式购买一只未来之猪），以一年为期限。对于交易价格双方约定：猪的价格以每公斤 50 元计，一头猪的最终价格以年终猪的重量决定，甲乙可先预估一下猪年终的分量为 100 公斤，甲先支付 5000 元，并约定最终多退少补。年终双方结算的公示为：50×100 公斤（已经给了的钱）−50× 猪的重量（应该给的钱）= 应该退回的钱。如果年末交付时猪的重量是 80 公斤，那么乙应该退给甲 50×100 公斤 − 50×80 公斤 = 1000 元。这个道理童叟皆知，当毫无疑问。

再看此案估值调整条款的争议事实：2011 年年初，投资方与 A 公司协商签订了《增资扩股协议》，以 2011 年末预期业绩 3 亿元为基数，按 15 倍市盈率对企业估值 45 亿，投资方增资 2 亿元，占股 4.4%（因为是增资方式的股权投资，合同约定，其中 1000 万元计入注册资本，其余 1.9 亿元计入资本公积）。双方同时约定，如果 2011 年度经审计后净利润低于 3 亿，目标公司需要向投资人补偿，补偿金额为：[15× 约定净利润（3 亿）] × 股权比例 −[15× 实际净利润] × 股权比例。2012 年 6 月，投资方获知 A 公司 2011 年度经审计后净利润为 1.5 亿元（仅为承诺业绩的 50%），故向 A 公司根据上述公式要求现金补偿 0.99 亿元。

在此案估值调整条款公式中"[15× 约定净利润（3 亿）] × 股权比例"就是投资人付给目标公司的投资款，类似于上述案例中 50×100 公斤即甲预付的 5000 元购猪款，"[15× 实际净利润] × 股权比例"就是在约定的日期到来时企业实际业绩所体现的市值，类似于上述案例中"50×80 公斤"即猪长成时的实际分量，二者的差就是目标公司应该退给投资人的钱。

尽管买卖合同中多退少补的结算方式早已司空见惯，也不会有人对此类交易模式提出合同效力的质疑。但面对私募股权投资交易这类新生事物，尤其是缺少立法和司法机关明确意见的情况下，这种类似于多退少补的股权投资交易中，当事方却往往会对诉讼（仲裁）解决存在很大的质疑和纠结。本案的情况也是如此。到真正提请仲裁时，有三家投资人又决定放弃仲裁申请，其心态之纠结由此可见一斑。

事实上，私募股权投资交易模式在我国所受到的质疑由来已久，特别是针对国际私募投资机构在中国投资行为的管控，除了国务院的各种规章外，包括商务部、外汇、工商、税务等相关职能部门的规定也是举不胜举。从监管角度看，估值调整协议结构的核心是根据未来业绩的企业资产估值达成交易，待业绩确定以后再对企业市值进行"调整"，其调整的结果可能是对投资人持股比例的调整，也可能是补偿款的支付。前者，可能使公司股权结构存在不确定性并导致公司管理层发生重大变化；后者，向投资人支付补偿款是股东和公司利益输送的一种情形，因违反公司规范运行的相关规定，可能造成对其他债权人或社会公众利益的损害。因此，这些条款均可能因违反监管部门《首次公开发行股票并上市管理办法》、《首次公开发行股票并在创业板上市管理暂行办法》等的禁止性条款，而造成企业 IPO 的实质性障碍。同时，由于私募股权投资交易对象为股权，而且通常是具备了特殊功能的优先权，这会导致股东之间权利的交叉重叠，其中股权优先功能所造就的股权限制条款必然导致股权不清晰的后果，也会直接触犯《首次公开发行股票并上市管理办法》第十三条的规定，即要求

"发行人的股权清晰，控股股东和受控股股东、实际控制人支配的股东持有的发行人股份不存在重大权属纠纷。"此外，股权优先权的功能不仅会导致公司股权结构的不稳定性，而且会触犯股东平等原则。在法官视野下，多是其因涉嫌触及《首次公开发行股票并在创业板上市管理暂行办法》第二章发行条件中"发行人及其控股股东、实际控制人最近三年内不存在损害投资者合法权益和社会公共利益的重大违法行为"的规定而遭受诟病。概括地说，监管机构认为，这种股权优先权的交易依双方意思自治方式设定，其股权功能非常灵活，容易产生股东间相互交易以及交易产品的不确定性，从而导致资本市场的诸多不安全因素。如此种种，均是证券管理机构在企业申请 IPO 之前要求清理对赌协议的原因。

（三）舶来品的司法环境之困——想说爱你不容易

对赌协议在司法实践中之所以命运多舛，原因可能有很多，但顺着最高人民法院对甘肃世恒案[2]判决的思路，最直接的影响因素可归结为以下三点：

其一，行政审查中的禁止性规定及排斥"对赌协议"的习惯性做法严重影响了司法裁判者的思维。实践中，将对投资人行政管理的规范和法律对基金管理的规范以及证监部门对拟上市公司的规范等，均作为合同审查中的禁止性规定来理解的案例可谓比比皆是。

其二，私募股权交易与我国公司法管制型立法体制的紧张关系。最高人民法院司法解释中存在很多规范性的条款，法官可以直接引用这些规定来否定合同效力（包括无效及不生效等），这些司法解释可能是针对当时的某种特殊情况而制定的，但适用在私募股权投资领域却会造成极大的不公平。私募股权以退为进的交易目的是以授权性公司立法为背景的，而中国公司法管制性特征及与此相配套的司法解释恰恰成为其灭杀器，这也是很多学者认为中国的证券市场和司法环境不能孵化私募股权这一产品的原因。例如，2010 年最高人民法院《关于审理外商投资企业纠纷案件若干问题的规定（一）》第二条规定，"当事人就外商投资企业相关事项达成的补充协议对已获批准的合同不构成重大或实质性变更的，人民法院不应以未经外商投资企业审批机关批准为由认定该补充协议未生效。前款规定的重大或实质性变更包括注册资本、公司类型、经营范围、营业期限、股东认缴的出资额、出资方式的变更以及公司合并、公司分立、股权转让等"。在此，对合同构成重大或实质性变更的情况将会被视为相关民事行为不生效的情形，即一旦出现注册资本、公司类型、经营范围、营业期限、股东认缴的出资额、出资方式的变更以及公司合并、公司分立、股权转让等构成重大或实质性变更的情况，就会被认定为合同尚未生效。对赌条款以及优先股条款的执行均会导致注册资本、出资额及出资方式、股权转让等情形的变化，容易被认定为"对已获批准的合同构成重大或实质性变更"，这样一来，相关合同条款即出现不生效的判定。又如，最高人民法院关于适用《中华人民共和国公司法》若干问题的规定（三）第十二条规定"公司、股东或者公司债权人以相关股东的行为利用关联交易将出资转出且损害公司权益的"，属于股东抽逃出资的一种情形，应当认定为损害公司利益的行为。这一条规定在实践中被不断放大，导致无论是否有合法的依据，只要是将关联人出资转出的行为即是无效的所谓"认识"。

其三，对司法裁判者价值判断的过程缺乏基本规则和必要的限制。从最高人民法院审理甘肃世恒案判决表述看，三级法院均作出估值调整条款无效的认定但其理由却各不相同，这种依附于法官个人智慧和学识之上的评价标准极不可靠，虽然他们都会在既有成文法体系中寻找可以作为禁止性规定的条款作为依据，但这也只是为判决结论所需要的形式上的正当性，至于他们"寻法"所找到的推理性依据为什么属于禁止性规定、是否符合民法的体系强制等，均未在裁判者的考虑范畴之内。从最高法院法官"意思自治需有'不违法'作为前提，违反法律的意思自治是不被承认的"所表达的观点看，其中的"法"既包括调整交易行为的《合同法》，也包括规范公司及股东行为的《公司法》等特别法规范。具体到《合同法》，指的是该法第五十二条"违反法律、行政法规的强制性规定"的内容无效的规定。从《公司法》看，该法第二十条公司股东不得滥用股东权利损害公司或者债权人的利益的规定、第三十六条关于股东不得抽逃出资的规定、第二百零一条及《最高人民法院关于适用中华人民共和国公司法若干问题的规定（三）》第十二条关于不得抽逃资金损害他人权益的规定，乃至《公司法》第二十一条关于不得利用关联交易损害他人利益的规定，均被用来作为投资方（作为股东）违法（《公司法》的禁止性规定）的依据，认为股东（实际上是交易法律关系中的投资人）损害了被投资公司及债权人利益。

于是，实践中就出现了这样一个局面：投资人与融资方签订投资合同的时候，关于估值调整条款以及投资人为保证资金安全、减少代理成本以及防御未来投资人敌意所设置的股权特殊功能等条款的达成，都是意思自治的结果，当合同履行中出现了当事人约定的情况，需要按照在先约定"兑现调整"的时候，违约方反而可以违反法律禁止性规定来拒绝合同履行。也就是说，法律在此成为违约者实现救济违约行为的工具，成为科斯以经济学理论解释这一现象时所言"事前的信息不对称会导致逆向选择，而事后的信息不对称将导致道德风险"的法律翻版。

很显然，相对于私募投资交易合同，其合法性问题拷问的是《公司法》对投融资双方意思自治的态度，即投融资双方在达成这样一个关于针对未来拟上市公司股权的交易过程中，可不可以自由约定交易架构模式？比如，先按照估值计算未来公司股权的价格并投入资金，在约定的时间到来时再按照实际业绩进行调整，是否可以？

从"世恒案"中兰州中院到甘肃高院直至最高人民法院的判决看，显然认为设置这种估值调整补偿款的合同是无效的。但正如前文约定买卖未来饲养之猪的合同和估值调整交易之对比所呈现的，猪之交易多退少补可以，买卖未来股权之交易多退少补又有何特殊，为何不可呢？如果是因为猪与股权的特征不同带来的交易差异，是否可以通过不同的法律技术予以消解呢？依据法律的"需求适应性"规律，中国的此类市场交易与社会实践已经积累到了相当程度，公司法早应该适时进行变革，明确规定自由约定股权的功能，让非标准优先股在中国公司法得以合法存在。如此，也能使大量存在于交易中作为资本最小单位的"特别股权"，获准进入交易实践，以满足市场发育的迫切需求。然而遗憾的是，《公司法》虽经修改但并未涉及这一问题，其在历次修改中所呈现出的暧昧也彰显其仍不肯脱掉管制型外衣的态度。

（四）丰满的理想与骨感的现实

突破总是很难的。面对这样的司法困境，我也在认真思索路究竟在何方。最终，我决心以本案属于合同法律关系而非公司法律关系为切入点，为对赌协议在中国的合法适用去争取一线生机。这个思路的确定，为我把握案件大局增强了信心，后来的仲裁过程，也证明了这个思路的可行性。在此案结束后的大量时间里，我的思考、学习并未停止，对于问题背后的原因和中国私募股权交易的现状及法律规制也日渐清晰，并最终在本书中得以详实的论证和回应。当然，这已经是后话了。

回到案件本身，在此案进入仲裁程序之后，更大的危机出现了，几乎扑灭了案件走向胜诉的希望以及我们内心初建不久的信心。2012年年底，就在此案在贸仲委仲裁开庭审理的前夕，备受瞩目的甘肃"世恒案"再审判决作出，最高人民法院在判决中明确了对估值调整条款"二元论"的态度。最高法院判决的主要内容为：增资协议中"如果世恒公司（目标公司）实际净利润低于 3000 万元，则海富公司（投资人）有权依估值调整条款从世恒公司处获得补偿"的约定损害了公司利益和公司债权人利益，是无效的；而协议中关于迪亚公司（控股股东）对于海富公司（投资人）的补偿承诺并不损害公司及公司债权人的利益，不违反法律法规的禁止性规定，是有效的。实务界对最高人民法院这一关于对赌协议法律效力的判决解读为："投资人与股东对赌有效，与公司对赌无效"。而我所代理的"富汇案"正是属于投资人与目标公司对赌的情形。对于投资人以及作为代理人的我们来说，这无疑就是以最高人民法院判例的形式，对此类交易在中国的命运进行了"盖棺定论"。

（五）检视与检讨——绝望中找寻希望

面对最高人民法院已经定格的结论，我们也有一种深深的无力感。如果估值调整条款得不到最终认可，将会对蓬勃发展的私募股权交易带来极大的冲击，影响高达数千亿。冷静下来，我们认真检视之前的所有分析和判断，确认没有疏漏和错误后，决心另辟蹊径再出发，并重点围绕以下几项内容开展工作：

第一，对最高人民法院判决认定事实及彼案与此案的实质差异进行类型化区分。在大量事实调查、对比的基础上，对影响仲裁员认定案件的几个关键问题区别明示，这是排除仲裁员在最高人民法院判决定式下的思维惯性的重要一环。这一工作的结论如表1所示：

表1

区别点	最高院案例	本　案
对赌类型	激励约束型	价格调整型
交易缔结时交易价格是否确定	确定	不确定（根据公司未来业绩实际情况计算确定）
增资法律行为最终完成的时点	缔约同时	业绩未来结算时点
双方约定对赌条款的目的	约束、激励老股东完成承诺业绩	双向价格调整机制（弥补缔约时留下来的待定事项，多退少补）

续表

区别点	最高院案例	本　案
约定形式	单向对赌	双向对赌
求偿款所对应资金的法律权属	属于被投资企业的资产	属于投资人的资产（增资时预先多支出的，有权取回）
求偿权性质	投资损失赔偿	预（多）支款项返还
是否承担经营风险	不承担	承担（增资行为最终完成后的经营风险）
实际业绩利润	2万元	1.5亿
客观上是否影响公司或债权人利益	影响	不影响

　　第二，公共利益与社会效果的详细论证。从国际上看，行业协会作为团体利益的代表，对判例和立法是具有一定影响力的。例如美国保险业协会、美国商会下设的诉讼服务中心，在联邦法院和立法机构中，行业协会代表集体会员表达有关公众政策性的立场，曾对很多案件的裁决起到决定性的影响。在我国，很多学者也提出行业协会可在某领域作为代表社会公共利益、国家整体利益的主体。如《环保法》审议时，即有行业协会可以成为诉讼主体的提议。作为对党的十八大精神的贯彻落实，在《国务院机构改革和职能转变方案》中，也有关于"使行业协会真正成为提供服务、反映诉求、规范行为的主体"的相关倡导性规范。我们通过对此类交易投资主体——私募基金机构的大量调研，了解到每家私募基金都存在大量的此类合同。根据仅在中国投资协会股权和投资创业专业委员会备案（现备案机构调整到中国证监会私募股权投资基金专业委员会）的1000多家私募机构的不完全统计，即已涉及4500亿价格估值调整补偿款的合法性问题。因

此，这已不仅是对该类合同效力的判决问题，更是影响到整个投资人市场、影响到今后中小企业融资市场，甚至对中国实体经济发展均将造成一定的不利影响。鉴于此，我们分别以《关键判例是行业的十字路口》、《行业协会的支持——行业协会是整体利益的代言人》为题，将此案的情况及对行业的影响、目前裁决的背景及困境等，如实客观地向行业协会做了汇报，认为行业协会应作为投资人整体利益的代言人站出来，充分提醒仲裁委员会高度重视并审慎地对此类案件作出评判。

第三，在财务制度上对补偿款进行研究以期对其是否属于公司财产作出重新界定的可行性。考虑到此类问题在法律适用中普遍遭受质疑——是否损害公司及债权人利益的问题，主要是基于对《公司法》三原则下法人财产权维护的问题。因此，对于此案争议的补偿款是否应退还给投资人，最大的障碍是认为投资人投资（增资方式）后，其中一部分计入注册资本，另外一部分已计入资本公积，这样的核算方式导致在财务处理上这已属于公司的财产。如投资人（此时已经是股东）再主张返还就属于损害公司利益，侵犯公司财产权。这就涉及财务问题对法律问题处理的影响。换言之，实践中采取增发方式的股权投资交易，仅有与公司注册资本对应的估值部分计入注册资本，其余计入资本公积（上述"富汇案"中仅有 1000 万元计入注册资本，其余 1.9 亿元计入资本公积）。那么，计入资本公积这部分在财务上到底应该计入哪个科目，是资本公积还是或有负债，还是金融工具抑或是衍生金融工具？应列入公司净资产还是公司总资产？一个合乎逻辑的判断是：如果估值部分在财务制度上本该计入或有负债，则其不属于公司的财产，也即不存在侵犯公司及债权人利益的问题。这一判断也得到了四大会计师事务所多位专家的认可。

第四，进一步深入研究私募股权交易的法律规制出路。我国《公司法》规定与私募股权投资交易不相容的问题，是中国市场经济发展过程中出现的新问题。在公司法理论上对该类问题予以厘清，是解决这一矛盾的必由之路。最令人担心是，我国《公司法》一直是管制型立法，虽 2005 年修订的《公司法》被很多学者赞誉为走向公司自治，其实禁止性规范的增加要多于授权性规范，立法的走向并不明确。私募股权投资是关于股权买卖的交易，而《公司法》规范意义上的股权限定在普通股，虽对于优先股有授权立法的条款，但当时并无关于优先股的相关规范。在公司法理论上，普通股与优先股的分配机制上进行法律架构的公平性在于：享有优先权的股东不再享有普通股股东的表决权。但私募股权投资中灵活的合同执行机制不仅改变了这一规则，而且可能导致类别股权、类别权利和类别股东的界定不清，使得股权与债权的界限模糊，这是否违反《公司法》关于股东同质及股份同一的基本原理。在法无明文规定且立法态度不明，尤其是与公司法基础理论的前提相悖的时候，这种担忧甚至已经超越了对案件本身的关注。通过征询国内立法专家的意见，专家一致认为这种估值调整条款的目的是为了纠正签订协议时所造成的偏差，属于意思自治范畴，对其进行效力判断的依据应当是合同法而不是企业法，法院不应以损害他人利益为由加以干预。

第五，为阐释观点和意见赢得时间。在上述工作取得进展并使我们确信足以说服仲裁员及各位专家的情况下，接下来的问题就是有更充分的时间来让大家冷静下来倾听。我们建议委托人启动在贸仲的另一个仲裁请求——有关被申请人财务状况的知情权之诉。因为根据《公司法》的相关规定，股东有知情权（优先股股东知情权范围更广，取决于合同约定）。启动新案件的目的不关乎胜诉与否，而在于我们能以"一案的审理必须以另一案的审理为依据"为由，让原案件（富汇案）中止审理。这样，我们就能为此案的逆转赢得时间。

（六）一点小得意——为"对赌协议"正名

在调研大量详实数据和充分论证的基础上，行业协会针对此类交易的现状与问题，汇集众多国内财务专家、立法专家的意见，向贸仲委提供了参考说明。中国国际经济贸易仲裁委员会专家顾问委员会对我们所提交的大量论证资料以及行业协会提交的说明进行了反复研究论证，并最终作出投资人与目标公司对赌协议有效的裁决。由于被申请人提出了回购权无效的仲裁反请求，经对我们反请求答辩意见认真研究，贸仲委也在该裁决中确认了回购权条款的效力。至此，这件被业界称为"中国对赌有效第一案"的富汇案终于画上一个圆满的句号。

2014 年 5 月，在中国投资协会组织的立法研讨会上，中国国际经济贸易仲裁委员会发言人表示，因为是机构仲裁，如无特殊情况，贸仲委以后对于"对赌协议"效力的观点会遵循先例——即对本案合同效力认定的观点。我受邀参加此立法研讨会并提交了"立法建议稿"。2014 年 6 月 3 日，最高人民法院《关于人民法院为企业兼并重组提供司法保障的指导意见》（法发〔2014〕7 号）提出"强化商事审判理念，充分发挥市场在资源配置中的决定性作用。要坚持促进交易进行，维护交易安全的商事审判理念，审慎认定企业估值调整协议、股份转换协议等新类型合同的效力，避免简单以法律没有规定为由认定合同无效"，明确赋予了"对赌协议"合法的生存空间，私募股权交易也迎来了属于自己的春天。

二、本书的写作思路与研究路径

本书是在我近年参与私募交易实践的基础上写成的，但如果将此书简单定位于实务著作，这并不是一个公允的评价，也并非我希望看到的结果。梳理国内目前与私募股权交易相关的法学研究成果，主要有这样几种切入点：一是关于私募股权的交易"进入"机制——估值调整条款（对赌协议）的法律性质研究，主要从合同法角度对交易性质进行探讨；二是从公司法角度对优先股或者特别股制度在中国可行性问题的研究，其实践基础就是私募股权交易现象；三是从金融法角度对私募股权投资模式在中国经济法律环境中运行可行性研究，如认为中国证券市场不具备孵化该类交易的经济环境及制度背景等。这些研究成果分别从不同角度对私募股权交易进行了深入探讨，也成为本书写作中的重要参考。在整合已有研究成果的基础上，结合实践问题引发的思考，我大胆尝试不囿于上述合同法、公司法、金融法"各说各话"的研究范式，力求对私募股权交易的法律问题展开多视角的研究，既从合同法的规范视角分析优先股交易中出现的问题，包括对这类问题的类型化归纳及法律规制方案（例如将优先股在交易中是否及可能波及的第三人利益在合同法规范配置方法的角度进行了归类讨论，更清晰地看到灵活设计的优先股功能的外部性因素对交易影响及规范意义上的认识），也从交易背景下优先股功能变化的认识出发，来准确把握这些变化给交易安全带来的影响，为在交易制度中解决这一现象提供解决路径。

（一）制度的生命在于实践

事实上，公司法出于交易安全的考虑而在规范意义上架构的基础理论及前提性制度，例如股东同质化理论及同股同权问题、股权功能的不可分离等，在私募股权投资领域已不复存在，或者说股权的交易实践已使这些前提性制度彻底虚化，故而出现了合同法与公司法在法律适用上的不协调问题。这也是在上述案例仲裁时，首先要界定双方是合同法律关系还是公司法律关系的原因。虽然在贸仲委的仲裁实践中，我们以区分合同法律关系和公司法律关系的方法来解决案件审理中的法律适用冲突问题，但此实为一种无奈之举，实际上是在回避此类交易制度适用中出现的我国公司法与合同法适用上的冲突。然而，作为法学理论上的专题研究，则必须要静下来细细推敲：在我国，公司法与合同法的性质均界定为私法，但实践中却出现非此即彼的适用矛盾，这正是需要认真思考的问题。理论理应回应实践的需求。针对私募股权交易法律实践及各类争议问题，无论对我国立法规定的检索，到监管部门常规操作思维及相关规定归纳，直到法院及仲裁实践中对争议问题、观点的提炼及评论，都必须建立在对交易背景、特点、规律的准确研判的基础上，离开了对问题的清晰认识，也就不具备在理论上进行思辨的基础和可行性。或许在这个意义上讲，实践才是最好的老师。

（二）我国资本市场上的"怪现状"

在我国现有的资本市场环境下，私募股权投资模式受到各种非议。在经济学领域，褒奖赞誉者有之，认为私募作为传统银行之外的融资模式，在后金融时代可取代上市公司主导地位；排斥反对者亦有之，认为对于我国目前仍处于发展中的经济环境、孱弱的证券市场、政府监管及法律环境等因素，决定了中国不具有孵化私募股权的环境基础，也无力应对国外资本战争，甚至认为私募是外资入侵中国的一个圈套，应严加防范极力排斥。然则我国私募股权实践的现状又是如何呢，情况实在不容乐观。在国际市场上，尤其是加入 WTO 后，面对经济全球化的冲击下，"朝底竞争"的资本争夺战已导致我国大量资金外流，给中国经济带来巨大伤害，这是大的经济背景；在国内市场上，极具成长潜力的中国企业是私募投资人垂青的对象，而以银行业为主的金融供给市场的痼疾造就了企业对私募的生存依赖。于是，便出现了这样几种匪夷所思的怪现状：第一，私募这种"为退而进"的投资交易模式是以完备的证券市场为前提的，但在中国政府严格的管控政策导致退出风险极大的情况下，其表现却非常活跃，中国已成为仅次于美国的第二大私募股权市场。第二，由于我国法律相关规范阙如，投资者的需求不得不通过"法外空间"来满足。例如，实践中通常采用协议控制的方法：一种是利用"返程投资模式"、"可变利益实体"实现海外融资和上市，再通过"溢出"方式实现法律制度移植的路途中大量资金流向海外市场；另一种是在国内法律和实践尚不成熟的情况下铤而走险，利用契约的自治性特点试图以债权制度规范股权的外部问题，于是在民事法律体系制度内，也出现了将对债权制度规范方法在股权交易中"溢出"适用，这也是出现司法实践诸多困惑的根本原因。

（三）突破"对号入座"的认识樊笼

在私募股权交易领域，实践中已经积累了丰富的法律问题，丝毫不用担心研究对象的匮乏。从大处看，如国际私募"协议控制方式"产生的背景及原因分析，包括宏观上给中国经济、法律带来的挑战等；从细微处看，如给参与这种模式架构的投资人、国内企业带来的后果；等等。立法及理论研究严重滞后于交易实践的现状，导致了金融市场对政府管制、法院审判、仲裁机构裁决存在普遍的困惑、担忧和质疑，并最终导致该类交易在立法无据及监管不力的情况下野蛮生长，给金融秩序带来很大的隐忧。

客观地看，我国相关理论研究对该类交易模式的讨论，均停留在对对赌协议性质和有效性的认识上。对于该类协议的法律性质的研究，国内理论观点多采取与合同法中有名合同对号入座的思路，以寻求与之对应或接近的合同类型的方法进行讨论，具体有射幸合同说和附条件合同说等。两种学说虽不乏真知灼见，但因囿于对基础交易事实的认识局限，加之思维固化于在合同类型下的分析，难免给人以盲人摸象之感，无法厘清事物全貌。同样，公司法理论上关于优先股在中国合法地位的相关讨论也有很多，但却缺少从私募交易制度角度对优先股在中国运行存在问题的深入研究，更无解决相关问题的可行性方案。所以，欲立足于私募股权交易背景下发现症结、梳理问题，并为解决问题提供可行性方案，突破以往的认识局限实属势在必行。

（四）私募股权交易"特"在哪里

同为买卖行为，私募股权交易究竟有哪些特殊的地方，既导致其成为资本市场的宠儿，而又引发政府监管机构及司法部门的排斥呢？通过对私募股权交易行为及其机理的深入了解，可以归结为以下几个主要特性。

其一，交易结构的特殊性。私募股权投资是投资人对非上市公司进行权益性投资，并在交易实施过程中考虑将来的退出机制，通过参与控制或管理使所投资公司价值得以增值，最终通过上市、并购或管理层收购等方式出售持股以获利的资本运作方式。这也就决定了该类交易与普通的买卖交易结构有所不同，包括存在于交易建立阶段的估值定价——事后调整结构、合同履行中出现各种情势下的变更调整机制以及退出机制等。

其二，交易目的的特殊性。"以退为进"的投资目的是该类投资交易的前提。投资人寻找具有资本市场发展潜力的目标公司并参与投资的根本目的不是长期持有、收取股利，而是期望未来能够通过IPO、并购或管理层收购等方式出售持股获利。因此，这类交易必须存在退出渠道，否则将无法完成交易目的。所以，在公司不能走向资本市场的境况下，约定大股东或目标公司回购作为退出方式是该类交易常见甚至是必需条款。

其三，交易中的利益格局处于不断调整中。由于这类交易是达成的一项有关未来资产的投资，这项资产的价值在交易缔结时是通过预估的方式计价的，而在交易某一节点资产价值得以确定的情况下，会出现对投资款（预付股权认购款）的调整，以实现多退少补；又由于在企业上市进程中常常会出现多轮融资，有些情况下后轮融资会造成对在先投资人股权的稀释，所以需要对其进行补偿，这种补偿可以是现金也可以是股权补偿，会导致利益相关者之间的调整。

其四，主体身份的可转换性。这种转换不仅体现在股东身份到债权人身份的转化，还包括控股权的转换。例如，常受诟病的回购权条款的行使会导致股东身份到债权人身份的转变；再如拖售权条款的存在实际上使投资人掌握了公司的转卖权，本为小股东身份的投资人，通过拖售权的行使而具有了"控制权"，可拖带着控股股东一起出售股份。

其五，交易产品的不确定性。这也是由于上述几个特点最终导致的结果。从法律角度审视，交易标的是股权还是债权，抑或是股债连接产品，并不十分清晰。有时对交易主体中谁是债权人、谁是股东也难以说清。于是，该类交易体现出相互交易及涉他交易的特点，无论从公司股权结构的规范角度还是从对股权交易秩序的影响，都构成一些不安全因素。

坦率地讲，我国实践及理论上一直以对赌协议替代估值调整机制称谓的做法并不妥当。因为估值调整机制是个含义可变的范畴，既包括对价格不能确定情况下的"价格估值"调整，也包括未来合同履行中出现各种变量因素时的"权利机制"调整。由于从合同签订履行到合同目的实现要经过较长的时间，在这一段时间，不仅交易双方的资产，包括外部市场、投资环境均处于变化当中。对于这些不能确定的外部因素，交易双方的认识及预见能力都是有限的，若欲实现交易公平的效果，只能着眼于事后的治理结构和制度安排的调整。于是，私募股权合同中双方交易的股权就成了一个可变的"量"，其价值是一个在具体交易中任由双方议定的内容，具有市场交易实践上的合理性。在具体的法律适用中，可参照市场交易中"质价相当"的交易法则，这种"质价相当"的交易系借助股权价格调整条款的设置来完成的。

所以，从本质上看，估值调整条款实际是"按质论价"的买卖合同，其实质是一种针对金融产品的买卖，而估值调整条款的目的就是在"质"确定的情况下按照约定的计算公式计"价"，以实现"多退少补"。由于在交易条款中约定的权利机制包括了交易建立、企业运营、增发股票、IPO、回购、股权转让等各种情形下的退出机制，参照合同法某一类合同适用的研究方法来探讨其法律性质，无异于削足适履，难有实践意义。同时，一个必须明确的事实是，私募股权交易主体的一方是投资人，多是专门从事财务投资的金融专家；另一方是企业家，多为创业企业或有上市培植潜力的其他企业，为典型的商主体，双方均具备民事行为的理性基础。在这类理性基础与专业知识兼备的商事领域，或许法律最公平的选择就是尊重商主体及形式理性下的意思自治。

（五）建构犹须先解构

经济学的研究成果表明，传统股权安排无法完全克服和消化风险投资机构与创业企业间严重的信息不对称，以及由此产生的委托代理问题和交易成本问题。创业企业的成功离不开创业团队的能力和努力，投资者与创业投资家、创业投资家与创业者之间的双层委托代理关系，需要"设计合理的机制"将创业团队的利益和企业的利益"捆绑"在一起。估值调整条款及优先股条款都是这些"设计合理的机制"的构成部分。优先股权利功能设计上的灵活机制同时也适合投资人在企业不同发展阶段进入，满足了投资者多样化需求的现实需求，从而在客观上丰富了资本市场产品及主体的多样化。但这一将股份功能拆分及自由组合的功能设计，打破了公司法基础理论中的前提性制度，例如，《公司法》设计的股东是建立在同质化的前提基础上的，因此不仅存在股东平等、同股同利等一系列原则，也存在股东的投票权必须与其剩余索取权相配比的基本制度。

从理论上讲，针对股权的交易与民法其他财产权交易一样，均属意思自治范畴，股东之间可以就股权的内容自行约定。但问题在于，股权所具有的特殊性导致其交易不像物权交易那么简单，由于股东身份本身包括投票权等共益权，共益权的特征使其权利的行使必然带来外部性。如果表决权与剩余索取权不成比例，人的本性决定了股东极难付出与投票权所得利益分配相对应的努力，让其承担与投票权比例对应的损失也不具有公平性。因此，风险和利益机制的不合理性，使得股东通常很难做出最优的决策和努力，而且他们极其容易实施关联交易等行为将公司掏空，从而损害公司利益及债权人利益。这就是传统股权交易中将股份权利分离带来的法律人担忧。但在美国法上，早在 1971 年 Stroh v.Blackhawk Holding Corp 一案中，主审法官就提出股权可以分离的理论:"股权中的参与公司管理和控制的权利、获得经营盈余和利润的权利、取得分配资产的权利三者可以分离,一个股份不必然需要这三者是完整和对称的"。对此,人们不免会问,难道在私募股权交易盛行的美国,其公司法上就不存在对股权外部性问题所带来的交易秩序担忧吗?进一步说,在德国潘德克吞体系构建过程中,关于物权客体必须为有体物的前提界定以及围绕公示方法所进行的制度设计,难道不是基于对动产、不动产外部问题的担忧而进行的复杂制度建构吗?实际上,归根结底,针对任何财产的交易均存在与其特质相配比的外部性问题,这些问题构成了对交易安全的威胁。而法律人的智慧正在于此,他们懂得如何完善和规制可消解这些外部性问题的权利救济制度,并构建了一系列体现公正价值理念的裁判规则。

本书所尝试的解释合同效力的方法是,以法律规范协调的利益类型作为划分依据,结合民事法律规范的功能和在具体法律适用中的作用,从而得出最终的区分结论:公司法对私募投资交易中的优先股的规范态度,并非任意性规范和强制性规范的简单适用,也不能简单地通过与现行法条对比而得出合法或不合法的结论。对该类权利形态的认可及接纳,首先是一定历史时期经济发展需求所必需,再考虑以法律——利益之器规制方法、技术的科学性及正当性。因此,从交易结构所造成的特殊性去理解交易结构的特点,从交易产品的特殊性去解构传统理论并对其合理性重新审视,是理解此类交易的法律性质及进一步深入探究其理论渊源的根本出发点,这也是实证研究的价值所在。

（六）适用才是真王道

出发点往往也是落脚点。法律适用问题的研究价值最终要体现在准确适用法律上，对私募股权交易法律问题的研究也当如此。虽然现代公司法一般认为公司设立及其活动越来越超出股东个人利益的范围，成为直接影响社会利益的事情。但是，公司法仍属于主要调整私人领域民事主体之间的关系的法律制度，其目的是保护和协商民事主体的私人利益，本质上仍为私法。在私法领域，私法自治原则是处于民法核心地位的基本原则，公司法的私法性质决定了其本质与定位。如果说公司法是调和自由和安全两种价值冲突的产物，那么合同法在实现社会治理中的意思自治与国家干预也向来是并行不悖的，二者在基本理念上也并无二致。在私募股权投资合同效力评判中，关于合同法与公司法的竞合适用的争论，主要起因于对公司法存在众多的管制型条款的异议。尽管引用这类公司法管制型条款作为合同法禁止性规定的依据成为解决该类问题的惯常思维，并以此解释治理此类股权交易所带来的安全问题的合理性，但无法忽视的是，这种做法带来大量的后遗症，甚至造成对经济发展的严重打击。我国私募投资领域的长期实践中，已将从美国引进的该制度中的权利机制设置根植于交易实践，至于中国法律体系中有无允许其存在的法律规范，目前中国公司法现状及相关理论演进是否成熟，这显然并不属于金融投资家和企业家们的考量范畴。他们跟随着经济发展的潮流与脉络，从大胆"尝试"到频繁交易，已经成为此类实践的开拓者。是不做利弊权衡地一味排斥、打压以固守成规，还是根据市场需求调整现有法律以有效规范、约束，何者才是法作用于社会的目的，公法、私法学者的答案是一致的。一个基本的共识就是，法律必须要契合社会实际的内在需求，法学需要研究的只是在何等空间接纳之、以何种尺度和法律技术规范之，才最有利于社会经济发展及秩序安全，仅此而已。

从根本上说，民法有关财产交易的法律制度都有一定的外部性，任何违约、侵权都有涉及对第三人利益的侵犯，民法体系的科学性在于运用若干制度为侵犯第三人利益作出合理性解脱。因此，不是物权或债权客体的转让不会产生外部性问题，而是民法体系存在若干消解这些外部性问题的权利救济机制。造成公司法与合同法在私募股权投资交易法律适用上冲突的根本原因，在于民事主体制度设计中的法人拟制说。法人拟制的合理性在于存在一系列管制型规范能够约束公司财产独立、财产保有等一系列能保证以其资产对外独立承担民事责任的制度，以此弥补了弱化债权人利益保护所带来的不公平。同时，它还在实体上和程序上做出了一系列规定，以保证公司跟自然人的人格在民事责任上一样的责任能力，包括保障其设立、运行的实质性要件以及设立、运行的程序性要件等。

在法人拟制说的背景下，公司法的功能体现为强制性规范。这是我国《公司法》的立法背景，而且也是至今仍支撑着我国公司法实践的基本理念。私募股权投资是源于美国的交易制度，其根植于美国公司契约说的理论前提下。公司契约论进一步强化了公司法的私法属性，其强制性规范也因其调整社会关系的变化而体现出进化理性主义特征，为公司的自由行为提供了法理依据。因此，尊重中国的交易实践，可否在秉持公司章程自治的前提下依合同法理论衡平公司各利益主体意思自治及权利自由的限度，乃是民法学者应深入研究的课题。

三、难免有遗憾

有人说，写作也是一种放弃的艺术。为免求大求全而致大而不当，本书写作放弃了一些个人觉得特别具有实践意义但却不能囊括的问题。正如上文提到的，公司章程的性质是联结合同法与公司法之间关系的纽带，无论是从合同法律关系上探究私募股权投资合同的效力，还是从公司法规范意义上治理私募股权投资行为，公司章程性质的界定都是重要的前提性的理论问题。由于本书是沿着交易制度的思路进行和展开的，未有专章对此进行深入研究，这不能说不是一种遗憾。同时，在私募股权投资过程中，投资者资本增值的过程是通过"筹资——投资——退出"来完成的，无论是在筹资阶段对一般合伙人、有限合伙人等投资人的合同关系，还是在寻找目标公司并进行的投资，都存在投资人和基金管理人之间的委托代理关系。同时，在实现对目标公司投资后，履行投资合同权利实现对目标公司管理层的权力监督和管理过程中，又存在目标公司管理者之间的委托代理关系，在这两层代理机制中均涉及信义义务的法律问题。在实践中诸如在投资项目筹集资金过程中的资金挪用，在投向目标企业过程中的收取回扣，不适当履行合同义务等现象比比皆是，由于目前我国私募投资中投资人层次参差不齐，夹杂着以保底条款吸纳资金等现象，出现大量以非法吸收公众存款罪、诈骗罪等判定的刑事案件。因此，在民法理论上对信义义务的内涵及本质进行研究很有必要，不仅为私募股权投资行为寻求侵权法上的基础，也为该理论在实践中的扩张适用提供界定标准。同样，基于本书是对交易基本制度研究的界定，未将该部分纳入研究范畴，这也是一种遗憾，对此只能留待以后了。但乐观地看，有了临渊羡鱼情，才有退而结网意，这些遗憾恰是今后研究的动力和方向。所以，从这个意义上可以说，遗憾也是一种美。

正如前文所述，本书的写作源于一起案件，最终得以成就并逆转了中国实践中对对赌协议效力的认识，但这绝非我一个人的功劳，而是整个团队智慧的结晶，特别是此案的合作伙伴——大成律师事务所合伙人于晖律师为本案获胜所贡献的智慧和才华，更得益于本案当事人把极富挑战性的问题交付于我并一如既往地理解、支持和信任，得益于中国投资协会股权和创业投资专业委员会领导的开明和负责人的尽心帮助，他们能够悉心倾听并为会员利益着想，真正践行了党的十八大所倡议的行业协会成为提供服务、反映诉求、规范行为的主题。无论如何，本书立足于理论研究服务实践的希冀，愿对中国的私募股权交易实践有所裨益。

季　境

2016 年春于北京

注　释

1　此案的案件编号为 DX20120704，裁决书文号为：（2014）中国贸仲京裁字第 0056 号。

2　参见兰州市中级人民法院（2010）兰法民三初字第 71 号民事判决书、甘肃省高级人民法院（2011）甘民二终字第 96 号民事判决书、最高人民法院（2012）民提字第 11 号民事判决书。

第一章

私募股权投资交易概述

私募股权投资（Private Equity，简称"PE"）最早起源于美国[1]，一般指投资人通过非公开方式募集资金，对非上市公司进行权益性投资，并在交易实施过程中考虑将来的退出机制，通过参与控制或管理使所投资公司价值得以增值，并最终通过上市、并购或管理层收购等方式出售持股以获利的资本运作方式。对此，我国台湾学者更倾向于使用创业投资[2]的概念，并通常将其描绘成由一群专家负责筛选投资方案，挑选具有发展潜力大、成长快速的新创企业进行投资，最终寻求被投资企业上市或寻求买主并购而获得高额回报。[3] 创业投资的这一表述和美国风险投资（Venture Capital，简称"VC"）的概念类似。根据美国风险投资协会的定义，风险投资是"由专业人士提供资金对新兴的、迅速发展的、有巨大发展潜力的企业进行投资并参与管理"。[4] 实际上，风险投资在美国一般被认为是私募股权投资的一个分支，指针对成长潜力高的小型企业的早期股权投资，包括种子期、成长期和公开发行前的融资。作为提供融资的对价，投资人会获得企业相当大的所有权和管理控制权。[5]

由于我国处于经济发展中，一方面以低成本制造业为主的经济模式对企业处于早期还是成熟期很难做出明确的区分；另一方面，处于调整期的监管环境及游离不定的政策也抑制着创业投资的发展。因此，在中国的投资环境中，风险投资和私募股权投资经常被作为交替的概念使用。甚至有学者认为，中国目前仍没有足够的技术创新企业适合风险投资市场，对于仍处于不断发展中的中国资本市场和孱弱的监管环境，私募股权投资在中国的发展更像风险投资。[6]实际上，党的十八大以来，中国政府所采取的一系列经济思想和决策措施，使众多科技创新企业迅猛发展，尤其是私募股权投资仕企业发展壮大过程中的卓越表现，PE、VC功能和在投资目标公司上的分野也日趋明显。正如学者预言，随着中国经济的迅猛发展，传统的投资银行商业模式或许会逐步消失，即将代之而领市场风骚的，将是融合了传统商业银行融资功能、传统投资银行的市场研究和交易等功能的各种类型的基金，这就是在最为广泛的意义上所谈及的PE的内涵。[7]尤其是在后金融危机时期，私募股权投资交易作为传统银行之外的融资模式具有在未来市场上取代上市公司主导地位的趋势。但是，从法律规范角度审视，由于私募股权投资交易是采取依靠合同关系实现交易架构的资本运作模式，从而避开了监管机构的管控，致使监管部门难以用原来监管银行或控制上市公司的方法实现治理，这将是立法者和执法者面临的巨大挑战。

二十一世纪以来，在我国，私募股权投资模式的魔力随着一些交易案例的公布纳入人们的视野，以 2003 年摩根士丹利投资蒙牛乳业登陆香港证券交易所为典型。不过，让法律人颇为尴尬的是，出于对私募股权投资模式在中国法律环境下运行的担忧，其投资架构多采取复杂的"红筹模式"[8]，由投资人和创始股东在离岸公司平台上进行交易的方法，并选取与其私募股权投资"水土"相吻合的美国纽约州法、离岸地法或香港法等英美公司法为准据法。对该类合同文本稍加阅读即可发现，这一交易结构中存在一系列保护投资人的制度：诸如股权优先权（preference shares）[9]条款、特殊权利要求条款、特殊交易机制条款及这一系列条款下的自动执行保障措施，这在中国无论是《合同法》还是《公司法》都是未曾涉及的问题。因此，在私募股权投资这一通常涵盖了"筹资—投资—退出"运作周期的过程中，无论是寻求目标公司并与之达成的交易结构设计，还是公司经营中再次融资过程中形成的特殊权利机制保护条款，乃至未来退出机制的一系列制度安排，都涉及相关条款所栖身的法律规范在中国的本土化问题。

私募股权投资与以往的产业投资相比较，其投资和控制企业的目的有本质的区别。对于私募股权投资人而言，投资人更明显的表现是将被投资企业视为自己的金融产品，一个注入资金后业绩即能凸显、能够有上市前景的企业是一个好的产品，其投资目的是在合适的时机退出从而获得资产的增值，这是投资人实现资本运作的过程，所以，投资人从合同目的的设计到交易风险的控制、从权益享有机制到其有效运行的保障、从交易关系建立到对企业的控制权的掌控均是以保本加息、全身而退为最低限度的要求。简言之，投资人至少需要一套保

3

障投资收益利益最大化且风险降至最低限度的投资机制，无论是估值调整机制的交易条款，还是优先股等特殊权利的设计，甚至是关于保障条款有效执行的法律制度，都是在这一宗旨下的考虑。因此，从表面上看，投资人成为股东是实现与企业共同腾飞目的下的"共治"，但这一"共治"只是借助了股权的"外衣"，此"外衣"下的内在及参与企业共治的最终目的却与产业投资完全不同。私募股权投资人持有股权的目的一方面是作为债权安全运行的保障措施，更重要的在于实现退出前对企业的有效控制，而这一控制的核心是保障符合其投资目的的退出。这一系列投资目的的实现是通过在合同关系设计过程中赋予股权特殊功能及特殊权利机制的方式，这就造成了其股东身份与产业投资人股东有着内在区别。因此，私募股权投资的标的物一直以来被视为股债连接产品。在法律层面的反映上，私募股权投资合同表现为意思自治的产物，其在法律适用层面当然应体现为合同法律制度的运用，然而正是因为合同关系设计下股权的特殊功能，触动调整规制股东行为的法律规范及证券市场监管的法律制度，这些特殊功能所带来的外部性问题使得对其法律问题的探讨要比这一表象复杂得多，产生了一系列不相调和的关系和问题。

首先是《合同法》与《公司法》的融合及冲突关系。投资者欲通过"筹资—投资—退出"完成一个资本增值的过程，其交易结构主要是通过估值调整机制的设置完成的：一个针对目标公司未来的交易达成，是通过对企业未来某一年度业绩进行预估的方法完成对公司市值的假定，而其对价——投资者的股权，是一个双方当事人约定了特殊功能的股权。通过这些优先权条款与其他特殊权利条款的结合使用，不仅能减少投资风险，还能在企业未来发展中出现的各种情况变动下，保证投资者处于优势地位。例如通过优先认购权、优先购买权和反稀释条款结合使用，在目标企业再次融资的情况下，投资者即可通过行使这些权利、控制股权功能的变化维护自己的利益。再如，借助优先购买权和共同出售权、拖售权结合使用，当投资人看好公司前景时，可以用优先购买权阻止第三方买下更多股份；当其看淡公司前景时，若第三方报价有利可图，则可通过优先出售股份获利了结，若第三方报价不令其满意，则可以拉上控股股东一同出售，因为出售控股股份还是仅出售参股股份将会对最终成交价格有重大影响，共同出售权、拖售权等权利机制的结合使用可以实现其利益的最大化。

但是，这些股权特殊功能及特殊权利的运用，致使在同一公司治理结构中出现了同股不同权的现象，彻底打破了中国公司法关于公司权力结构的制度安排，改变了股东同质的逻辑前提，否定了公司股东权利平等原则[10]，这势必造成在现行法律制度下对其合法性的质疑。因为在中国《公司法》上，虽然可以不按照股权比例分配利润，但并未规定股东之间可以存在分配次序的先后，更何况私募股权中的优先股往往存在保护性优先权、控制性优先权及防御性优先权[11]的各种设计，这必然会导致不同轮次投资者的股东关系过度复杂的后果。这一系列法律关系如何调整，尤其是对其内在关系的治理蕴含于公司法理论当中，时至今日，在中国的司法裁判中尚未出现此类判例。在私募股权投资交易中，经济学上的假设是：不仅自己的交易对象，即便后来参与的其他投资人，他们所有的人对交易都是充分了解的，并且他们的行为能够理性地使财富发生最大限度的增值。但实践中的现象却是：合同订立阶段对公司未来事业——成功走向资本市场这一点上，各方利益是一致的；但在何时、以何种方式退出乃至如何与控制权绑定方式退出，在具体情形发生时，各方均会为实现自己利益最大化努力，最终导致利益冲突的多元化。于是，在法律适用上出现诸如：估值调整条款的履行是否违反《公司法》关于股东取得公司资产的法定途径、是否构成侵犯公司法人独立财产权，优先权条款对其他投资人尤其是对后轮融资中投资人的权利限制是否公平，退出机制中的回购条款是否会造成对公司及第三人（往往是债权人）利益侵害等，对这些问题的考量都会纳入裁判者的价值评判当中。从事私募股权投资的实务界主张，由于我国公司法人拟制理论及《公司法》管制型特征，《公司法》中的强制性规范自然成为对投资合同意思自治的限制，这实际上涉及合同法与公司法在具体法律适用中的竞合问题。因此，在私募股权投资合同中，《合同法》与《公司法》是否存在融合抑或是冲突需要在理论上进行解读。**12**

其次是私募股权投资栖身的美国公司法理论与中国公司法理念的关系。私募投资者是职业投资人，在资本市场经营及公众公司治理方面具有丰富经验，在参与目标公司走向资本市场运作的过程中可以发挥建设性作用，尤其是私募股权投资模式中的控制权对重塑公司治理和控制代理成本方面成效显著。因此私募活动本身就与公司法有着非常紧密的联系。在私募股权投资人眼中，公司、股权均是其实现资本运作的工具。自20世纪30年代以来，科斯在《企业的性质》中以经济学的分析方法提出了公司契约理论，在公司及公司法发展史上均产生了深远的影响。在经济学家眼里，公司被认为是朝着共同生产或者服务的目标而努力的各种要素的集合，公司制度的供给与形成来自利益相关者的自治。法经济学关于公司性质及公司法自由化的观点对法学家产生了深刻的影响。如今，即使极其保守的法学家也无法回避对公司实践所需要的必要的经济分析，在法学论著、司法判决中法经济学的思想更是随处可见。私募股权投资的一系列法律制度即是在这一经济环境下产生，并迅速蔓延成为在金融投资领域普遍采取的交易方式。在这一模式下，公司各方参与人之间的相互关系通常取决于契约和相应的契约法，而不是取决于公司法或者公司作为一个实体的法律地位。公司法在很大的意义上就是合同法，公司法规则被视为"补充性"的法律规范。出于公司的个性化要求，当事方可以选择适用（opt in）也可以选择不适用（opt out）这些条款。**13** 因此，公司法应当是赋权性的法律规范。**14**

而在我国，公司法理论上对公司性质的认识一直未脱离法人说的藩篱，并通过将法人人格与股东人格分离的立法技术实现了法人的拟制。法律实现这一拟制的合理性还在于它在实体上和程序上做出了一系列规定，力争使法人与自然人的人格在民事责任上有一样的能力：首先，法律保障其设立、运行的实质性要件，例如法定人数的限制、最低注册资本及缴纳措施的限制、经营条件、组织机构等；其次是法律关于设立、运行的程序性要件，例如发起人制定章程、行政审批、登记注册及年检等制度。此外，民法上关于法人制度的规定，商法关于商主体和商行为的规范，工商税务部门对企业登记税务管理的规定等，都是规范公司设立及运行的法律依据。因此，我国现行法律体系中公司法的本质及功能体现为强制性规范。由于制度与理论背景与我国目前公司性质及公司法性格并不匹配，要解决私募股权投资运行模式在中国法律环境下有效运行存在的问题，还需要对相关公司法理论的深入探究。

再次是金融监管制度与《合同法》禁止性规范的关系。由于私募股权投资人对目标公司的投资——向目标公司购买优先股（preference shares）的方式为非公开配售，这就避免了监管机构关于公开配售提供招股说明书等一系列要求，因此就避免了招股所需要的各种审查。同时，私募股权投资通常经过"筹资—投资—退出"的运作过程，其投资的目的是通过目标公司上市退出实现财富增值，上市、并购或回购等方式的退出在其交易环节中至关重要，因此，私募股权投资与证券市场监管的法律息息相关。从私募的运作机制可以简单地看出，私募股权投资只有在目标公司未来上市后成功退出方能实现资本的财富增长，这在美国，是以存在成熟完备的证券市场环境为前提的。正因如此，私募股权投资起源于美国且在美国资本市场占据重要地位，但是在德国、日本则并不具有明显的作用。[15] 德国、日本作为银行业发达的国家，企业比较容易通过银行获得融资；而美国是以证券市场为中心的资本市场，其发达并且流动性很强的证券市场足以支撑以上市为退出机制的私募股权投资繁荣发展。如此说来，中国的证券市场环境不应该具有对私募投资者强大的吸引力，然而现实却以令人匪夷所思的现状呈现着：中国的私募投资活动非常活跃，据普华永道近日发布的最新报告《私募股权基金在中国 2014 年回顾及展望》显示，其不仅在亚洲私募股权基金中占主导地位，中国私募交易已成为仅次于美国的第二大私募市场；即使在某些情况下出现遭遇中国政策障碍的情况，投资者也会通过创设"返程投资"模式 **16** 及"可变利益实体" **17** 等结构，历尽艰辛实现其投资目标。这种以"溢出"方式嫁接国外司法制度的诱因，除了其他法域下存在低税率的简单税制以外，其资本市场的流动性、市场监管质量甚至司法体制所能提供的有效保障等原因更是问题的根本所在。在中国这样一个以银行为中心的资本市场下，除了证券市场分割所带来的流动性差、效率低下等因素以外，证券法规及政府部门这只"无形的手"所形成的管控型监管制度背景，更是引发投资人担忧的重要诱因。而其监管的法规、规章及其他措施与《公司法》、《证券法》禁止性规范之间的关系，甚至对其是否构成《合同法》强制性规范适用的认识，则一直处于灰色地带。比如估值调整条款（俗称"对赌协议"）执行中的"调整"——补偿款的支付，在证监会上市审查角度一般被界定为属于利益输送的不规范运作，因为其估值调整的结果为：无论是业绩补偿款的支付还是股权的补偿，以及股权回购情形下的股权变动，均涉及目标公司股权结构的不确定隐患并有可能导致公司管理层发生重大变化，这均是上市审查中的敏感问题。至于优先权条款执行带来的股权关系过度复杂及股权随时变动的局面，均涉及上述股权结构的不确定及公司管理层重大变化的可能性。因此，投资合同条款是否涉及与证券监管制度相悖的因素以及这些因素是否作为强制性规范存在于合同法律体系中还有待理论上的论证。

再者，嫁接国外相关法律制度本身存在的问题。股权价格估值条款、优先股及合同条款中的"反稀释条款"、"强卖权"、"附随权"、"认购期权"、"卖出期权"等均未在中国相关法律中找到明确依据，这为该类交易的秩序安全提出了法律上回应的需求。在投资领域的实践中，实务界对直接将美国商业交易模式移植到中国的做法本身就存在本土化的担忧，投融资双方为了达成交易，通过改变控股公司注册地的方法嫁接国外相关法律制度、规避中国法律监管的做法，无异于削足适履，更加大了私募股权投资制度的法律风险。虽然这些投资模式被美国会计准则及香港证券交易所认可，但其在中国法律体系下的有效性并不确定。因为 VIE 结构设计本身就有规避中国法律政策的目的，其法律风险不仅已经通过花旗风投被指"阴阳局"之诉[18]、"苏州大方"事件[19]等为创业企业家所认识，也通过阿里巴巴、雅虎和软银之间的支付宝事件[20]为投资者敲响了警钟。

2015 年 5 月，在深交所举办的"互联网行业座谈会"上，深交所负责人表示，深交所将进一步优化相关规则，设立差异化的上市条件，要增强市场的包容性，满足更多企业上市融资需求，大力支持互联网企业和高新技术企业到创业板上市。创业公司们也在纷纷拆除 VIE 结构回归 A 股。[21]那么，在中国创建多元化市场的今天，在监管机构优化相关规则的过程中，哪些制度是中国法律应该借鉴和包容的，而哪些是应当被中国法律所禁止的，均需要法学理论及制度上的回应，以期在合理的条件和背景下完善制度建构引导金融市场健康有序发展。

对于上述问题，我们可以作出这样的假定，无论是私募股权投资中的价格估值条款，还是投资者采取迂回方式对目标公司设定的附加一些优先权利的股权，虽然国内尚无法律规定明确肯定，但在没有明确的法律予以禁止的情形下，裁判机构应当依照合同自由原则认可合同的效力。因为，这些看似存在重重法律障碍的机制均构建在一个大的范畴——合同制度当中。在构建多元化资本市场的经济背景下，既然法未明文规定为禁止，尊重当事人的意思自治显得更为合理。但是，无论出于公司法、证券法、金融法的相关原理，还是出于合同法本身正义理念考虑的制度设计，我们都无法回避禁止性规范的干预存在。

于是，评论者话题最终回到合同效力问题的讨论，诸如"对赌协议"的效力问题等。以合同法律制度审视，"自由及其限制问题历来被视为民法的核心问题，自由不能没有限制，否则自由本身就不可能实现或不可能很好地实现；但是又必须严格限制对自由的限制，因为离开了对于自由的确认和保障，民法就丧失了其存在的正当性。"**22**对投资人和目标公司之间的合同自由在多大程度上进行限制符合当下中国国情及法律包容的尺度，这决定目前资本市场中广泛采取的私募股权投资模式在中国的法律环境中的命运。那么，司法、立法、法学理论上都存在哪些必要讨论的问题？这并非一个简单的合同效力评定问题。本书的写作意图解决这样的理论问题：私募股权交易（指的是通常情况下的估值调整协议）的性质及合法性问题；私募股权投资交易中的"股权"的特殊性及在中国的合法性；进而讨论二者在中国法律实践中受到诸多质疑的成因及理论根源；并在实践层面回应是否存在合同法与公司法的竞合问题及理论成因。

本书还将在讨论这些基础问题的基础上尝试对私募股权投资合同的动态结构及运行机制进行分析，并得出以下认识：价格估值条款、优先权条款及衍生权利机制的设置并不有涉主体实质平等问题的平衡，但无论公司补偿款、回购权之诉，还是公司股东优先权利确认，都存在涉及第三人利益问题，究其原因还是股权这一特殊财产权利的特征所致。私募股权交易中投资人为股权附加的特殊权利功能使得其外部性问题更加复杂，因此，如何避免损害第三人情形发生就是在法律上解决股权外部性效力的消解过程。回顾民法体系构建若干制度化解侵犯第三人利益的过程，就是法律科学的价值所在。可以简单地说，私募股权投资合同最核心的问题是其在代理成本控制方面的装置，这是合同及公司法律制度在资本市场演进中沉淀的智慧。法律作为治理社会的工具，应适应社会发展的需求并适时对之进行有效的规制，顺应其服务于公司实践自然规律的需要。正如探究合同法实施中存在的契约自由与国家强制的关系一样，在公司法律制度中市场机制与政府管制、赋权性规则与强制性规则的界限，都是契约自由行使中外部性问题的消解过程。因此，最终还是归结为立法技术问题。同时也意味着在交易产品多样化及交易结构复杂化的趋势下对裁判者的挑战日益严峻。本书将讨论与此相关的裁判方法问题，虽然这是一个普遍适用的理论问题，但因为在私募股权投资领域金融产品交易的创新，必然面对很多因缺乏相关法律规定而裁判无解的情形，裁判者在行使自由裁量权的过程中应遵循一定的规则。由于对私募股权投资法律问题的认识来自于这一舶来品在中国本土化的实践，因此，问题的提出均着眼于以中国实践中的现象、立法冲突、司法裁判角度为切入点的讨论。

注 释

1　关景欣：《中国私募股权投资基金法律操作实务》，法律出版社 2008 年版，第 3 页。

2　最早的"创业投资"概念出现在美国，1973 年美国创业投资协会成立，根据当时美国创业投资协会的定义，"创业投资"是指由专业机构提供的投资于极具增长潜力的创业企业并参与其管理的权益投资。由于投资范围的扩展，1983 年英国创业投资协会在成立时将创业投资定义：未上市企业提供股权资本但不以经营产品为目的的投资行为。在我国，创业投资概念的出现经历了近十年的演变历程。1984 年，国家科委（后更名为科技部）科技促进发展研究中心根据其《新的技术革命与我国的对策》研究成果，提出了建立创业投资机制促进高新技术发展的建议。1986年，经国务院批准，国家科委、财政部共同出资成立了中国新技术创业投资公司，该公司是我国第一个股份制的以从事创业投资为目的的企业，后由于政府投资目标和投资者的投资目的南辕北辙，这些基金表现并不尽如人意。1991年，国务院《关于批准国家高新技术产业开发区和有关政策规定的通知》等一系列文件，通过将审批权下放到地方政府的措施对外商投资予以接纳。1996年全国人大通过的《中华人民共和国促进科技成果转化法》规定："国家鼓励设立科技成果转化基金和风险基金，其资金来源由国家、地方、企业、事业单位以及其他组织或者个人提供，用于支持高投入、高风险、高产出的科技成果的转化，加速重大科技成果的产业化。"这是我国首次将创业投资概念纳入法律条款。目前，业界习惯上将私募股权投资称为 PE，而将私募创业投资称为 VC。

3　王文宇：《新公司与企业法》，中国政法大学出版社 2003 年版，第 13 页。

4　http://www.nvca.org/def.html.

5　在公司法投资人角度使用所有权术语时，公司的所有权包含两项关键要素：控制公司的权利以及获得公司净收益的权利。公司法主要是创建投资者拥有公司所有权的组织形式，因此，所有权的两大权能都要与投资者在公司中的资本投资挂钩。作为投资的对价，投资人获取控制公司的权利及获得公司净利益的权利是以取得股权的形式呈现的。

6　房四海："Independent Venture Capital and Portfolios of Firms: Comparative Study from Cases in Mainland China"，美国创业金融年会，2007。

7　张斌、巴曙松：《PE 的运作机制研究：一个文献综述》，载《财经科学》2011 年第 11 期。

8　这一投资模式的设计如下：2002 年 6 月，摩根士丹利、鼎晖、英联机构投资者在开曼群岛注册了开曼公司。同月，成立开曼公司全资子公司——毛里求斯公司。2002 年 9 月，蒙牛乳业的发起人在英属维尔京群岛注册成立了金牛公司。同日蒙牛乳业的投资人、业务联系人和雇员注册成立了银牛公司。金牛和银牛各以 1 美元的价格各自收购了开曼群岛公司 50% 的股权。2002 年 10 月 17 日，三家投资机构以认股方式向开曼群岛公司注入约 2597 万美元（折合人民币约 2.1 亿元），取得了 90.6% 的股权和 49% 的投票权，该笔资金经毛里求斯公司最终换取了大陆蒙牛 66.7% 的股权。

9　preference shares 通常的理解为优先股，笔者为了突出交易内容为股权的某种形态，在某些语言背景下，也使用"股权优先权"的表述指代优先股。本书在第三章以股权权利形态、功能对交易制度影响角度论证分析时，则使用优先股的表达方式。

10　股东在基于股东资格的公司法律关系中，原则上根据其持有股份的内容及数量平等享受待遇，这被称为股东平等原则。在认可种类股的国家公司立法中，有的将种类股作为股东平等原则的例外对待。也有将"股份的内容"重新解读的方法来解释股东平等原则，即认为，股东平等原则规定的宗旨在于对不同种类的股份（包括普通股）须根据各自的内容及数量平等对待。参见［日］前田庸著：《公司法入门》，王作全译，北京大学出版社 2012 年版，第 68—70 页。

11 本书根据美国风险投资协会（National Venture Capital Association, NVCA）组织起草的一系列示范合同文本《美国风险投资示范合同》及《优先购买权和共同销售权协议》所列明的内容，将优先股及衍生权利根据其功能的不同分别归类为保护性优先股、控制性优先股及防御性优先股，详细内容可参考本书第三章。

12 参见大成律师事务所合伙人于晖在中国投资协会股权和创业投资专业委员会 "VCPE 对赌效力最新判例解析及立法研讨会" 会议上的发言，http://www.ceh.com.cn/cjpd/2014/05/395907.shtml。

13 Easter Brook & Fischel, "Corporate Control Transactions"91 Yale L.J.698, 700–03(1982); Easter brook & Fischel, "Voting in Corporate Law", 26 J.L.& E con.395, 401–03 (1983).

14 根据公司契约论的观点，公司法基本上是由缺省规则（default rules）或者赋权性规则（enabling rules）构成，从而在绝大多数情况下排除了强制性法律规范的适用。施天涛：《公司法论》，法律出版社 2006 年版，第 19 页。

15 Walter Kuemmerle, "Comparing Catalysts of Change: Evolution and Institutional Differences in the Venture Capital Industry in the US, Japan and Germany" (2001).

16 "返程投资" 模式一般是由国内的目标公司（通常为被投资企业）在海外（多为香港、英属维京群岛、开曼群岛等）注册一个离岸控股公司，将国内目标公司股权所有人变更为境外的离岸控股公司，完成重组后，外国投资者就可以通过购买优先股的方式投资离岸控股公司。这样，国内目标公司股东的股权（或资产）转移到一个离岸司法管辖区，并通过其在境外的控股公司投资国内目标公司，实际上国内目标公司的控股权一直掌握在原股东手中，这种为了特殊目的将股权或资产转移到离岸地又通过离岸地控股公司回国投资的方式被称为 "返程投资" 模式。

17 "可变利益实体" 模式，是在 "返程投资" 模式基础上，离岸控股公司还需要在国内设立一个外商独资企业，这一独资企业和国内目标公司之间建立控制机制和利益输送机制，却不建立股权结构上的关系（两个公司是独立的）。独资企业和目标公司之间的控制机制手段一般通过包括质押协议、期权协议、转让协议、投票协议、托管账户协议等合同实现；利益输送协议一般包括知识产权使用许可协议、咨询协议、技术服务协议等获得特许费及服务费的方式，间接享有目标公司的收益权。在控制机制中，如质押协议可将目标公司的股权质押给独资公司从而享有质押权这一物权保障利益；期权协议可以使独资公司在一定的条件下行使期权的方式获得股权；通过投票代理协议委托独资公司行使在股东大会上的投票权；转让协议可以约定引发股权转让的触发事件，这些事件的发生可以直接引发国内控股股东向独资企业转让其在目标公司的股权。通过控制机制（一系列协议）实现类似持有股权的效果；通过利益输送机制（一系列协议）实现股东享有公司收益的一系列权利。在中国由于互联网业属于增值电信业务，外资企业不能获得资质许可，外资可以通过这一模式实现规避中国法律，从而实现对外商投资限制类产业投资的目的。

18　1995 年，于晓与林卫平共同投资设立了上海健钧贸易有限公司，主要经营汽车零配件的销售，是汽配市场最早的参与者之一。2006 年，于晓及其他几家经销商与花旗风险投资国际（Citi Venture Capital International）签署协议，共同打造汽配行业的"国美"。并于 2007 年年初设立了优配贸易（上海）有限公司。为了规避商务部 2006 年 10 号文的监管，双方以资产转让协议的形式在交易结构上作出安排，即并购主体只并购经销商的存货和固定资产，这部分资产的评估价以现金支付，而股权部分则以期权的形式授予，将原来的经销商"股东"变身为"关键员工"，最终导致于晓失去实际控制权。2009 年 3 月，于晓被解除优配公司 CEO 及总裁职务。参见 http://blog.sina.com.cn/s/blog_5dbffcb10100gvbw.html。

19　郑州大方实业有限公司是国内第一家以桥梁施工机械租赁为经营模式的公司，李荣生持有其 74% 的股份，李荣生另投资设立以特种车为主要生产基地的苏州大方公司。2008 年年底，获得汇富东方创业投资顾问有限公司（下称"汇富东方"）旗下的三只基金 1 亿元人民币的投资（占 18.02% 的股份），投资交易结构的设计使李荣生失去控制权。据新闻报道，大方公司在实现其海外借壳上市的过程中，前往香港进入路演阶段时，才发现自己和管理层实际持有的股份仅为 1.85%，其余为可转换债券，并且锁定期均为 2 年。汇富东方的关系人汪晓峰却成为潜在的最大股东。参见《苏州大方卷入香港借壳上市的陷阱》，http://www.360doc.com/content/14/0126/08/15578956_348027874.shtml。

20　阿里巴巴集团的控股股东是雅虎（Yahoo！Inc，NASDAQ：YHOO），由于赴美上市之前交易结构的设计，马云失去对阿里巴巴集团的控制权。后因支付宝业务发展的需要决策，虽经马云多次交涉均未获大股东雅虎理会。2011 年 5 月 10 日，雅虎发布公告称在其不知情的情况下，马云将支付宝所有权转移到了其控股的浙江阿里巴巴。马云称，这是因央行出台了《非金融企业支付服务管理办法》要求从事第三方支付的企业需为内资企业方可获得在中国境内的第三方支付牌照。因此，马云以违约的方式断掉支付宝与阿里巴巴集团之间的协议控制关系以获取央行发放的支付牌照。根据有关报道，支付宝事件后，双方签署了一系列补偿协议对阿里巴巴集团所受到的损失进行弥补。

21　电商京东、唯品会，视频网站优酷等在选择赴美上市过程中，他们无一例外都是采取 VIE 模式（Variable Interest Entities，直译为"可变利益实体"），是指境外注册的上市实体与境内的业务运营实体相分离，境外的上市实体通过协议的方式控制境内的业务实体，业务实体就是上市实体的 VIES（可变利益实体）。据媒体报道，这些企业由于饱受做空机构"做空中概股"的困扰，现纷纷回归 A 股市场，http://business.sohu.com/20150507/n412586528.shtml。

22　王轶：《民法价值判断问题的实体性论证规则——以中国民法学的学术实践为背景》，载《中国社会科学》2004 年第 6 期。

第二章

我国私募股权投资法律适用现状分析

一、国际私募在中国的发展

PE 投资交易是随着国际私募在中国的投资业绩凸显逐渐进入人们视野的。国际投资者对中国投资市场的认识正如凯雷集团创始人 David Rubenstein 所言，"十二亿的人口和在过去十年间的超速经济增长，使得在中国投资的机会和企业成长潜力是世界上任何地方所无法比拟的。"[1] 根据一项早期的数据统计，仅仅在 2001 年中国加入世贸组织后的五年里，外商投资就在中国实现了约 100 个 IPO 和并购。另一项针对 2003 年至 2005 年期间的 12 家上市公司调查显示，投资者获得了超过 10 倍的回报。[2]

针对国际私募机构在中国的投资行为，我国政府的规范措施主要体现在对海外离岸控股公司对境内权益利用的监管政策上。2001年以来经济全球化的背景下，诸国出现了国外资本争夺战。有些国家甚至采取了"朝底竞争"（the race to the bottom）的策略[3]，英属维尔京群岛、开曼群岛等地正是依靠"朝底竞争"策略而迅速成为全球著名的离岸金融中心。在这一资本争夺战役中，"曲线上市的优美拐点"、"风险投资的软猥保甲"、"合法节税的风水宝地"等溢美之词亦充分彰显了离岸公司的竞争优势。[4]也正是在这一期间，**IDG**技术创业投资基金成功实现了对搜狐、百度、金蝶等创业企业投资，出于对税收优惠政策及交易结构对相应法律制度的依赖，这一系列投资案例均采取了"返程投资模式"的交易架构。针对这一现象所带来的对中国经济发展尤其是体现在税基、国有资产和监管效率上的巨大的伤害，国务院职能部门包括商务部、国资委、国家税务总局、国家工商总局、证监会、外管局等均出台了一系列政策及规范性文件，其整体表现可归纳为"头疼医头，脚疼医脚"的应时之举，更因政策的游离不定一度动摇了政府职能的公信效力。本部分内容主要对国际私募在中国投资行为影响较大的几个法规、政策规范及当事人实现投资交易的主要变通举措作以梗概简介。

（一）遭遇：法律障碍[5]

针对早期国际私募机构在中国的投资行为，我国政府的规范措施主要体现在对海外离岸控股公司对境内权益利用的监管政策上。典型的如国务院于1997年6月颁布的《国务院关于进一步加强在境外发行股票和上市管理的通知》，要求所有在海外上市的公司如果有中方资本或者资产，需要获得国家证券委（证监会的前身）的批准。随后，证监会于 2000 年 6 月 9 日发布的《关于涉及境内权益的境外公司在境外发行股票和上市有关问题的通知》，进一步要求涉及境内权益的境外公司在海外上市前需要得到证监会"没有进一步意见"的回复方可，但因该举遭到缺乏《行政许可法》依据的诟病，证监会于 2003 年 4 月废除了这个要求。

针对投资人从中国的境内企业的海外上市中获取高额的免税收益的现象，尤其是此类交易存在的对中国经济发展中税基、国有资产和监管效率上的巨大的伤害，2005 年 1 月国家外管局发布了《国家外汇管理局关于完善外资并购外汇管理有关问题的通知》（简称 11 号文）及《国家外汇管理局关于境内居民个人境外投资登记及外资并购外汇登记有关问题的通知》（简称 29 号文），要求中国境内个人和企业在海外的投资活动需经过中央政府审批，试图通过行使外管局批准权的方式加强对上述行为进行限制。也是由于受到业内人士的强烈反对，2005 年 10 月，外管局发布的《关于境内居民通过境外特殊目的公司境外融资及返程投资外汇管理有关问题的通知》（汇发〔2005〕75 号，简称 75 号文）修改了上述规定，将中央政府登记改为地方登记。虽然这几份文件所反映出政府对外资的态度有所反复，但它的最终结果还是开启了海外创投基金在中国的投资通道，认可了境内民营企业的海外上市之路。

为了开放外资并购之门、堵塞"旁门左道"，2006 年 9 月 8 日，商务部、国资委、国家税务总局、国家工商总局、证监会、外管局六个部委联合出台的《关于外国投资者并购境内企业的规定》，实现了对外资并购两个方面的规范：一是对外资并购境内企业需要满足的条件作出了更加具体的规定，例如，增加了关联并购的概念和反垄断审查的要求；二是对外资并购完成的方式，特别是对以股权为收购对价、通过特殊目的公司进行跨境换股等技术手段作出了具体的规定。据实践效果反映，这些具体规定的执行，不仅导致正门紧闭捷径歧出，还对"小红筹"模式产生了摧毁性的影响。2011 年 2 月 3 日国务院办公厅发布的《国务院办公厅关于建立外国投资者并购境内企业安全审查制度的通知》[6]，商务部于 2011 年 3 月 4 日发布了《实施外国投资者并购境内企业安全审查制度有关事项的暂行规定》，增加了并购安全审查范围的规定，对于能否采用新浪模式的方式到境外间接上市以及境外风险投资人在投资特殊目的公司投资项目的选择上都产生巨大影响。

WTO 以来的世界经济一体化，尤其是允许企业可以跨国、跨地区选择公司法的适用带来了境内外资本市场的联动效应，这给我国公司法在国际法律环境中的竞争力带来挑战。在十届全国人大一次会议上，建议修改公司法、证券法的呼声颇为高涨，修改公司立法的议案约有 10 件。若按每件议案至少有 30 位代表联名的最低要求，提出议案的代表应在 400 人以上。[7] 为此，2005 年以来我国对公司法及相关制度进行了频繁的立法活动，其立法宗旨一言概之就是，打破政府主导的管制型公司法转变为市场主导的现代自治性公司法。时至今日，公司法虽已经历次修改，理论上对公司法性格的认识也颇为明朗，但真正实现我国公司法自治性之路仍任重道远。2005 年《公司法》面世以来即因鼓励投资、放松管制等特色，被专家誉为在立法理念方面已经引领了 21 世纪公司法改革的世界潮流[8]，但对于公司法规则的强制性或任意性所寻求的法理判断不明，诸多法条用语的"暧昧"和"含糊"反映了立法者对这一问题的认识不够清晰，对相关公司法规则的属性的设计亦迟疑不决。[9]正式基于这一原因，据美国商会 2011 年的调查结构，分别有 31％和 29％参加调查的美国在华企业认为官僚体系和模糊不清的法律法规是中国私募市场增长中最大的五个障碍之一。[10]这也最终导致了国际私募实践中一直采取以协议控制方式实现将普通法系公司法律制度"移植"或者"溢出"的效果。

（二）歧路：借助离岸司法管辖区"搭便车"

前文已述，私募股权投资是涵盖了资金募集、交易达成、退出机制等诸多环节的资本运作方式，退出机制是其风险节制及利益兑现的重要环节，其在美国的繁荣发展是借助其发达且流动性强的证券市场发展起来的。换言之，只有在私募投资者能够通过被投资公司上市的方式成功退出的条件下，私募才能繁荣发展，这当然需要一个成熟的证券市场为前提。在制度背景上，以意思自治为核心的市场经济是私募的天然属性，当一国法律和政策加大对其干预力度的情况下，投资者们便转而寻求利用他国更良好制度并融入其司法体系的可能性。"律师们已经运用了法律治理的分权路径带来的可能性，并且开始着手探寻实现法律的保护功能的可能性。"[11]"小红筹模式"、"返程投资模式"、"秦发模式"等投资条款模式的架构就是在中国没有移植普通法系公司法律制度的条件下，法律实务界智慧地实现了美国公司法律制度"移植"或者"溢出"的效果[12]，以达到寻求栖身于其最佳生存土壤的目的。

1. 小红筹模式

在经历了 1993—1995 年的投资低谷之后，外资私募股权投资者纷纷采取"小红筹模式"架构交易机制，即采取由创始股东在英属维京群岛、开曼群岛、百慕大群岛或者香港注册离岸公司的方式控制国内目标公司，将整个私募股权投资中的优先股、可转换债及特殊权利机制都设置于离岸公司。在准据法的适用上也普遍选择美国纽约州或离岸地的英美公司法，从而回避对中国法律的适用，以确保私募股权投资规则在英美法下得以有效运行。这种针对中国境内权益在境外进行的私募和上市，由于与香港红筹进行区分而被称为"小红筹模式"，也有学者根据其利益架构的特点将此称为"返程投资模式"。

蒙牛、国美、携程、盛大等一批知名的民营企业纷纷采用这一方式实现了赴海外融资和上市。其基本的架构路径为：由境内公司在海外成立控股公司，把境内的经营性主体变成境外控股公司的子公司，通过境外控股公司进行融资或完成上市。例如，假设甲、乙共同投资拥有一家境内公司，甲占注册资本的 60%，乙占 40%。其红筹基本构架的步骤是：第一步，甲、乙按照国内公司的出资比例，在 BVI（维京群岛）[13] 设立 BVI-A 公司作为特殊目的公司（SPV）；第二步，BVI-A 公司以股权、现金等方式收购国内公司的股权，把国内公司变为其全资子公司并成为外商独资企业。这样，BVI-A 公司和被收购方国内公司拥有完全一样的股东及持股比例；第三步，BVI-A 公司在开曼群岛（或百慕大群岛）注册成立一家开曼公司，BVI-A 公司又将其拥有的国内公司的全部股权转让给开曼公司。开曼公司间接拥有国内公司的控制权，作为 PE 融资的主体和日后境外挂牌上市的主体，同时也作为员工期权设置的主体；第四步，甲、乙共同在 BVI 设立 BVI–B 公司，或分别设立 BVI–B1 和 BVI–B2 公司，以公司的名义持有甲、乙的开曼公司股份。

其架构模式可参考图 2–1[14]：

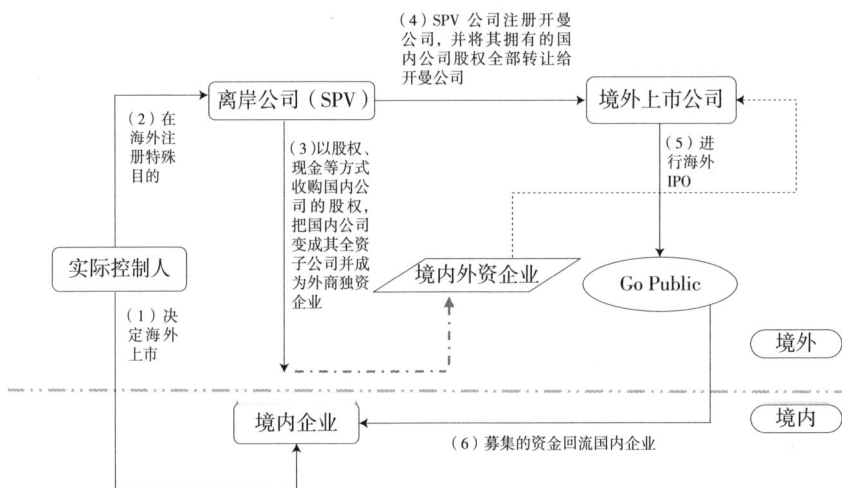

图 2–1

2."协议控制模式"[15]

另外一种被沿用多年的股权架构模式通常被称作"新浪模式"，也被称为"协议控制"（"合同安排"）、"中中外模式"、"可变利益实体"等。与上述小红筹模式相比，该模式多发生在外资进入某些限制性行业时，不进行股权收购，而是通过"协议控制"等一系列安排来获得实际控制权。据报道，截至 2011 年 4 月，在美国上市的中国公司中有 42% 的公司使用协议控制模式从事在中国运营互联网引擎或电子商务平台事业。**16**

　　根据目前公布的案例显示，"协议控制模式"为新浪首创。新浪网在引进外资投资及海外上市路径选择时也打算采用红筹模式上市，即实际控制人在境外设立离岸公司，然后实际控制人通过离岸公司，反向收购境内的经营实体公司，从而将境内权益转移至境外，之后再由境外离岸公司申请在境外某证券交易所上市。但是，由于 BVI 等公司属于"外商"范畴，根据《指导外商投资暂行规定》和《外商投资产业指导目录》的规定，新浪网作为从事互联网业务（即电信增值业务）的主体，属于国家禁止外资入资的范围，因此，利用"小红筹模式"架构的离岸公司无法收购境内的经营实体。于是，律师们设计了由外资通过投资离岸控股公司控制中国境内的技术服务公司，再由该公司通过垄断性咨询、管理和服务协议的方式把境内电信公司和境外离岸控股公司连接起来的协议控制模式。同时，该外商独资企业可通过合同取得对境内企业全部股权的优先购买权、抵押权和投票表决权。这种模式后来被众多到境外上市的国内互联网企业所复制，进而也成为出版、教育等"外资禁入"行业境外上市的借鉴路径。

　　除了像上述返程投资模式一样采取在选定的司法管辖区设立离岸及目的公司等方式以外，"协议控制"交易模式过程如下：境外离岸公司在境内投资设立一家外商独资企业，为国内经营实体企业提供垄断性咨询、管理等服务，国内经营实体企业将其所有净利润，以"服务费"的方式支付给外商独资企业；同时，该外商独资企业还应通过合同，取得对境内企业全部股权的优先购买权、抵押权和投票表决权、经营控制权。其架构模式可参考图 2–2：

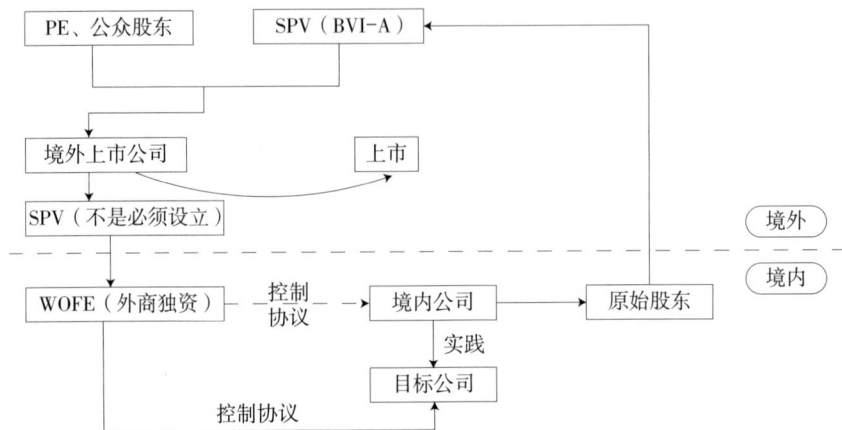

图 2–2

新浪模式的产生主要源于两方面原因：一是根据外商投资产业指导目录，外国投资者不能直接投资到一些限制性经营的领域；二是境内居民以其持有权益的境内公司在境外设立的特殊目的公司并向境外投资方融资后，特殊目的公司最有效和最直接的投资境内居民持有的境内企业的方式是股权并购或者资产并购。但是根据商务部等六部委共同颁布的于 2006 年 9 月 8 日生效的 10 号令中第十一条规定："境内公司、企业或自然人以其在境外合法设立或控制的公司名义并购与其有关联关系的境内的公司，应报商务部审批。"而在实践中这样的关联并购交易获得商务部的审批是非常困难的。因此，新浪模式通过特殊目的公司在境内新设立的外商独资企业与境内居民持有的境内公司（两个境内法人企业）之间签署一系列合同（协议控制协议）的方式达到控制境内公司经营权、决策权和转移财务业绩的目的。新浪模式原本多用于规避电信业在外资准入方面的限制，但目前实践中很多行业都通过协议控制方式达到规避中国法律监管的目的，被律师界称为"它在很多方面都成了游刃于纷繁复杂的中国法律夹缝之间的幽灵"。**17**

3. 中国秦发模式

中国秦发模式是对"小红筹模式"的演绎及升级，与"小红筹模式"最大的不同在于该模式系通过采取 IPO 而不是之前所采取的协议控制加反向收购的方式进行海外上市。**18** 中国秦发直接登陆香港资本市场的过程绕开了"10 号文"的适用，因此不需要中国证监会审批，因而备受实务界赞誉。

其架构模式可参考图 2-3：

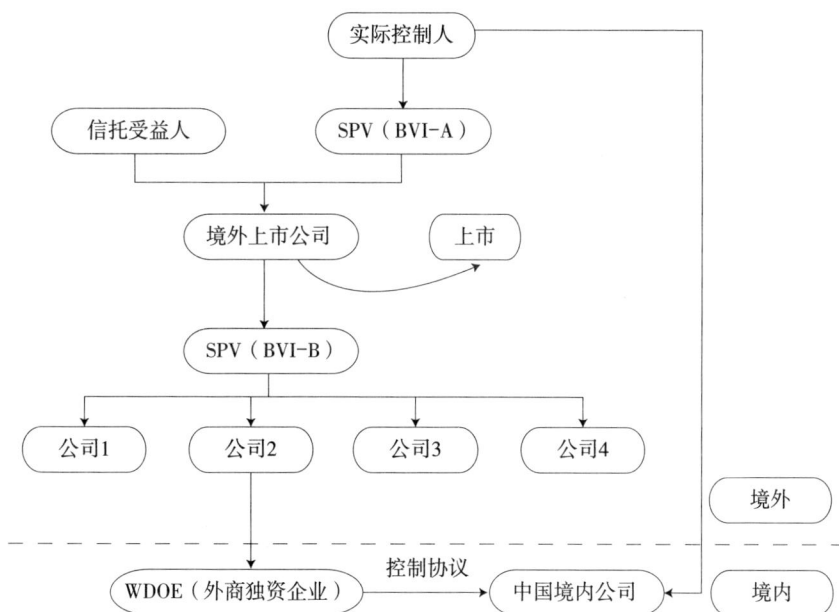

图 2-3

（三）简要评价

从国际私募股权投资的实践来看，其参与并促成许多著名企业的产生，例如 Apple、Cisco Systems、Compaq、Genentech、Google、Staples 和 Sun Microsystems 等。自 21 世纪以来，中国经济的高速增长及持续上升潜力，一度被国际私募奉为投资圣地。凯雷集团联合创始人 David Rubenstein 认为"十二亿的人口和在过去十年间的超速经济增长，使得中国的成长和机会是世界上任何地方所无法比拟的"。[19] 华平投资、摩根士丹利、鼎晖、英联、高盛、新加坡政府投资基金（GIC）等国际私募投资机构在中国创造了诸多企业腾飞和资本财富升值的神话。外资私募对太子奶集团、永乐家电等实现企业控制权的案例[20]，也使其成为经济领域尤其是金融领域备受关注又极其敏感的话题。甚至有学者认为国际私募投资模式是国外资本对中国财富的变相掠夺。[21] 作为一种提供融资及其他具有附加值的专业化金融活动，私募因存在环节较多的运作周期及股权交易的特殊性和复杂性而被视为法律界的"罗生门"。

与备受投资人青睐的具有潜力的中国私募投资市场相对应的是，创业企业对银行业的过度依赖并普遍存在资金不足的困境，迫切需要开通私募这种传统的银行业之外的渠道融资，资金供需双方可谓一拍即合。但在基本制度环境上，却存在严重的不匹配。第一，中国的孱弱的证券市场效率低下、流动性差，并不适合私募商业模式的发展繁荣；第二，中国合同及公司立法均经历了由计划经济到市场经济的逐步转型，政府监管职能也逐步经历着由放开管制到尊重自治的过程。

因此无论从公司治理制度的自治性，到私权保障制度及相应的司法制度的完善性，都无法满足对私募股权合同有效性和执行力的保障。于是就出现了这样的一幅图像：外国私募投资者在中国寻找目标公司，中国创投企业依赖有实力的国外资本，双方默契地选择不倚重公司在国内上市的路径，并智慧地架构了返程投资模式，采取借助离岸司法管辖区的方法，以获得更值得信赖的公司法、证券市场和司法制度以及能够为双方高效率、低成本的争端解决方式的法域。

除了两国公司法立法体例方面的差异及司法制度的原因，中国证券市场的一些显著特征和市场划分使得依赖公司上市作为退出机制的私募投资不具有明显的吸引力。在世界经济一体化，尤其是允许企业可以跨国、跨地区选择公司法的适用带来了境内外资本市场的联动效应。

更重要的是，美国公司法理论和实践改变了以往对公司形式的认识，商事公司法允许更大程度地偏离公司基本形式的默认规则，设计出适应性更强的治理模式和灵活性的所有权配置模式，诸如投资人和创业者关于分享收益、资产和控制权的复杂安排即是公司法赋权性典型表现。采用返程投资模式及协议控制方式的交易架构，不仅使投资人享受到公司设立、税收优惠及成熟完善的证券市场等与私募生存相契合的生态，也实现了将英美法律制度在他国溢出适用的效果。在市场经济及自治性公司法制度下，投资人可以根据自己的嗜好选择目标公司，当事方可以根据公司个性化的要求选择适用（Opt In），也可以选择不适用（Opt Out）公司法。[22] 公司法即可以被视为合同法在公司领域的延伸。因此，国际私募股权投资领域体现的不仅是资本市场环境的竞争，而且包括法律制度、司法制度、监管环境的竞争。自2014 年以来，以国务院《关于进一步优化企业兼并重组市场环境的意见》为代表的一系列政策性法规的出台，均为简政放权提供自由宽松的市场环境提供了政策依据。期望在不远的将来，随着证券市场、监管能力、法律制度及司法环境的逐步优化和完善，私募股权投资定能在中国实现本土化的平稳着陆。

二、投资者关注的问题及现况

自 2014 年以来，国务院简政放权改革、鼓励创新、新"国九条"的发布及 IPO 重启，众筹、互联网领域赴美上市热潮等因素的涌现，无一不加强了投资人的信心。据清科投资中心对 2014 年股权投资市场的统计，股权投资行业总体约募集资金 5000 亿，投资 4500 亿。[23] 中国股权投资市场活跃的 8000 家 PE 机构管理资本量超过 4 万亿人民币，随着中国 A 股市场的节奏加快，近 70% 的机构能够通过 IPO 实现退出。[24]2015 年 5 月 30 日，在中国基金业协会登记备案的私募基金管理机构有 11000 多家[25]，至 10 月 13 日，这一数字迅速增长为 20717 家，而其中基金规模为零的有 14156 家，不少机构登记后就处于失联状态。除了市场以及社会背景这些大环境的不同，由于监管制度不完善、投资者"草根"结构及投资行为短期化等原因，私募股权投资这一在美国被誉为华尔街王冠上明珠的高级金融业态，被中国证券研究机构定位为仅次于证券公司、基金公司等传统金融机构的初级金融业态。[26] 其在实践中所呈现出的法律问题，也非单纯的商事纠纷，加上中国基金管理人制度缺乏信义基础的规范等，造成目前大量的以非法集资、资金诈骗定性的刑事案件出现。因此，对该领域的规范治理不应囿于学科范畴，停留于就事论事的局部治理，应结合中国实际情况综合运用各种行之有效的措施、方法不断完善治理体系，强化治理合力，建立起契合该法律场域社会价值的法律秩序。

在商事领域范畴，如前所述，私募股权投资是投资者对非上市企业进行的权益性投资，其中必然包含一系列对未来公司上市（或不上市）的若干退出机制条款，这种权利设置机制被称为估值调整机制（Valuation Adjustment Mechanism，VAM），在中国业界通俗地称其为"对赌协议"。长期以来，法律理论上缺乏对私募股权投资交易行为的系统研究，目前的研究和实践多是围绕着"对赌协议"展开的，对该问题在学术上的讨论也是主要集中在对"对赌协议"法律性质和法律效力两个问题的认识上[27]，意图将其纳入合同法体系寻求最妥恰的定位。实践中，广义上"对赌协议"的理解还包括大部分优先股安排的条款，常见的包括上市时间的对赌、市盈率对赌、业绩对赌等交易安排。因此，在PE投资交易中，股价常常出现多个环节调整的需求。如在出现后轮投资造成对在先投资者股权稀释的情况下的补偿等，都是对交易过程中出现有违价格公平现象的调整和纠正。私募股权投资"以退为进，为卖而买"的基本特征决定了其在投资合同设计中必然包含退出路径的选择。除了公开上市退出方式外，兼并收购或出售退出、回购退出或被投资企业清算退出也是经常采取的退出方式。[28]在这些条款的执行中，无论是业绩补偿款的支付，还是IPO退出情况下的股权回购，均涉及目标公司股权结构不确定隐患并有可能导致公司管理层发生重大变化。这是目标公司上市监管中的禁区，也是此类条款常遭无效诟病的症结之处。

实践中，为了应对监管部门对该类协议的态度及遭遇现行法中明确存在的法律障碍，一些国外私募股权基金采取"移花接木"的办法，在对国内企业股权投资中也借助离岸地司法管辖权实现对国内实体权益进行控制，实现海外上市，逃离中国的资本市场，这种现象的蔓延将严重阻碍我国多层次资本市场的健康发展。也有众多的私募股权机构施"掩耳盗铃"之法，采取与企业签订"有条件恢复条款"的办法应对监管部门的监管措施，即在拟上市企业向证监会报送材料前，表面上递送一份材料给证监会表示解除对赌条款，暗中再跟公司另行签订一份"有条件恢复条款"，约定如果没有成功上市，之前的"对赌协议"要恢复履行。实际上，无论是移花接木之术还是掩耳盗铃之举，均是投融资双方不能直面问题时的无奈表现。那么，中国现行法律上存在哪些阻碍该交易模式的限制性规定呢？本书分别从对赌条款在上市审查中的法律障碍和退出困境——回购权行使之角度进行探讨。

（一）上市发行运行中的障碍

由于私募股权投资是通过最终上市、并购或管理层收购等方式出售持股以获利而进行的权益性投资，在其"为退而进"实现交易目的诸制度安排中，存在两个环节的特殊交易设置机制：第一，价格估值调整机制。为了达成针对企业未来的投资交易，投资人与目标公司（或股东、实际控制人）往往通过对被投资企业在将来一定时间内企业净利润的预估，来实现对企业市值的评估。这一预估中涉及两个参数：市盈率和净利润，以净利润的一定倍数作为投资估值标准（也称市盈率倍数或溢价倍数），即可得出被投资企业的总体估值，从而计算出每股认购价格。由于对将来一定时间内的净利润只是一个预估，其与被投资企业最终实际的净利润会存在一定的偏差，如果这种偏差过高或过低，就需要对原投资估值和定价进行调整，以实现交易公平，这就是估值调整的内涵。第二，优先股及特殊权利机制。私募股权投资协议中对应的"股权"也多包括优先股条款与其他特殊权利条款的结合使用，以此减少投资风险，同时在企业未来发展中出现的各种情况变动下，利于保证投资者处于优势地位。常见优先股包括保护性优先权即通过股权优先权设置功能实现投资人在分红、清算时优先于其他股东的权利以及在回购情况下作为债权人优先于其他股东的地位，如优先分红权、清算权和回购权；控制性优先股即通过股权优先权设置功能实现对目标公司实际控制人或管理人的控制权，从而避免受到企业实际控制人或管理者代理机会主义的侵害，如重大事项否决权、表决权和知情权等；防御性优先股即通过股权优先权设置功能设置的防御性权利，目的是在目标公司未来融资中可能出现的损害自己权益及加大己方风险的情况下进行救济，如优先购买权、优先认购权、共同出售权、拖售权、反稀释条款等。

针对估值调整条款履行可能出现的对公司相关利益关系人及未来上市融资中社会公众的利益侵害，证监会通常要求，凡是存在估值调整协议的，必须在公开发行股票前予以清理。因为，估值调整协议结构的核心是根据未来业绩的企业资产估值后调整，调整的结果可能是对投资人持股比例的调整，也可能是补偿款的支付。前者，对投资人持股比例的调整有可能使公司股权结构存在不确定性并有可能导致公司管理层发生重大变化；后者向投资人支付补偿款被疑似股东和公司利益输送的一种情形，因违反公司规范运行的相关规定受到损害其他债权人或社会公共利益的诟病。具体而言，监管机构认为，估值调整协议违反了《首次公开发行股票并上市管理办法》、《首次公开发行股票并在创业板上市管理暂行办法》等的禁止性条款，对企业 IPO 构成实质性障碍。这些禁止性条款，如《首次公开发行股票并在创业板上市管理暂行办法》第十三条，"发行人最近两年内主营业务和董事、高级管理人员均没有发生重大变化，实际控制人没有发生变更"的规定、第十六条"发行人不存在重大偿债风险，不存在影响持续经营的担保、诉讼以及仲裁等重大或有事项"的规定、第二十六条第一款"发行人的股权清晰，控股股东和受控股股东、实际控制人支配的股东所持发行人的股份不存在重大权属纠纷"、"发行人及其控股股东、实际控制人最近三年内不存在损害投资者合法权益和社会公共利益的重大违法行为"的规定等，均是 IPO 审查中的核心问题。监管机构认为，私募股权交易机制的设置中可能出现的问题，对发行人主体资格、独立性、规范运行及财务制度上均可能会造成一定的影响，因此成为上市发行审查中的障碍。

（二）退出过程中的回购权行使及其问题

私募股权投资是投资人对非上市公司进行权益性投资，并在交易实施过程中考虑将来的退出机制，通过参与控制或管理使所投资公司价值得以增值，最终通过上市、并购或管理层收购等方式出售持股以获利的资本运作方式。所以，这类交易必须存在退出渠道，否则将无法完成交易目的，因此退出条款必不可少且至关重要。IPO 通常是投资人最期望的退出方式，但在公司不能走向资本市场的境况下，约定大股东或目标公司回购作为退出方式是该类交易常见的甚至是必备的条款。在我国司法实践中，对于私募股权投资交易条款中回购权性质的争议颇多。主要质疑观点 [29] 有：一是回购权条款导致投资行为实为借贷性质。从金融法角度，回购权的约定导致在约定的情形出现时，控股股东或目标公司按照本金加上一定的比例收购投资人在先认购的股权，这就类似本金加利息的借款条款，导致对投资款实为借款的本质认识，与最高人民法院名为联营实为借贷的相关司法解释规范精神相抵触；二是回购权条款为保底条款认识。从合同法角度，投资行为的特征是共担风险及共享利益，但私募股权投资中的回购条款导致投资行为具有了保底色彩，违反最高人民法院司法解释"投资领域共担风险原则"，保底条款无效。

实务界普遍观点认为，投资人与目标公司交易合同所约定的回购条款不属于公司法允许的股份回购的法定情形，并因违反了资本维持原则而无效。我国《公司法》第一百四十三条的规定，"公司不得收购本公司股份。但是有下列情形之一的除外：（一）减少公司注册资本；（二）与持有本公司股份的其他公司合并；（三）将股份奖励给本公司职工；（四）股东因对股东大会作出的公司合并、分立决议持异议，要求公司收购其股份。公司因前款第（一）项至第（三）项的原因收购本公司股份的，应当经股东大会决议。"《公司法》回购权的行使作出列举性的规定，并未包括投资人与目标公司约定的回购权行使的情形。更重要的是，如果允许公司回购股权则意味着公司注册资本的减少，违反公司法的基本原则，应当是无效的。这一认识在相当长的时间内是我国实务界主流观点，成为私募股权投资交易目的实现的法律障碍，并严重困扰着投资者，这一迷雾直到中国对赌第一案作出明确的裁决认定并执行方得以揭开。本文在估值调整条款及股权优先权衍生权利机制章节中均有多处论及，在此不再详述。

三、从"无名"到"无位"的立法现状

（一）由无名合同引发的法律适用障碍

在合同法上，以交易条款特征是否符合合同法规定的一个特定的合同名称为标准，将合同分为典型合同与非典型合同。典型合同，又称有名合同，是指法律设有规范并赋予一定名称的合同，除了我国《合同法》分则所规定的 15 种有名合同以外，单行法如《保险法》中也存在部分有名合同的规范。其他法律尚未特别规定，亦未赋予一定名称的合同称为无名合同。私募股权交易的达成，一般是通过签订估值调整机制（Valuation Adjustment Mechanism），虽然实践中使用的文本来自一个国际通用的标准条款，但在我国属于无名合同。对于无名合同的法律适用，《合同法》第 124 条做出了原则性的规定，即"本法分则或者其他法律没有明文规定的合同，适用本法总则的规定，并可以参照本法分则或者其他法律最类似的规定"。于是，关于什么是与其"最类似的规定"出现了射幸合同和附条件合同的争执，也正是

这些争执和观点将对该类合同的判定引入了歧途。关于学术上和实务中对该类合同争执的主要观点，在本书"估值调整条款"一章有专门的介绍，在此不再赘述。

由于在对该类合同在法律性质和法律适用中的射幸合同说，将估值调整条款的理解界定为：合同以被投资企业未来的经营业绩为标的，在投资方和融资方签订协议时，所约定的经营业绩增长指标尚不存在，且能否实现也具有极大的不确定性，即使融资方主观上做出了积极的努力，仍然不一定能够实现。如果对赌赢局，其可能会无偿获得巨额的股权收益；如果对赌输局，其可能会失去企业的控制权。这一对权利义务源自或然事件的理解为对这类条款的无效认识埋下了伏笔，该说提出判断射幸合同是否合法的一个标准可以是合同双方的真实利益是否一致，完全没有考虑这类交易为信息不对称而进行利益结构设置的原理。基于此，在法律适用中常常遭到对投资方"空手套白狼"、"旱涝保收""保底条款""违反风险共担原则"的诟病而致无效。而附条件合同说认为该类交易的实质是：如果目标企业财务业绩如期达到约定指标，融资方享有请求投资方增加出资或无偿转让部分股权等特定给付的权利；投资方负有实施追加出资和无偿转让部分股权等特定给付的义务。如果目标企业未能达标，投资方享有请求融资方转让部分股权甚至企业控制权给投资方或按约定价格回购投资方所持股权特定给付的权利；由于控制权易主，可能还涉及融资方调整董事会构成等变动行为。根据我国《合同法》第四十五条规定，当事人对合同的效力可以约定附条件，附生效条件的合同，自条件成就时生效。基于此类认识，就将此类已经达成并实际履行的交易打入尚未生效的行列，既无法保证此类交易目的的实现，也无法为该类机制运行到一定时点时进行调整的目的，更无法保证当事双方诚信地履行相应义务。

估值调整条款在合同法中无名合同的处境导致法律适用的混乱。本书并非强调现实生活中的所有交易都要赋予有名合同的法律地位。恰恰相反，在经济高速发展的今天，在金融市场实现不断创新的过程中，产生混合合同及新的无名合同会成为今后一定时期的常态。笔者提醒的是司法裁判者对无名合同持以什么样的态度，正如学者提到未来创造性的司法审查的必要性时所主张的，"金融创新作为内生于市场的力量，不会因为立法滞后而停滞不前，也不会因为拒绝司法而鸣金收兵。由于风起云涌的金融创新往往是在没有法律规制的'真空'中进行，这种创新完全有可能侵犯到相关利益群体利益并引发纠纷，此时就必然需要创造性的司法审查来补充完成。"[30] 正是因为实践中出现的法律适用的混乱，最高人民法院在 2014 年 6 月 3 日发布的《关于人民法院为企业兼并重组提供司法保障的指导意见》中专门强调，"避免简单以法律没有规定为由认定合同无效"，算是以司法解释的方式对无名合同审慎对待提出明确的要求。

（二）《公司法》暧昧立场所致的法律适用不明

对《公司法》的性质问题的讨论重在解答公司自治与国家强制的关系，二者的界分决定了强制性规范在《公司法》中的存在姿态，并由此涉及具体争议中公司在何种程度上得以有效自治的司法认定。私募股权为退而进的交易目的是以授权性公司立法为背景发展起来的，而中国《公司法》管制性特征及与历史原因所致的多种因素混合，导致否定私募股权交易合同效力的判例出现，在具体裁判技术上均引用公司法律制度中相关强制性规范作为依据。因此，管制性立法背景所致的执法部门干预过多、管制过死，司法机关动辄以强制性规范灭杀交易主体意思自治成为该类交易在中国的生存困境，也是上文出现以"可变利益实体"通过"溢出"方式嫁接国外司法制度的诱因。虽然2005 年《公司法》修改被学界一直称颂为"打破传统管制型公司法而转变为现代自治性公司法"及"在立法理念方面已经引领了 21 世纪公司法改革的世界潮流"[31]，但事实并非如此乐观，新《公司法》的自治性规范增多但强制性规范的数量并未减少，而是加大了强制性规范的适用范围，在公司设立登记、控股股东和高管人员的责任承担、公司人格滥用之避免、公司社会责任之承担、公司工会的组织建设等方面，设定了大量的强制性条款。据统计，"应当"、"不得"、"必须"等强制性字眼，由原来《公司法》的 243 处增加到 271 处。新《公司法》诸多法条用语的"暧昧"和"含糊"，反映了立法者对这一问题的认识不够清晰，对相关公司法规则的属性的设计亦迟疑不决，造成了不少负面影响。[32] 虽有学者将此理解为倡导性规范过多且未能从立法技术上将其与强制性规范严格区分开来[33]，但这种负面影响不仅反映在暧昧和迟疑下的立法理念不明，也给实践带来了更大的干扰和困惑。一直以来，"国家是公司制度的供给者，也是公司制度的最主要实践者，公司缺乏起码的自治，公司制度的形成主要不是源于私人发展，而是国家单方面设计、有意强加的。"[34] 因此，在制度设计上，政府主导、国家干预的理念一直支配着立法者，从而体现为

《公司法》强烈的管制型特色。

从历史成因上看，公司法立法始于 20 世纪 80 年代，社会经济体制仍以计划经济为主。至 1993 年《公司法》颁布时，恰逢在全国范围国有企业改制的需求，因而带有强烈的国家干预色彩。但随着市场经济的提出和对国有企业改革的深化，特别是随着对经济学研究方法和理论的借鉴，法学界对公司法性质有了更成熟的认识，即应加强公司自治而放松管制，这一呼声推动了公司法的频繁修改。尤其是自 2001 年加入 WTO 之后，我国融入世界经济一体化的步伐明显提速，境内外资本市场的联动效应日益增强。2005 年以来，我国对公司法及相关制度进行了频繁的立法活动，直至 2013 年的修改淡化了公司法管制过多的立法色彩，虽然体现了我国公司法立法意图顺应社会发展及国际化大趋势的态度，但相对于长久以来的历史原因，加之在我国公司立法中确实存在特殊目标[35] 的需求。但无论是行使政府管理职能的执法者，还是行使司法裁判职能的司法者，对此观念的转变都需要一个过程。但市场是灵敏的，资本在依托不同公司法背景所形成的证券市场上表现出的聚合力也截然不同。

20 世纪 90 年代，适逢改革开放后中国经济的复苏与发展阶段，大量国际资金青睐于中国市场。但由于我国 1993 年《公司法》秉持在公司法人说下的严格管控制度，在经历了短暂的投资黑暗期之后，企业纷纷寻求海外上市之路，大量资本逃离中国。与此相反，在对国际资本进行争夺的过程中，有些国家甚至采取了"朝底竞争"（the race to the bottom）的策略，即朝向公司法最低限制、最低条件的竞争。[36] 英属维尔京群岛、开曼群岛等地正是依靠"朝底竞争"策略而迅速成为全球著名的离岸金融中心，"曲线上市的优美拐点"、"风险投资的软猥保甲"、"合法节税的风水宝地"等彰显了离岸公司的竞争优势，中国的众多企业纷纷在海外平台上实现了资本在市场上的聚合。

社会的发展是不以人的意志为转移的演进过程，我国私募投资领域的长期实践，已将美国引进该制度中的权利机制设置根植于交易实践，无论中国法律体系中有无允许其存在的法律规范，无论中国目前的公司法现状及相关理论演变是否成熟，金融投资家和企业家们跟随着经济发展的一般规律，从大胆"尝试"到频繁交易，无疑已经成为公司法此类实践的开拓者。由于交易结构的特殊性及交易产品的特点，该类交易受到大量公司法律制度强制性规范的干预。不做利弊权衡地一味排斥、打压以墨守成规，还是根据市场需求调整现有法律以有效的手段规范、约束，何者方是法作用于社会的目的？正如马克思所说，"立法者应该把自己看做一个自然科学家。他不是在创造法律，不是在发明法律，而仅仅是在表达法律……如果立法者用自己的臆想代替事情的本质，那么人们就应该责备他极端任性"。**37** 公司法的首要追求是私人意愿的自由表达和个人利益的最大实现，而任意性规范充分尊重并为当事人的自由选择提供保障，因此，公司法总体上应以体现任意性规范为主。同时，国家对公司事务进行干预的目的是为了保证社会公共利益的实现，成为对公司自治的一个限制，应保持谦抑性和辅助性。公司法必须及时地对社会实践和司法判决作出回应，以明朗的态度申明其立场，其过于暧昧的立法表达及立法技术的缺陷势必造成法律适用中的混沌及模棱两可，不仅使当事人对行为预期缺少预判性而缩短投资周期及追求短期利益，因违反市场规律不利于实体经济良性发展，也最终造成司法的混乱和权威的丧失。

（三）非标准优先股地位缺失加大了无效风险

由于 PE 投资有较高的溢价而又不参与被投资企业的经营管理，在私募股权投资条款中一般会将 PE 所持有的股权或股份设定为优先权，以最大化地保护投资人权益的实现，以股权优先权的方式将股权价值在私募股权投资者与企业家之间进行分配，美国立法实践将这一产品视为非标准化的优先股对待。由于这种依当事人的意思自治设置的股权功能可实现从股权到债权的转换并可实现股权控制权范围的扩张，在金融实务中一直将其视为可转换证券对待。这种可转换证券的独特结构设计使得投资风险部分地从私募股权投资者转移给了企业家。[38] 以此视之，可转换证券是私募股权融资交易结构的核心，整个私募股权融资法律文本实际上就是规范和约束可转换证券的交易文件，与之对应的法律问题就是普通法上优先股制度在中国的移植。

令人遗憾的是，我国公司法历经几次修订都未涉及这一问题。上述私募投资交易行为始终在法律真空状态下运行，这不仅加大投融资双方的风险，也对金融市场、社会经济秩序形成一定的威胁。市场迫切需求将这一金融产品在公司法上取得应有之位。实践中，基于被投资企业的性质不同，我国法律设置了不同的限制性规定。如对于外商投资的公司而言，针对其进行收购及相关的合同、章程实行审批制度，为要式法律行为。根据 2010 年 8 月 16 日起施行的《最高人民法院关于审理外商投资企业纠纷案件若干问题的规定》（一）第二条之规定，"当事人就外商投资企业相关事项达成的补充协议对已获批准的合同不构成重大或实质性变更的，人民法院不应以未经外商投资企业审批机关批准为由认定该补充协议未生效。前款规定的重大或实质性变更包括注册资本、公司类型、经营范围、营业期限、股东认缴的出资额、出资方式的变更以及公司合并、公司分立、股权转让等"。因此，当事人就外商投资企业相关事项达成的补充协议对已获批准的合同在构成重大或实质性变更的情况下，即会遭到否定性评判的后果。在这种情况下，如果投资者与被投资企业签订估值调整机制以及其中约定的优先股条款，容易被认定为"对已获批准的合同构成重大或实质性变更"，导致该条款无效。如果被投资企业是国有企业或国有持股的企业，该优先股条款需受到国有资产管理的相关法律约束。再如，被投资企业为非上市股份公司的情况，根据《公司法》第一百二十六条的规定，"股份的发行，实行公平、公正的原则，同种类的每一股份应当具有同等权利。同次发行的同种类股票，每股的发行条件和价格应当相同；任何单位或者个人所认购的股份，每股应当支付相同价额。"因此，同股同权原则限制了 PE 优先股的适用。有学者梳理了关于股权优先权运行现行公司法律规范，如表 2-1 和表 2-2[39] 所示：

表 2-1 《优先权条款在中国法下的法律适用》

	有限责任公司	股份有限公司	中外合资经济企业	中外合作经营企业	外商投资合伙企业
优先分红权	《公司法》第 35 条	《公司法》第 167 条	《中外合资经营企业法》第 8 条	《中外合作经营企业法》第 21 条	《合伙企业法》第 33 条、第 69 条
优先认购权	《公司法》第 35 条	《公司法》第 134 条	《公司法》第 218 条、第 35 条	《公司法》第 218 条、第 35 条	《合伙企业法》第 34 条、第 43 条

	有限责任公司	股份有限公司	中外合资经济企业	中外合作经营企业	外商投资合伙企业
优先购买权	《公司法》第72条	《公司法》第138条	《中外合资经营企业法实施条例》第20条	《公司法》第218条、第72条	《合伙企业法》第23条、第42条、第74条
优先清算权	《公司法》第187条	《公司法》第187条	《中外合资经营企业法实施条例》第94条	《中外合作经营企业法》第23条	《合伙企业法》第89条、第33条

资料来源：张丽萨：《优先股条款研究》，2010年，未刊稿。

表 2-2　优先权条款在中国法下的合法性评价

	有限责任公司	股份有限公司	中外合资经营企业	中外合作经营企业	外商投资合伙企业
优先分红权	可（全体股东约定）	可（章程规定／上市公司特殊问题）	不可（合作企业合同约定）	可（合作企业合同约定）	可（合伙协议约定）
优先认购权	可（全体股东决议）	可（股东大会决议）	可（同有限责任公司）	可（同有限责任公司）	可（合伙协议约定）
优先购买权	可（同有限责任公司）	可（同有限责任公司）	可（同有限责任公司）	可（同有限责任公司）	可（同有限责任公司）
优先清算权	不可（合营企业协议、合同、章程规定）	不可（合营企业协议、合同、章程规定）	不可（合营企业协议、合同、章程规定）	不可（合作企业规定）	可（合伙协议约定）

资料来源：张丽萨，《优先股条款研究》，2010年，未刊稿。

从优先股的种类来讲，优先认购权、优先购买权、优先分红权[40]、PE一票否决权[41]均没有法律上的限制，但共售权（具体条款表现为拖带权及拖售权）、回购权（指的是公司回购的情形）由于分别触及股票公开发行中有关发行人主体独立、运行规范的管理性规定以及《公司法》的相关规定 [42] 而受到质疑。更重要的是，私募股权中的优先股，除了优先认购权、优先购买权、优先分红权以外，很多情况下还包括"反稀释条款"、"拖带权"、"拖售权"的约定。而"完全棘轮"反稀释条款调整的结果是把所有的稀释的后果由普通股（通常由控股股东）来承担，且因为没有考虑后续发行股份的数量和比重容易导致调整后持股状态的失控，对公司、控股股东以及后续投资人均会产生极不公平的效果。在行使拖售权的情形下，投资人很容易以很低的价格将股权出售给自己的关联人，导致创业者血本无归，从而导致实际控制人的变动。

由于我国公司法律制度中并无优先股的相关规定，甚至可以认为"中国公司法禁止、不明确或者没有为优先股融资很好地提供一套系统的规则"。[43] 因此，虽然我国创业企业客观上对私募股权融资方式有极大的需求，但该商业交易模式在我国现行法律环境下的前景并不乐观。司法实践中，虽尚无针对优先股条款效力问题的裁判，但通过监管部门于上市前要求清理对赌机制的态度，以及在有关"对赌协议"争议案件的裁决中司法机关的认定理由上表达出来的观点，或可感受到中国监管部门及司法部门对该类优先股的态度。

注　释

1　http://blog.washingtonpost.com/washbizblog/2007/10/carlyle_group_cofpunder_outlin.html.

2　Allen T. Cheung, *China Private Equity Deals Are Expected to Accelerate*, Int' I Herald Trib., Nov.8, 2005.

3 "朝底竞争"策略即朝向公司法最低限制、最低条件的竞争。Allen T. Cheung, China Private Equity Deals Are Expected to Accelerate, Int'I Heraid Trib, Nov.8, 2005. 中国政法大学课题组：《公司资本制度改革研究》，上证联合研究计划第八期研究课题，2003 年。

4 冯果、李安安：《投资者革命、股东积极主义与公司法的结构性变革》，载《法律科学》2012 年第 2 期。

5 此处"法律"应作为宽泛的理解，在此部分的阅读中读者感受到的法律是一系列政策法规，这是因为国际私募股权投资在中国所进行的活动中，相关管理部门的政策发挥着更直接的作用。参见［美］米尔霍普、［德］皮斯托：《法律与资本主义》，罗培新译，北京大学出版社 2010 年版，第 172—180 页。

6 该通知第一条第（一）款规定："并购安全审查的范围为：外国投资者并购境内军工及军工配套企业，重点、敏感军事设施周边企业，以及关系国防安全的其他单位；外国投资者并购境内关系国家安全的重要农产品、重要能源和资源、重要基础设施、重要运输服务、关键技术、重大装备制造等企业，且实际控制权可能被外国投资者取得。"第一条第（三）款指出："外国投资者取得实际控制权，是指外国投资者通过并购成为境内企业的控股股东或实际控制人。"此外，在列举的情形第 4 项还规定："其他导致境内企业的经营决策、财务、人事、技术等实际控制权转移给外国投资者的情形。"

7 原文标题：《人大议案百件涉及金融证券》，具体可参见 http://www.ycwb.com/gb/content/2003-03/12/content_502046.htm。

8 江平、赵旭东、陈甦、王涌：《纵论公司法的修改》，法大民商经济法律网，http://www.ccelaws.com。

9 罗培新：《公司法强制性与任意性边界之厘定：一个法理分析框架》，载《中国法学》2007 年第 4 期。

10 2011 Business Climate Survey by American Chamber of Commerce in China. See Kathy Chu, "Is China Turning Against Foreign Businesses?", US Today, Oct. 25, 2011, 8A.

11 参见［美］米尔霍普、［德］皮斯托：《法律与资本主义》，罗培新译，北京大学出版社 2010 年版，第 179 页。

12 实务界认为，和将其他法域需要的相关规则和制度的移植相对应的是一种事实上的嫁接，运用"返程投资模式"等投资架构方式就是事实上将其他法域的法律规则和司法制度"溢出"（spillover）到中国市场上来。

13 在维京群岛注册公司的好处是该地对公司注册的要求简单、对公司信息保密性强，但正是因其透明度低导致很难被大多数资本市场接受上市，而在开曼群岛、百慕大注册的公司可以在美国、香港及许多其他地区申请挂牌上市。因此，实践中投融资双方在设立注册地时根据需求出现不同的选择。

14 此图的绘制由西南政法大学应用法学院硕士研究生刘斐根据真实案例编辑，结构上更加具体，而文中关于红筹架构步骤为简化的表述，所以体现出来的内容并不同步。

图 2–2、图 2–3 情况相同。

　15　第一步，首先将国外基金（这个基金甚至可以是一个普通的境外企业或自然人）与企业投资签署 term sheet 的情况告知外管局（地方分局），因此需要注册一家境外特殊目的公司完成私募股权投资，需要依照 75 号文和 106 号文申请办理境内居民返程投资的外汇登记，登记后国内股东就可以合法地拥有一家境外特殊目的公司；第二步，利用已经设立好的境外特殊目的公司，设立一家外商独资企业（Wholly Foreign Owned Enterprise，简称 WFOE），这个过程会被商务部门识别为普通的 FDI（外商直接投资）；第三步，利用WFOE 和国内公司签署系列协议，通常包括咨询运营协议、股东权委托协议、股权质押协议、股权购买期权协议、贷款协议等，这个步骤不再需要任何审批。至此，一个协议控制模式的公司架构即可完成。

　16　Kathrin Hille，"China in New Push on Web Ownership"，Financial Times，Sept. 2，2011，p. 14.

　17　http://page.renren.com/601369795/channel-noteshow-918857170.

　18　原文标题：《李寿双点评中国秦发模式》，参见 http://www.companylawyers.cn/YWFW/GSSS/MGSS/2010/09/20/1837.html。

　19　http://blog.washingtonpost.com/washbizblog/2007/10/carlyle_group_cofounder_outlin.html.

　20　据媒体报道太子奶失去控股权的基本案情是：2007 年，太子奶引进高盛、摩根士丹利、英联等风险投资 7300 万美元注资，同时实际控制人李途纯与三大投行签署对赌协议规定：在注资后 3 年内，如果太子奶集团业绩增长超过 50%，则降低三大投行的股权；否则，太子奶集团董事长李途纯将会失去控股权。对赌事项触发后，李途纯失去控制权。永乐电器失去控制权的基本案情是：永乐家电于 2005 年获得摩根士丹利及鼎晖的 5000 万美元联合投资。其中，摩根士丹利投资 4300 万美元，占股 23.53%；鼎晖投资 700 万美元，占股 3.83%。根据对赌协议约定，永乐电器过去几年的净利润增长一直保持在 50% 以上的速度，至 2007 年至少要完成 6.75 亿元的净利润指标，由于永乐电器并未完成上述业绩承诺而支付股权补偿并最终导致被收购退市的结局。

　21　李志起：《对赌协议是个圈套》，载《中国经济周刊》2008 年第 46 期。

　22　Easterb rook & Fische，"Corporate Control Transaction s"，91 Yale L.J.698，700–03（1982）；Easterb rook & Fische，l"Voting in Corporate L aw"，26 J. L. & E con.395，401–03（1983）。

　23　http://doc.mbalib.com/view/ad69486c4acec766011e9c37f4681dec.html.

　24　http://wenku.baidu.com/link?url=cnGjuxVRAfNVbHrYxU-gBsC-V1C5Iujy509iqzQE-F30yLVsABe8L2MyGD2VorRZzhA7dP5UIZKMoTXJaXLXVfAP4pspNyuszl0oKw8tqFJ7，2015 年 6 月 3 日访问。

　25　http://money.163.com/15/0603/02/AR5C8M4Q00253B0H.html.

　26　邓寰乐、周晓聪：《对私募基金行业的再认识——解读美国证监会私募基金行业统计报告》，载《声音》2015 年第 29 期，http://www.amac.org.cn/sy/389909.shtml。

27　代表性的文章有：吉林大学法学院傅穹：《对赌协议的法律构造与定性观察》，载《政法论丛》2011 年第 6 期；首都经济贸易大学法学院谢海霞：《对赌协议的法律性质探析》，载《法学杂志》2010 年第 1 期；中国政法大学民商经济法学院孙艳军：《论对赌协议在中国创业板市场中的法律地位》，载《中央财经大学学报》2011 年第 11 期；北京大学法学院彭冰：《"对赌协议"第一案分析》，载《中国仲裁》2013 年第 3 期；中国人民大学商学院姚泽力：《"对赌协议"理论基础探析》，载《经济研究》2011 年第 8 期；上海对外经贸大学法学院杨宏芹、张岑：《对赌协议法律性质和效力研究》，载《江西财经大学学报》2013 年第 5 期；浙江工商大学法学院王云霞：《中国法律环境下对赌协议的法律性质及效力分析》，载《行政与法》2013 年第 4 期。

28　2014 年以来，在 IPO 退出渠道狭窄的情况下，中国股权投资市场 VCPE 投资机构在退出方式上不再坚持 IPO 论，并购退出占比扩大，回报倍数约 3 倍。详见《清科中国股权投资市场 2014 年全年回顾》，http://research.pedaily.cn/researchreport/2015/20150209378364.shtml。

29　上海市高级人民法院张凤翔法官《公司法业务研究委员会第二次公司法日活动暨"对赌协议效力"研讨会》发言，参见 http://www.lawyers.org.cn/info/c7720d280fe34a06abe-7854f0e9a3c26。

30　冯果：《金融创新的司法审查》，载《人民法院报》2016 年 1 月 19 日。

31　江平、赵旭东、陈甦、王涌：《纵论公司法的修改》，法大民商经济法律网，http://www.ccelaws.com。

32　罗培新：《公司法强制性与任意性边界之厘定：一个法理分析框架》，载《中国法学》2007 年第 4 期。

33　贺少锋：《公司法强制性规范研究》，厦门大学出版社 2010 年版，第 128 页。

34　蔡立东：《论公司制度生成的建构主义路径依赖》，载《法制与社会发展》2002 年第 6 期。

35　在现实生活中，成立公司往往是人们实现一定经济目的的手段。因此，创办者的最初目的往往是通过生产产品或从事经营活动而获取利润。但随着公司规模的不断扩大，公司设立者的初始目标从单纯追求资本所有者的利润转变为追求公司各利益相关者的利益，公司的目标即体现为实现公司及股东利益的最大化。因此，公司法的目标就在于规范公司及相关者的行为从而"最大化投资人利益进而在整体上最大化社会利益"，这是公司法的普遍性目标。同时，与市场经济发达国家相比，不发达国家公司法的目标还包括特殊目标，即"培养公众对市场经济和大型私有公司的信心"。这就决定了公司法性质的迥异，因为公司法承载的使命越多，其管制性色彩越浓。参见 Bernard Black & Reinier Kraak-man, A Self-enforcing Model of Corprate Law, Har.L.Rev.Vol.109, 1996, p.1121.

36　中国政法大学课题组：《公司资本制度改革研究》，上证联合研究计划第八期研究课题，2003 年。

37　马克思：《论离婚法草案》，载《马克思恩格斯全集》（第 1 卷），人民出版社 1972 年版，第 183 页。

38　See Sahlman William, "The structure and Governance of Venture Capital Organization", Journal of Financial Economics Vol.27, Iss.2.

39　沈朝晖：《公司类别股的立法规制及修法建议——以类别股股东的法律保护机制为中心》，载《证券法苑》2011 年第 5 卷。

40　《公司法》第三十四条规定，股东按照实缴的出资比例分取红利；公司新增资本时，股东有权优先按照实缴的出资比例认缴出资。但是，全体股东约定不按照出资比例分取红利或者不按照出资比例优先认缴出资的除外。该条目前被视为我国公司法关于优先分红权合法性的规定。

41　《公司法》第四十二条规定，股东会会议由股东按照出资比例行使表决权；但是，公司章程另有规定的除外。该条被认为是我国公司法将表决权行使的例外情况赋予公司章程自决的明确规定。

42　实践中经常被引用来质疑股东违反规范操作的法律规定有：《公司法》第二十条规定，公司股东应当遵守法律、行政法规和公司章程，依法行使股东权利，不得滥用股东权利损害公司或者其他股东的利益；不得滥用公司法人独立地位和股东有限责任损害公司债权人的利益。第七十四条规定，有下列情形之一的，对股东会该项决议投反对票的股东可以请求公司按照合理的价格收购其股权：（一）公司连续五年不向股东分配利润，而公司该五年连续盈利，并且符合本法规定的分配利润条件的；（二）公司合并、分立、转让主要财产的；（三）公司章程规定的营业期限届满或者章程规定的其他解散事由出现，股东会会议通过决议修改章程使公司存续的。自股东会会议决议通过之日起六十日内，股东与公司不能达成股权收购协议的，股东可以自股东会会议决议通过之日起九十日内向人民法院提起诉讼。第一百四十二条规定，公司不得收购本公司股份。但是，有下列情形之一的除外：（一）减少公司注册资本；（二）与持有本公司股份的其他公司合并；（三）将股份奖励给本公司职工；（四）股东因对股东大会作出的公司合并、分立决议持异议，要求公司收购其股份的。公司因前款第（一）项至第（三）项的原因收购本公司股份的，应当经股东大会决议。公司依照前款规定收购本公司股份后，属于第（一）项情形的，应当自收购之日起十日内注销；属于第（二）项、第（四）项情形的，应当在六个月内转让或者注销。公司依照第一款第（三）项规定收购的本公司股份，不得超过本公司已发行股份总额的百分之五；用于收购的资金应当从公司的税后利润中支出；所收购的股份应当在一年内转让给职工。公司不得接受本公司的股票作为质押权的标的。

43　沈朝晖：《公司类别股的立法规制及修法建议——以类别股股东权的法律保护机制为中心》，载《证券法苑》2011 年第 5 卷。

第三章

私募股权投资在我国的发展与实践

以"世恒案"、"富汇案"为例

一、中国"对赌"第一案 [1]

（一）甘肃"世恒案"的三级审判

从中国的司法裁判实践来看，可查找的有关"对赌协议"争议案件从 2010 年开始陆续出现，而在法院裁判中最有影响力的莫过于甘肃"世恒案" [2] 了。

该案的核心条款涉及的主要案情是：2007 年 11 月 1 日前，甘肃众星锌业有限公司（简称"众星公司"，2009 年 6 月名称变更为甘肃世恒有色资源再利用有限公司，简称"世恒公司"）、海富公司、迪亚公司、陆波共同签订一份《增资协议书》，约定：众星公司注册资本为 384 万美元，迪亚公司占投资的 100％。各方同意海富公司以现金2000 万元人民币对众星公司进行增资，占众星公司增资后注册资本的 3.85％，迪亚公司占 96.15％。依据协议内容，迪亚公司与海富公司签订合营企业合同及修订公司章程，并于合营企业合同及修订后的章程批准之日起 10 日内一次性将认缴的增资款汇入众星公司指定的账户。合营企业合同及修订后的章程，在报经政府主管部门批准后生效。海富公司在履行出资义务时，陆波承诺于 2007 年 12 月 31 日之前将四川省峨边县五渡牛岗铅锌矿过户至众星公司名下。第七条第二项业绩目标约定：众星公司 2008 年净利润不低于 3000 万元人民币。如果众星公司 2008 年实际净利润完不成 3000 万元，海富公司有权要求众星公司予以补偿，如果众星公司未能履行补偿义务，海富公司有权要求迪亚公司履行补偿义务。补偿金额＝（1–2008 年实际净利润/3000 万元）×本次投资金额。第四项股权回购约定：如果至 2010 年10 月 20 日，由于众星公司的原因造成无法完成上市，则海富公司有权在任一时刻要求迪亚公司回购届时海富公司持有之众星公司的全部股权，迪亚公司应自收到海富公司书面通知之日起 180 日内按以下约定回购金额向海富公司一次性支付全部价款。若自 2008 年 1 月 1 日起，众星公司的净资产年化收益率超过 10％，则迪亚公司回购金额为海富公司所持众星公司股份对应的所有者权益账面价值；若自 2008年 1 月 1 日起，众星公司的净资产年化收益率低于 10％，则迪亚公司回购金额为（海富公司的原始投资金额–补偿金额）×（1+10％×投资天数/360）。海富公司于 2007 年 11 月 2 日缴存众星公司 2000 万元，其中新增注册资本 114.7717 万元，资本公积金 1885.2283 万元。合同及增资及股权变更后经甘肃省商务厅批准。随后，众星公司依据该批复办理了相应的工商变更登记。最终众星公司 2008 年度实现的生产经营利润为 26858.13 元，净利润 26858.13 元，即未能实现其预估的对赌业绩 3000 万元。为便于读者理解案情并与文中论述交易关系主体对应，该案中的投资人为海富公司，目标公司即为众星公司（后更名为世恒公司）、控股股东为迪亚公司、实际控制人为陆波。[3]

在各级法院对该案的认定过程中，从一审法院"海富公司有权要求世恒公司补偿的约定，损害公司利益及公司债权人的利益，不符合《中华人民共和国公司法》第二十条第一款的规定，……从而违反了法律、行政法规的强制性规定，该约定无效"[4]的判决，到二审法院"海富公司要求世恒公司及迪亚公司以一定方式予以补偿的约定，则违反了投资领域风险共担的原则，使得海富公司作为投资者不论世恒公司经营业绩如何，均能取得约定收益而不承担任何风险……是明为联营，实为借贷，违反了有关金融法规，应当确认合同无效"[5]的认定，直至最高人民法院再审后做出"这一约定使得海富公司的投资可以取得相对固定的收益，该收益脱离了世恒公司的经营业绩，损害了公司利益和公司债权人利益，一审法院、二审法院根据《中华人民共和国公司法》第二十条和《中华人民共和国中外合资经营企业法》第八条的规定认定《增资协议书》中的这部分条款无效是正确的"[6]的认定，基本表达了目前司法实务中否定投资人与公司对赌协议效力的态度：对赌协议——尤其是投资人与目标公司之间的对赌协议无效。[7]

（二）法院裁判中的主要观点、理由

甘肃省兰州市中级人民法院一审认为，《增资协议书》虽"系双方真实意思表示，但第七条第（二）项内容即世恒公司 2008 年实际净利润完不成 3000 万元，海富公司有权要求世恒公司补偿的约定，不符合《中华人民共和国中外合资经营企业法》第八条关于企业利润根据合营各方注册资本的比例进行分配的规定，同时，该条规定与《公司章程》的有关条款不一致，也损害公司利益及公司债权人的利益，不符合《中华人民共和国公司法》第二十条第一款的规定。因此，根据《中华人民共和国合同法》第五十二条第（五）项的规定，该条由世恒公司对海富公司承担补偿责任的约定违反了法律、行政法规的强制性规定，该约定无效，故海富公司依据该条款要求世恒公司承担补偿责任的诉请，依法不能支持"。也就是说，一审法院基于这样的认识认定对赌协议无效：第一，对赌协议相关补偿款支付的约定与《中华人民共和国中外合资经营企业法》第八条[8]关于企业净利润分配的规定、《中华人民共和国公司法》第二十一条关于关联交易的规定[9]及《公司章程》的约定相悖；第二，与这些规定（包括公司章程）相违背的条款无效。至于这些规定是不是强制性规定以及对上述规定的违背如何构成对公司和债权人的侵害并未论及。

甘肃省高级人民法院经审理后认为，海富公司与世恒公司、迪亚公司、陆波四方签订《增资协议书》是以获取股权增值为目的的权益性投资。其对企业盈利的要求并未涉及具体的分配事宜，且约定业绩的实现是对目标公司各方利益主体均能获益的事实，故并不违法。但

协议中关于业绩不能如约完成海富公司即可要求世恒公司及迪亚公司支付补偿款的约定，因违反了投资领域风险共担的原则而无效。[10]

最高人民法院认为，世恒公司、海富公司、迪亚公司、陆波在《增资协议书》中不能完成预估业绩即支付补偿款的约定，使得海富公司的投资可以取得相对固定的收益，该收益脱离了世恒公司的经营业绩，损害了公司利益和公司债权人利益，一审法院、二审法院根据《中华人民共和国公司法》第二十条和《中华人民共和国中外合资经营企业法》第八条的规定认定《增资协议书》中的这部分条款无效是正确的。但是，在《增资协议书》中迪亚公司对于海富公司的补偿承诺并不损害公司及公司债权人的利益，不违反法律法规的禁止性规定，是有效的。最高法院通过判决的形式认定了投资人（海富公司）与目标公司股东（迪亚公司）之间对赌协议有效而（海富公司）与目标公司（世恒公司）之间对赌协议无效的结论。

遗憾的是，该判决书中未对补偿款支付如何侵犯了公司和债权人利益而造成违反强制性法律规范的后果的结论进行论证。只是在本案承办人后来的撰文中表达了这样的观点："海富公司与目标公司（世恒公司）之间对赌协议属于一种民间融资投资活动中，其关于未达到业绩承诺即支付补偿款的约定本属意思自治的范畴，但在民间融资投资活动中，意思自治需有'不违法'作为前提，违反法律的意思自治是不被承认的。法官依据法律判决某些私法行为无效具有无可辩驳的正当性。司法不是就事论事的行为。在利益平衡的过程中，不仅要考虑案内，还要考虑案外；不仅要考虑当下，还要考虑将来。对于潜在的第三者的利益也要顾及，例如潜在的债权人。在合同之债和侵权之债中，侵权之债更容易偶然发生，股东之间通过特别约定排除债权人实现债权的可能性是存在的。融资方和投资者设置估值调整机制（即投资者与融资方根据企业将来的经营情况调整投资条件或给予投资者补偿）时要遵守公司法和合同法的规定。投资者与目标公司本身之间的补偿条款如果使投资者可以取得相对固定的收益，则该收益会脱离目标公司的经营业绩，直接或间接地损害公司利益和公司债权人利益，故应认定无效。"[11]

从裁判者此段表述可知，其得出价值判断的前因是认为投资者与目标公司本身之间的补偿条款"使投资者可以取得相对固定的收益，则该收益会脱离目标公司的经营业绩，直接或间接地损害公司利益和公司债权人利益"，这实为对交易事实的误读。补偿款的支付是双方在签订投资合同时估值调整机制履行的后果，类似于买卖合同多退少补的履行方式，并不会出现使得投资人取得固定收益的后果；取得相对固定收益的情形是基于回购条款股权转化为债权的约定，其孳息是投资人基于财务成本的考虑与企业或实际控制人所作出的约定，这也是该类投资为退而进的交易特点所决定的，回购和 IPO 情形下的退出并无本质差异，只是投资孳息的差别。至于会否导致损害公司利益及公司债权人利益的评判，此类交易与公司在市场交易中的其他民事行为一样，在法律对其价值评判过程中的利益衡平原理并无二致。

众所周知，在私法利益冲突及平衡价值判断的过程中，任意性规范作为保障民事主体自由的规范，是意思自治原则在法律规范层面的表现形式，属于公理性命题范畴。而作为对于民事主体自由加以限制的强制性规范属于推理性命题，需要价值判断者进行详实的论证和有力度的说理。正所谓自由是无须论证的，而任何对自由的限制则需要论证和说理。但很遗憾的是，在甘肃"世恒案"的三级裁决中，我们都没有看到法官价值判断的过程，即使在本案承办人事后的案件评析中仍未看到对引用强制性规范条款作出有说服力的推理和论证。

（三）本书观点 [12]

在甘肃"世恒案"审理期间，中国国际经济贸易仲裁委员会所裁决的另一起对赌协议效力案，否定了最高法院对该类协议效力的二元分类，在中国司法裁判中出现了第一例关于投资人和目标公司之间对赌有效的裁决。[13] 事实上，实践中特别是私募股权融资领域中一些股权纠纷，往往也与对赌条款效力有间接关联。如北京市第一中级人民法院审理的北京冷杉投资中心诉曹务波偿付股权转让款纠纷，被媒体解读为对赌条款效力之争引发的案件 [14]，其实这并不是一起典型的对赌条款争议，只是案件事实中对赌条款的存在及效力评判对案件裁决仍有关联。该案中，根据案外人瀚霖公司、孙博，原告北京冷杉投资中心及被告曹务波等签订的增资协议与股权转让协议的内容，对赌条款出现在增资协议中：如目标公司不能上市，则由原股东曹务波回购股权。这实为当事人关于在一定条件下股转债的约定。虽然该对赌条款所对应的义务已被三方签订的股权转让协议所替代，但是引发该协议成立的前置原因（对赌协议）是否合法，直接影响到其股权转让协议合法与否的认定，故对赌条款的研判仍是承办法官必须面对的。

同时，在该类案件的审理中，由于对赌协议的履行势必造成对公司"契约群"结构中各方利益冲突，如何公平地处理公司特定债权人和公司不特定债权人之间的利益冲突也是法官价值评判的考量因素。

再如上海市闵行区人民法院审理的浙江省宁波正业控股集团有限公司诉上海嘉悦投资发展有限公司、陈五奎补足收益款纠纷案[15]中，承办法官准确、审慎地适用了"违反强制性规定导致合同无效的法律条款"，保护了投资方的合法权益，其有关"法院既要尊重公司自身的自治行为，也要尊重股东的自治行为，还要尊重公司法律关系各方基于私法自治精神达成的契约或契约型安排。凡是不公然违反法律规定中的效力性规范、诚实信用原则和公序良俗原则，不损害社会公共利益的公司章程、自治规章、契约和契约性安排都属于有效"的表述，代表了中国基层法院优秀法官的审判水平。但在此案中，对赌条款效力问题同样不是法官审查的核心，该案所引发的是考问裁决者法律立场和智慧的另一个理论问题：如何公平地处理公司特定债权人和公司不特定债权人之间的利益冲突。在股东承诺固定收益的情况下，这并不是难解之题；而当存在对赌条款的情况下，特别是投资人与公司对赌的情况下，该问题则无法回避，究竟保护投资人的利益还是保护公司不特定债权人的利益，实践中也有观点认为，这关乎合同法律关系与公司法律关系的竞合适用。

在中国法院目前审理的对赌协议或与之相关股权置换等新型案件中，无论以何种事实因素的结合展现，都与对赌条款存在着直接或间接的关联，而裁判者也力图透过合同文本探究法律事实真相，寻求意思自治与公平正义的平衡，以达到实质正义的目的。具体到投资人风险和收益机制设置如何实现公平；在信息不对称的情况下，被投资企业及实际控制人对企业未来的估值进行折算的科学性如何摆脱投机嫌疑；在公司实际控制人或大股东参与公司治理中如何保持公司独立性；等等。这些问题的存在，使得对这类合同效力的判断绝不能停留在合同主体和意思表示要件本身，法官在此类案件价值判断问题的实体性论证规则应该坚持："在没有足够充分且正当理由的情况下，应当坚持强式意义上的平等对待；在没有足够充分且正当理由的情况下，不得主张限制民事主体的自由"。[16] 同时，还应遵循作为程序性技术的论证规则和形式，如对于 PE、VC 这类投资主体而言，应对自己的投资行为与投资风险相适应性负举证责任。而在信息不对称的情况下，将一个企业未来价值进行"折现"的方式是否合理与准确，则应由融资方或其实际控制人负责举证，这都是在商事主体中寻求权责利一致的法律实质公平所必需的。针对此类案件实践中常见的争议，其在具体法律适用中经常出现的认识误区和问题归纳如下[17]：

1.是否属于民法显失公平的行为

我国民法所规定的显失公平的行为，是特指不具备欺诈、胁迫等无效原因，但行为人单方面获取暴利，被社会公认为存在重大不公平的民事行为。主要是由于民事主体基于信息不对称、地位不平等、意思表示受到限制等原因，导致法律行为的内容严重不对价，违反了权利义务相一致的原则，该不对价情形的出现严重违背了受损方的意志。而 PE 行为一般发生在私募基金和未来公开上市的公司之间，与传统的自然人主体相比，在交易能力、信息获取能力等方面具有明显的差异，属于典型的商事行为。事实上，也正是基于该类商事主体的能力和理性，才可以设计并实施这样一种既能完成投资又能化解风险的对赌条款。

"世恒案"中，该案中增资协议书所约定的补偿计算公式是：补偿金额＝（1-2008年实际净利润／3000万元）×本次投资金额。这个公式的一般化表示应该是：补偿金额＝（1-约定时间的实际绩效／约定的目标绩效）×股权交易额。这里，决定补偿金额的前一个乘数中的变量"约定时间的实际绩效／约定的目标绩效"表示目标绩效的实现情况。当分子和分母相等时，意味着达到了目标绩效，此时"1-约定时间的实际绩效／约定的目标绩效"为零，则补偿金额为零。当分子小于分母时，意味着未达到目标绩效，此时"1-约定时间的实际绩效／约定的目标绩效"为正数，补偿金额为正数，投资方获得补偿；反之，则补偿金额为负数，投资方支付补偿。决定补偿金额大小的另一个参数是后一个乘数"股权交易额"。这实际上是被投资企业在出价时需要考虑的风险因素：股权出价越高，业绩目标就越高，失败几率和赔率就越大，因而赔额也就越大；反之，股权出价低，则业绩目标相对较低，成功几率就越高，因而不赔甚至获赔的机会就越高。换言之，被投资企业股价作价过高必然导致业绩估值高，自己一方风险加大。由于股权出价和定价完全取决于当事人的风险预测和风险偏好，应属于意思自治和可自我控制的范围。基于该类主体为商主体的特质，按照商事合同的风险自担原则，如无其他导致意思表示瑕疵的因素，不能由此作出显失公平的妄断。

2.公司法相关规定是否构成禁止性规定

根据目前该类纠纷在审判或仲裁中的实践，被投资企业为了否认股权价格调整条款的效力，往往引用《合同法》第五十二条"违反法律、行政法规的强制性规定"进行抗辩,而该强制性规定的条款一般援引《公司法》第二十条公司股东滥用股东权利"损害公司、其他股东及债权人利益"的规定、《公司法》第三十六条及第二百零一条关于股东不得抽逃出资的规定和《公司法》第一百四十三条、第一百六十七条及第一百八十七条规定的股东取得公司资产法律途径的规定等。因此,《公司法》相关规定是否成为否定合同效力的禁止性条款是评判此类合同效力的关键问题。

首先,对赌协议发生在投资方与被投资企业投资合同法律关系中,在达成投资协议之时,投资人在交易中的主体身份并非股东,成为股东是协议得到履行的结果。因此在评判交易环节合法性问题上,应基于合同法律规范予以评判。投资人事后因投资行为成为股东这一身份不应成为判断合同效力的考量因素,即不能援引《公司法》规范股东义务的条款作为评判合同效力的依据。

其次,在涉及目标公司回购股权的情况下,体现于合同履行中的撤资、减资行为并不构成对《公司法》基本原则的动摇。因为,公司的信誉源于公司的资产而非公司资本,但注册资本的减少必然缩小公司的承债能力并可能影响公司债权人的利益,所以,法律允许在履行严格法律程序的情况下减少注册资本。同时,《公司法》也并不禁止股东与公司之间存在交易往来,对于股东从公司取得财产一节,法律更多关注的是这种取得是否存在法律依据及履行必要程序。因此,并不存在《公司法》第三十六条及第二百零一条关于股东抽逃出资的适用问题。

最后,股权价格条款有效导致返还投资补偿款是合同法律关系的必然后果，是所有的市场交易主体必须遵循的准则。在合同法律关系的世界里，公司和其他的市场主体一样，不能以此交易对象是股东为由，以侵犯公司财产权为由否认其效力，正如成为股东也是合同有效的法律后果之一一样，支付补偿款也是合同有效的法律后果。基于此，股东因合同法律关系为请求权基础也无涉《公司法》第一百四十三条、第一百六十七条及第一百八十七条规定的股东取得公司资产法定途径问题。

同时应当特别强调，在以差额补偿为目的的股权价格调整条款下，公司对投资方承担补偿义务，只要不存在计算方法不合理或者计算错误，不存在损害公司及其股东和债权人利益即可。因为，公司在合同规定的时间未达到约定业绩指标时，即可认为投资人在先前的融资交易中没有得到与其提供的资金价值相当的股权，这意味着公司以较低价值的股权换取了较高的现金对价。这种"低值高卖"在本质上有违公平原则。也正是因为基于这种考虑，双方才会另行约定实现矫正这一不公现象的调整机制。在双方对此有所预见并约定了检验标准和补偿机制的情况下，补偿请求权在性质上类似于一种结算差额请求权。同样，如果在约定时间内公司业绩超过了约定指标，投资方对公司的补偿也属于相同性质。结算差额补偿是商事交易中极其常见的现象。凡是有合法根据的差额补偿，正如有合法根据的其他债务履行一样，在公司正常运行的情况下都不会被看作是对股东或其他债权人的损害。同时，由于入股款存在多退少补的调整机制，按照会计准则，该部分资金属于公司的衍生金融工具，不应计入资本公积，即使被错误计入也应调账更改；换言之，投资方要求公司返还的投资补偿款根本就不属于公司财产范围，是投资方预付至公司的、在权益上属于投资人的财产。在公司业绩与公司价值未确定前，投资方作为差额请求权人同属于公司债权人范围，根据债权实现的平等原则，任何一个债权人实现债权的行为均不能视为对其他债权人的侵犯。这也是私募股权投资中的股权一直被认为具有债权性特征的体现之一。

值得一提的是，在"世恒案"中，世恒公司承诺的业绩水平为净利润3000万元，但其实际盈利仅为26858.13元，承诺的业绩与实际业绩相差1100余倍，承诺业绩显然严重脱离了企业的实际经营情况，如无对该种承诺业绩的合理性的特殊说明（比如不可抗力等），仅从这一结果来看，该对赌条款具有射幸条款性质。最高人民法院在认定世恒公司补偿条款无效的理由中，特别强调了其无效的理由是因为海富公司可以取得的相对固定收益脱离了世恒公司的经营业绩（承诺的业绩与经营业绩相差1100余倍），损害了公司利益和公司债权人利益。前文已述，在补偿款根本就不属于公司财产范围以及投资人行使这一请求权的基础实为债权人的情况下，并不存在损害了公司利益和公司债权人利益的前提。真正导致合同无效的是双方股权价格调整机制约定过分脱离了实际业绩，超出了价格调整机制条款纠正偏差的目的，客观上的结果导致对这一条款的认识更倾向于是一种以人为设定的以某种未来绩效指标的实现与否作为或然事件进行真正意义上的对赌的射幸条款。当然，这一认识是否能够成立，还需在具体的案情考量中介入其他事实，例如预估业绩是否与历史年度业绩接近或有其他合理事实借入说明其合理性，从而否定对该业绩预估属于偶然性事件的认定。

当然，当公司业绩与公司价值已经确定时，投资方的股东身份及相应投资款的股价均已确定，投资人补偿返还请求权的行使并不妨碍其作为股东享有的权利。当被投资企业有可供分配的利润时，投资方基于持有的被投资企业的股份取得股权收益是公司法意义上的利润分配行为。若被投资企业在有盈利，且符合《公司法》和公司章程规定的利润分配条件时拒绝向股东分配收益并引发纠纷，应当依据《公司法》相关规定解决争议。

3. 各级法院在此案裁判法律适用上的误区

在最高人民法院对"世恒案"的判决中，虽然没有采纳一审和二审法院使用过的"投资领域共担风险原则"、"保底条款无效"和"名为投资实为借贷属于违法"等概念，但也并未对此予以澄清。基于实务界对此类问题存在的模糊认识，笔者在准确把握相关问题的立法背景与历史沿革的基础上，对其在私募股权融资领域是否适用予以研判。

"投资领域共担风险原则"、"保底条款无效"和"名为投资实为借贷属于违法"等概念出现在 1990 年 11 月最高人民法院《关于审理联营合同纠纷案件若干问题的解答》（以下简称"联营合同司法解释"）中。由于当时我国并未制定公司法和合伙企业法，该司法解释属于我国有计划商品经济的特定时期的特定产物。而随着历史发展和我国改革开放的不断深入，市场经济已日臻成熟，民商法律制度也日臻完善，尤其是在与国际接轨最前沿资本市场领域，如果在裁判中脱离基于社会正义或基本价值的共识，仍然机械地照搬套用当年特定时期的司法解释来处理现今经济社会中的敏感问题，则无疑是刻舟求剑、削足适履，其法律效果与社会效果更是值得怀疑的。

其一，所谓"投资领域共担风险原则"，既不是一个普遍的原则，也不是一个刚性的原则。在投资领域，风险共担只是风险分配的一种方式。一般而言，在普通合伙的情况下，合伙人对外适用共担风险原则承担无限连带责任；而在有限合伙和特殊普通合伙的情形（有限合伙人承担有限责任，特殊普通合伙的合伙人在特定情形下也可以适用有限责任），都不属于共担风险。因此，在商法中，尤其是在投资领域，法律允许当事人在自愿原则的前提下做出任何风险分担的安排。在"世恒案"中，二审法院认定《增资协议书》中的股价调整条款违反了"投资领域风险共担的原则"，即明显存在对判决前提的认识误区。

其二，所谓"保底条款"本质上是当事人之间的一种风险和利益的分配条款。基于民法意思自治原则，当事人约定对一方或部分投资人的投资利益采取保底措施不仅是市场交易中的常见现象，而且也存在相应的法理依据。在民商事领域的相关法律规定中，禁止设置保底条款的法律规定，如证券法、证券投资基金法规定了受托人与证券公司、基金管理人的委托理财合同中禁止设定保底条款。其禁止的原因是出于保护投资人的角度，禁止专业金融机构以保底承诺诱导投资人非理性地投入资金，导致放大市场波动风险，破坏证券市场稳定性；而在中外合作企业经营法中则有允许外国合作者享受附条件保底条款的规定。由此可见，关于保底条款的存在及其效力，在理论上应持肯定观点；而在具体法律规定中，肯定者有之，否定者亦有之。笔者认为在特定情形下法律基于公共利益的需要明文规定某些保底条款无效；至于无明文禁止的，则为有效。因此，联营合同司法解释中关于联营合同中的保底条款无效的规定，在目前尚未废止的情况下，一般也应当仅限适用于联营合同，而不应再将该司法解释扩大适用到公司增资协议的效力判定上。

其三，所谓"名为投资实为借贷属于违法"[18]一则，源自计划经济时期禁止企业相互借贷的规定。这体现了在计划经济体制下"一切资源配置通过计划进行"的特点。最高人民法院该条司法解释中规定，"企业法人、事业法人作为联营一方向联营体投资，但不参加共同经营，也不承担联营的风险责任，不论盈亏均按期收回本息，或者按期收取固定利润的，是名为联营，实为借贷，违反了有关金融法规，应当确认合同无效。"该司法解释的指向很明确，重点在于规范那些在名义上是联营而实际上是借贷的行为，且该行为一定是在违反了有关金融法规的前提下，才能判定为无效。迄今为止，除了中国人民银行 1996 年发布的《贷款通则》第六十一条有"企业之间不得违反国家规定办理借贷或者变相借贷融资业务"的规定外，没有任何法律、行政法规有禁止企业之间相互借贷的规定。尤其是自 1999 年《合同法》及其后的司法解释严格限制了合同"因违法而无效"的范围，使得判定合同因违法而无效的情形不仅要求违反法律、行政法规中的强制性规定，且必须是违反了其中的效力性规范；由此，《贷款通则》作为效力位阶较低的部门规章已经不足以成为认定企业间相互借贷无效的法律依据。正因如此，在"世恒案"中，对于二审判决中所认定的海富公司投资行为属于"名为投资实为借贷"的认定，最高人民法院在再审判决时以"没有法律依据"为由做出了纠正。

二、中国"对赌"有效第一案

针对对赌协议仲裁的实践，目前可查到最早出现的案件是发生在 2010 年华汇通创业投资企业与赵某、冯某、尚某的"增资协议及股东协议争议案"。[19] 华汇通创业投资企业向北京蓝清创能科技有限公司以增资的方式进行私募股权投资，双方于 2008 年分别签订了《增资协议》及《股东协议》，华汇通创业投资企业对北京蓝清创能科技有限公司注资 500 万元持有其 6.67% 的股权。协议约定，股权交割后六个月内，如果中国环境基金创新能源有限公司未能实现北京蓝清创能科技有限公司的投资，则华汇通创业投资企业有权要求北京蓝清创能科技有限公司赎回其所持股权，赎回价格的计算依据为从交割日到赎回款项的实际支付日期之间的内部收益率须达到 25%。但后来中国环境基金创新能源有限公司未向北京蓝清创能科技有限公司投资，华汇通创业投资企业要求北京蓝清创能科技有限公司履行回购条款，因北京蓝清创能科技有限公司已被吊销营业执照，其三位股东成为被申请人。此案与前文提到的北京冷杉投资中心与曹务波股权纠纷实质相同，其合同交易结构的核心是一定条件下股转债的约定，且合同的履行是以一个或然时间的发生为条件的，因此其并不是一个真正意义上的估值调整条款。虽其无论从合同签订的形式到合同签订的目的上均与私募股权投资形式相符，但其并无企业价格估值及调整的因素，而是以中国环境基金创新能源有限公司向被投资企业进行投资这样一个事件为投资的条件，虽然也具有"赌"的因素，但并不属于对赌协议。

在中国国际经济贸易仲裁委员会仲裁的案件中，真正以估值调整条款及优先权机制为交易结构的对赌协议纠纷中，被业界视为具有里程碑意义的莫过于"富汇案"[20]了。

该案的基本案情为：2011 年 2 月，富汇创投等六家投资人与某股份有限公司（被投资企业）、实际控制人等签订《增资扩股协议》（以下简称"协议"），依据该协议第 3.2.1 条第（1）项、第（2）项约定：某股份有限公司将其注册资本由原人民币 2.25 亿元增加至 234,642,857 元，注册资本的增加额为 964.2857 万元。投资人以现金形式向某股份有限公司增资人民币 24,000 万元，占投资后该公司股权比例的 4.1095%（每股认购价格为人民币 24.89 元），其中 964.2857 万元计入注册资本，其余记入资本公积。该协议第 5.4 条约定：公司承诺 2011 年经审计的税后净利润不低于人民币 3.5 亿元，如果公司 2011 年经审计的税后净利润低于人民币 3.5 亿元，公司愿意以实际的税后净利润为基础，按"投资估值"中约定的投资市盈率 16 倍进行计算，给予投资人现金补偿。如果公司 2011 年经审计的税后净利润超出人民币 3.5 亿元，投资人按照同样的方式向公司进行补偿。补偿金额的计算标准为：补偿金额 =56 亿人民币／3.5 亿人民币 ×2011 年经审计后实际净利润低于 3.5 亿的部分 × 投资人持有公司股份的比例。但根据年度会计报表，该企业 2011 年度的净利润仅为 1.87 亿元人民币，远低于其在协议中承诺的利润数额。该案争议的焦点问题即为该增资扩股协议第 5.4 条约定是否具有法律效力，以及依估值调整机制计算出来的补偿款是否应当支付的问题。

在"富汇案"之前，尤其是最高法院对该类协议效力"二分法"的认定，基本向私募投资领域传达了投资人与股东对赌有效以及与公司对赌无效的观点；也进一步印证了该类条款在中国本土化进程中对私募股权优先股的排斥。在"富汇案"中，中国国际经济贸易仲裁委员会传达了这样的裁决理念：[21]

（一）问题核心：对交易结构的本质认识

1. 从交易实践角度对估值调整安排所作的解读和分析

估值调整机制安排的宗旨在于使得投资活动有一个相对公平和确定的价值基础。从本案争议条款的具体约定内容看，该条款是投资实践中较为常见的投资估值调整条款，即俗称的"对赌条款"或"对赌协议"，其实质是有关投资估值、投资定价及其事后调整的一项交易安排。虽然关于投资估值的认识受到法律实务界质疑，但在投资实践中，投资估值常常是一项仁智各见的活动。对投资标的即被投资公司的价值进行准确估算是一个比较复杂和有难度的问题，影响估值因素有很多，通常包括：被投资公司的信息披露是否真实、准确和完整；风险揭示是否充分、有效；被投资公司所处行业市场状况及未来发展趋势如何；被投资公司管理状态、核心管理团队的能力及稳定性情况；投资人专业经验和分析判断能力等，如果关注太多则无法达成交易。投融资双方为了不错失机会，提高交易达成的效率，通常是基于对被投资企业未来可实现利润之预期，先确定净利润（通常为投资发生后的某个财务期限实现的净利润）的一定倍数作为投资估值标准或投资作价标准，也称市盈率倍数或溢价倍数，从而得出被投资企业的总体估值（即净利润额乘以市盈率倍数）和每股认购价格（即每股净利润乘以溢价倍数），然后投资人按照如此确定的价格进行投资。由于被投资企业的未来净利润[22]在投资作价时只是一个预期值，其与被投资企业后来实际实现的净利润相比一定会存在或多或少的偏差，完全相等的概率太低。在这种情况下，投资方基于预期净利润按确定计价公式计算实际投资的金额与基于未来实际实现的净利润按同样计价公式计算所应投资的金额之间自然也有偏差，也即若以实际实现的净利润为基准回溯计算，投资人当初作出的投资不是多了就是少了。如果这种偏差在一定合理幅度之内，是可以接受的，不需对原先的投资估值和定价作调整；如果这种偏差超出一定合理幅度，就需要对原先的投资估值和定价进行调整，否则就有失公平。

实践中，投资估值调整采用的方式分现金补偿（多退少补）和股权比例调整（或增或减以与投资人实际投资金额相对应）两大类。估值调整的具体安排可是多种多样的，有的估值调整仅安排在新老股东之间，有的仅安排在投资人和被投资公司之间，也有的是前述两种安排的结合；有的估值调整是单向的，即当被投资公司业绩不达标时，老股东应向投资人转让一定比例的股份，或被投资公司应向新投资人进行现金补偿，而当被投资公司业绩超标时，投资人则无须向老股东转让股份或补偿现金、或向被投资公司进行现金补偿；有的估值调整是双向的，即估值调整在被投资公司业绩不达标和超标两种情况下都会发生，只是价值调整（补偿股份或现金）的方向不同而已。

具体到"富汇案"中，双方约定的估值调整机制是双向的，即"如果公司 2011 年经审计的税后净利润低于人民币 3.5 亿元，公司愿意以实际的税后净利润为基础，按'投资估值'中约定的投资市盈率16倍进行计算，给予投资人现金补偿。如果公司2011年经审计的税后净利润超出人民币3.5亿元，投资人按照同样的方式向公司进行补偿"。[23] 另外，作为估值调整相对方的老股东时常仅限于被投资公司的实际控股股东或担任被投资公司经营管理职责的股东，以一方面限制控股股东或管理层采取有损投资方利益的不当经营管理行为，另一方面激励和促使他们勤勉尽责，提升被投资公司的经营管理效益。

2. 判定价格估值调整条款法律效力的依据

在估值调整条款效力的判定中，仲裁庭认为，要判断争议条款的法律效力，需要先确定本案双方之间的法律关系性质，并明确适用的法律。仲裁庭的理解是，在达成本案协议时，富汇等 PE 机构只是投资人而不是被投资公司的股东，其是以投资人身份而不是股东身份与被投资企业达成投资协议的，双方以平等缔约主体身份达成的合同，直接建立的是投资合同法律关系，而不是股东与公司之间的公司法律关系。尽管投资行为会导致双方之间形成股东与公司的公司法律关系（如涉及公司治理、业务经营、利益分配、关联交易等诸多关系事项），但此履约投资行为之结果并不改变双方依据投资协议而建立的合同法律关系性质。因此，有关相关协议条款的约定及履行而发生的争议在法律性质上属于合同法律关系争议范畴。

因此，在判断其法律效力时，就应以申请人在订约当时仅是投资人为前提和基础，并基于合同法律的规定进行分析判断，申请人事后因投资行为取得股东身份这一点本身不应构成判断该条款法律效力的考量因素。因此，《公司法》关于规范股东义务的规范不构成判定合同效力的强制性规范条款予以适用。

（二）排除无效认定：如何理解"损害第三人利益"

1. 支付投资补偿款是否构成侵犯被申请人公司法人独立财产权，是否违反公司法有关资本维持、资本减少限制的原则。

关于此类交易是否构成违反《公司法》第二十一条规范的关联交易以及是否因此导致禁止性规范在合同效力评判中的法律适用问题，仲裁庭的观点是，公司与其股东之间是可以有交易来往、发生金钱支付的，并不能泛泛地将股东从公司取得资产的行为一概界定为侵犯公司法人独立财产权，违反公司法有关资本维持、资本减少限制原则的行为。判断其正当性的关键不在于公司的财产是否支出或减少，而在于这种支出或减少是否有正当合理的依据以及是否经过法定的程序。在估值调整协议有效的情况下，投资人要求公司支付投资补偿款是有依据的。公司作为商业交易主体，基于交易定价调整机制而发生对外支付并导致资产减少是完全正常的，而且在此种情况下，资产减少实质并非对其利益的损害，只是向相对方补偿原先超值收取的价款部分而已，双方之间的交易最终调整到符合双方事先达成一致的公平对价，这是最正当不过的商业行为和交易模式。

在这种问题上，公司同其他市场交易主体（包括其股东）完全一样，公司不能仅仅因为该等补偿支付的对象是股东，仅仅以股东取得公司资产为出发点而不考虑实际交易的背景、原因和依据，就一概认定该股东侵犯了公司法人独立财产权，违反了公司法有关资本维持、资本减少限制的原则。两者之间没有必然的逻辑关系。

2. 取得补偿款方式是否违反公司法关于股东取得公司资产法律途径

认为投资人与目标公司对赌协议无效的主张认为，投资人投资到公司的所有资产都属于公司所有，包括注册资金和资本公积金，未经法定程序，股东不能取得公司资产，补偿款的支付因违反了《公司法》关于股东取得公司资产法律途径无效。仲裁机构的观点是，投资人取得投资补偿款的方式确实不属于我国《公司法》项下的股东取得公司资产的任何法律途径之一，即支付投资补偿款不构成一项关联交易，不是股东分配股利，不是回购交易，也不是分配公司清算之剩余财产。但是，投资人作为交易主体一方，尽管其拥有投资补偿款支付方的股东身份，但其取得补偿款的依据是估值调整协议（基于交易），因此，公司法项下有关股东取得公司资产的法律途径与给予交易支付投资补偿款是不相干的两个问题，分别产生于不同的请求权基础。投资人基于此交易安排直接取得投资补偿款，是合同交易法律关系履行的必然结果，并无涉《公司法》项下有关股东取得公司资产的任何法律途径。因此，并不构成侵犯公司法人独立财产权，或违反《公司法》有关资本维持、资本减少限制的原则。

3. 支付投资补偿款是否构成抽逃出资

认为投资人与目标公司对赌协议无效的主张认为，投资人要求支付补偿款的行为是变相抽逃资金。对此，《公司法》不仅在第三十六条予以明文禁止，而且在第二百零一条明确规定了抽逃资金的法律责任。此外，为了增强此类规范的可操作性，《最高人民法院关于适用中华人民共和国公司法若干问题的规定（三）》（以下简称《公司法司法解释（三）》）第十二条以列举加兜底条款的形式，详细列举了抽逃出资的行为，包括："（1）将出资款项转入公司账户验资后又转出；（2）通过虚构债权债务关系将其出资转出；（3）制作虚假财务会计报表虚增利润进行分配；（4）利用关联交易将出资转出；（5）其他未经法定程序将出资抽回的行为。"

仲裁机构则认为，要判断支付投资补偿款是否构成法律禁止的抽逃出资行为，关键在于其是否属于上述第五项兜底性约定的范围，即是否构成其他未经法定程序将出资抽回的行为。支付投资补偿款在交易方面是具有充分合理正当性的。溢价投资是期初投资作价的结果，是出资行为；投资补偿是出资后对投资进行估值调整的结果，是补偿行为，是一项或有合同债务，且根据被投资公司的利润实现情况，其支付义务人并不当然是被投资公司，也可能是投资人。与原先的溢价投资款不存在法律意义上的延续性和同一性。对于一项抽逃资本的行为，行为人一定有抽逃资本的意图，无视公司独立法人财产权利，虚构交易，故意无对价或低对价地获得公司财产，损害公司的利益。这与支付投资补偿款这种给予估值调整，有正当合同依据、真实交易背景和公平对价基础的行为有着本质的区别。

4. 支付投资补偿款是否损害公司及其债权人利益

关于支付投资补偿款是否损害公司及其债权人利益的争论，仲裁庭的认识是，证监会在对具体项目审查前都要求清理对赌条款。因为基于对赌性条款的签订，如果目标公司对赌失败，将给目标公司带来非正常经营的大额债务，将损害目标公司利益及其背后的利益相关者尤其是债权人的利益；若对赌在目标公司上市后实施，将损害未来上市公司的中小股东的利益。我国《公司法》第二十条的规定即："公司股东应当遵守法律、行政法规和公司章程，依法行使股东权利，不得滥用股东权利损害公司或者其他股东的利益；公司股东不得滥用公司法人独立地位和股东有限责任损害公司债权人的利益"，如将此类法律规范适用于该类交易，这就意味着，在私募市场上，投资人基于被投资企业所作出的业绩承诺进行投资，"多了不退而少了要补"，若被投资企业超出业绩承诺，投资人要补偿；如若被投资企业未达到业绩承诺，则可以打着损害公司和债权人合法权益的旗号不予补偿，违反基本的公平交易原则。

在商业交易中，交易主体的法律地位是平等的；而且只要有交易，就自然会有利益的变化，或增或减；只要是合法交易，在法律上就无从谈起一方损害另一方。支付投资补偿款，有着真实的交易背景，公平的对价基础，明确的合同依据和事实上的正当合理性。如以损害公司及债权人利益为由否定其效力，则在法理上、论证规则上均需要一定的理由及标准。这是裁决者作出价值评判过程所应遵循的规则。

5. 按一定比例回购股权的约定是否为保底条款

在估值调整机制中，一般都有关于某一时刻或某一时间发生，回购方按年投资收益率一定百分比的标准回购股权的约定。在"富汇案"中，这一约定被仲裁庭理解为附条件合同。同时，年投资收益率的约定虽然使得投资有了一定的固定收益色彩，但是它并不足以将投资协议项下的投资性质改变为借贷，投资属性仍然是本案协议项下交易的基本属性；这一年固定投资收益率的规定虽然有"保底条款"的色彩，但是只是或许发生的回购安排在实际发生时的定价方式而已，与通常的保底条款有所不同，而且，即使是保底条款，本质上也是商事主体之间意思自治达成的一种风险和利益分配条款，在我国合同法及其他商事法律中并没有禁止保底条款的一般性规定，实践中也大量存在着各式各样的有保底收益的投资产品；另外，客观上，从投资市场的资金成本或正常合理预期的平均收益率看，10%的年化投资收益率是合理的甚至是相对偏低的。因此，依照合同法的基本原则，确认以单利10%的年投资收益率确定回购价格是合法有效的。

综上所述，中国国际经济贸易仲裁委员会在"富汇案"的裁决中认可了"对赌协议"有效性不仅发生在投资人与大股东或实际控制人之间，在投资人与目标公司对赌的情况下，只要双方基于真实的意思表示约定了股权价格估值方式及调整机制，这种基于交易建立的权利义务关系不因《公司法》禁止性规范对股东行为的调整而导致无效。在估值调整条款的法律适用中，其请求权基础是合同之债，不存在合同法律关系与公司法律关系的竞合适用。因此，在估值调整条款的评判中，改变了法院二元论的认识以及在裁判中引用《公司法》禁止性规范的做法，并对该类合同条款的交易结构、法律性质，结合合同效力评判中的论证说理进行了充分的阐释，由于机构仲裁的示范效力，该裁决对中国私募股权实践有着里程碑式的影响，被业界称为"中国对赌有效第一案"。

（三）最新司法动态

中国国际经济贸易仲裁委员会作出"富汇案"的裁决后，2014

年 6 月 3 日，最高人民法院《关于人民法院为企业兼并重组提供司法保障的指导意见》的相关规定明确规定，"强化商事审判理念，充分发挥市场在资源配置中的决定性作用，要坚持促进交易进行，维护交易安全的商事审判理念，审慎认定企业估值调整协议、股份转换协议等新类型合同的效力，避免简单以法律没有规定为由认定合同无效"。并特别强调为促进资本合法有序流转"要尊重市场主体的意思自治，维护契约精神"。这一规定的出台，虽未给予估值调整条款有名合同的身份，但通过其"促进融资方式的多元化，有效解决企业兼并重组的资金瓶颈。对于符合条件的企业发行优先股、定向发行可转换债券作为兼并重组支付方式，要依法确认其效力。审慎处理发行定向权证等衍生品作为支付方式问题。积极支持上市公司兼并重组中股份定价机制改革，依法保障非上市公司兼并重组中的股份协商定价"。

注　释

1　在中国司法裁判历史上具有里程碑意义的案件一个是"世恒案"，另一个是"富汇案"。前者因系"对赌协议"在国内首例并以最高法院提审作出判决而具有广泛的影响力；"富汇案"则是中国司法裁决中肯定投资人与股东对赌、投资人与目标公司对赌均有效的第一例裁决，并因逆转了最高法院判决中关于投资人与目标公司对赌无效的观点而具有广泛的影响力。分别被投资界称为"对赌第一案"及"对赌有效第一案"。

2　该案基本当事人被法院判决书简称为：投资人海富公司、目标公司为众星公司（后更名为世恒公司）、控股股东迪亚公司、实际控制人陆波。本书为行文表述上的方便，以目标公司的简称（世恒）指代该案。

3　此部分事实根据一、二审判决书所认定的事实整理。可参见兰州市中级人民法院（2010）兰法民三初字第 71 号民事判决书及甘肃省高级人民法院（2011）甘民二终字第 96 号民事判决书。

4　兰州市中级人民法院（2010）兰法民三初字第 71 号民事判决书。

5　甘肃省高级人民法院（2011）甘民二终字第 96 号民事判决书。

6　最高人民法院（2012）民提字第 11 号民事判决书。

7　目前，实务界讨论"对赌协议"效力时分为两种情形：一种是投资人与大股东或实际控制人的对赌，另一种是投资人与目标公司之间的对赌。对第一种情况下的对赌协议，在实践中并无大的争议；而对第二种情况下的对赌，最高人民法院对其效力的认识备受质疑。最高人民法院对"世恒案"再审后做出对赌协议效力二元论的结论，在司法判例角度印证了实务界上述看法，即投资人与目标公司股东对赌有效但与目标公司对赌无效的观点。

8　《中外合资经营企业法》第八条规定，合营企业获得的毛利润，按中华人民共和国税法规定缴纳合营企业所得税后，扣除合营企业章程规定的储备基金、职工奖励及福利基金、企业发展基金，净利润根据合营各方注册资本的比例进行分配。

9　《中华人民共和国公司法》第二十一条规定，公司的控股股东、实际控制人、董事、监事、高级管理人员不得利用其关联关系损害公司利益。违反前款规定，给公司造成损失的，应当承担赔偿责任。

10　甘肃省高级人民法院认为，"本案中，海富公司与世恒公司、迪亚公司、陆波四方签订的协议书虽名为《增资协议书》，但纵观该协议书全部内容，海富公司支付2000万元的目的并非仅享有世恒公司3.85%的股权（计15.38万美元，折合人民币114.771万元），期望世恒公司经股份制改造并成功上市后，获取增值的股权价值才是其缔结协议书并出资的核心目的。基于上述投资目的，海富公司等四方当事人在《增资协议书》第七条第（二）项就业绩目标进行了约定，即"世恒公司2008年净利润不低于3000万元，海富公司有权要求世恒公司予以补偿，如果世恒公司未能履行补偿义务，海富公司有权要求迪亚公司履行补偿义务。补偿金额＝（1-2008年实际净利润/3000万元）×本次投资金额"。四方当事人就世恒公司2008年净利润不低于3000万元人民币的约定，仅是对目标企业盈利能力提出要求，并未涉及具体分配事宜；且约定利润如实现，世恒公司及其股东均能依据《中华人民共和国公司法》、《合资经营合同》、《公司章程》等相关规定获得各自相应的收益，也有助于债权人利益的实现，故并不违反法律规定。而四方当事人就世恒公司2008年实际净利润完不成3000万元，海富公司有权要求世恒公司及迪亚公司以一定方式予以补偿的约定，则违反了投资领域风险共担的原则，使得海富公司作为投资者不论世恒公司经营业绩如何，均能取得约定收益而不承担任何风险。参照《最高人民法院〈关于审理联营合同纠纷案件若干问题的解答〉》第四条第二项关于"企业法人、事业法人作为联营一方向联营体投资，但不参加共同经营，也不承担联营的风险责任，不论盈亏均按期收回本息，或者按期收取固定利润的，是明为联营，实为借贷，违反了有关金融法规，应当确认合同无效"之规定，《增资协议书》第七条第（二）项部分该约定内容，因违反《中华人民共和国合同法》第五十二条第（五）项之规定应认定无效。参见甘肃省高级人民法院（2011）甘民二终字第96号民事判决书。

11　罗东川、杨兴业：《"对赌协议"纠纷的法律规制——设立裁判规则，促进投资市场有序发展》，载《人民司法》2014年第5期。

12　本部分得益于中国政法大学王卫国教授、北京大学尹田教授、中国人民大学王轶教授在案件论证过程中的指导，在几位老师的启发下，我才有今天趋于成熟的思考，在此一并表示感谢。

13　参见中国国际经济贸易仲裁委员会（2014）中国贸仲京裁字第0056号裁决书（案件编号DX20120704案）。

14　黄占山、杨力：《附"对赌协议"时股东承诺回购约定的效力》，载《人民司法》2014年第5期。

15　刘锋、姚磊：《私募股权投资中股东承诺投资保底收益的效力》，载《人民司法》2014年第5期。

16　王轶：《民法价值判断问题的实体性论证规则——以中国民法学的学术实践为背景》，载《中国社会科学》2004年第6期。

17　季境：《对赌条款的认识误区修正与法律适用》，载《人民司法》2014年第5期、人大复印资料《法学文摘》2014年第3期。

18　龙翼飞：《企业间借贷合同的效力认定及责任承担》，载《现代法学》2008年第2期。

19　参见中国国际经济贸易仲裁委员会（2010）中国贸仲京裁字第0634号裁决书。

20　受中国实务界既有二元论观点的影响，该案对与目标公司对赌协议有效性的突破是颠覆性的。中国投资协会股权和创业投资专业委员会于2014年5月16日召开了"VCPE对赌效力最新判例解析及立法研讨会"，通报对赌案件裁判的最新动向并邀请本书作者做了大会主题发言，全国人大财经委、国务院法制办、证监会等相关单位负责人参加此次会议，受会议主办方之托，本人于会后提交了有关对赌协议合同法规范的立法建议稿。

21　该部分观点根据（2014）中国贸仲京裁字第0056号裁决书及获仲裁庭认可的仲裁代理意见整理。

22　实践中，净利润的约定来自双方认可的预估。一般由被投资企业根据历年业绩对未来年度业绩作出承诺，其中包含对承诺兑现的合理性说明，再交由投资人审慎评估并认可后方确定为合同约定事项。

23　在"世恒案"中，根据世恒公司、海富公司、迪亚公司、陆波《增资协议书》第七条第二项有关业绩目标约定，即"众星公司2008年净利润不低于3000万元人民币。如果众星公司2008年实际净利润完不成3000万元，海富公司有权要求众星公司予以补偿，如果众星公司未能履行补偿义务，海富公司有权要求迪亚公司履行补偿义务。补偿金额＝（1-2008年实际净利润/3000万元）×本次投资金额"，此约定为单项对赌条款。

第四章

交易架构：估值调整条款的法律性质

前文已述，私募股权投资交易结构达成的估值调整机制在司法实践中需要遵照无名合同的处理原则进行裁判，即"本法分则或者其他法律没有明文规定的合同，适用本法总则的规定，并可以参照本法分则或者其他法律最类似的规定"。于是，关于什么是与其"最类似的规定"出现了射幸合同和附条件合同的争执，也正是这些争执和观点将对该类合同的判定引入了歧途。因此，如何界定此类合同法律性质是正确进行法律适用的前提。

一、对赌协议需"正名"

在私募股权投资过程中，投资人一般要经过"筹资—投资—退出"几个环节完成一个周期的资本运作。在交易达成的过程中，投资人必须考虑两个基本的问题：进入和退出。通过股权转让（如和老股东签订股权转让协议）方式是产业投资人对企业投资通常采取的途径，自不在本书讨论之列。我们需要讨论的是，PE 这类专业投资人在对非上市公司进行权益性投资，是一种向创业或成长型公司提供融资及其他具有附加值的专业化金融活动，意在企业未来上市或采取其他方式退出后带来财富增值，其身份是着眼于资本的运作主体而产业经营主体定位的。在这类投资活动中，投资行为可能发生在企业的萌芽期，也可能发生在企业的发展成长期，抑或是发生在企业的扩张期甚至成熟期，只要是目标企业在未来发展过程中出现再次融资需求的情况，即可出现多轮次的募集资金，无论在哪一阶段进入，投资人关注的都是企业未来在资本市场为其带来财富增值的可能性。

在企业上市成长的过程中，未知因素很多，诸如被投资企业所处行业市场状况及未来发展趋势、被投资企业管理团队及管理能力、股东与企业关联程度及信息披露、企业利润及增长性是否达到上市需求等，如果关注的太多，则无法达成协议实现投资目的；但如果一些基本因素不具备，交易也无法达成。为了达成交易，投融资双方在技术上必须解决的是企业估值方法、定价机制和溢价出资等基本问题。创投企业最常规的估值方法就是市盈率法，即投资人与被投资企业或股东通过对被投资企业在将来一定时间内企业净利润进行预估，再以净利润的市盈率倍数作为投资估值标准（也称 PE 倍数），得出被投资企业的总体估值，从而计算出每股认购价格以最终达成交易。由于预估业绩与实际情况总会导致偏差，于是交易双方另约定了数学公式对估值偏差进行纠正，这就是估值调整机制的设置。

　　VAM 是私募股权投资中常规的交易达成方式，是整个投资合同中最重要的一部分。实践中，被投资企业上市前往往也是通过与私募投资人签订估值调整协议的方式实现其多轮融资需求。在这一过程中，投资人不仅要考虑当下与控股股东、目标公司的关系，还要考虑与未来公司发展中再次融资出现的新的投资人及与债权人的关系。同时，这种关系不仅是包括股权价格问题，还包括对投资权益的自我保护措施、公司经营中的实际控制权及针对未来可能出现的被收购时的防御权等。因此，在我以前的文章中将这部分价格条款称为股权价格估值条款[1]，仅是针对发生补偿款纠纷所涉及的法律问题的探讨，是一个小于估值调整机制范围下的话题。

　　通常，在符合当事人预期的情况下，上市是私募股权投资双方期待的退出方式，除此之外，并购（含股东或实际控制人及管理层回购）、股权转让、清算等方式退出也并不鲜见。因此，对于在何种情形下退出及与退出环节相关的问题做出约定自会在投融资双方考虑范围之内。同时，在目标公司未来再次融资的情况下，投资人与控股股东、再次融资出现的新的投资人之间关于增资认购、优先购买及共同出售权和拖售权的约定也一般会在投资人考虑之中。另外，由于投资合同必然带来管理权、信息披露对于控股股东、实际控制人的诚信义务及必须遵守法律条款的约束，这些条款也是这类合同的重要组成部分，上述各部分条款中也会包含在出现各种情形下违约制裁措施的约定。依照此交易机制，投资人与目标公司（或其实际控制人）之间既可达成一个针对当下无法确定标的物成交价格的交易，又可以在未来漫长且不确定因素诸多的情况下赋予投资人更多的转换机制：投资人有权在约定情形出现时，选择将优先股按照事先约定的条款转换为普通股；也可在目标公司经营良好时（通常选择目标公司即将 IPO 时）实现优先股的转换以兑现投资利益；如果目标公司经营不佳，投资者亦可择机权宜选择回购权或共同出售权、拖售权等这些预先设定的权利机制条款实现退出以保障其利益最大化。

因此，将"Valuation Adjustment Mechanism，VAM"翻译为"估值调整机制"，准确表达了其为上述股权投资合同中各个不同阶段一系列权利及其实现方式的总称。同时，这类合同的内容也并非仅是价格估值条款，实际上包括其涵盖的一系列投资人特别权利条款的转换机制设置，如股权优先权等约定，都超出了中国现行法的规定。尤其是投资人在股权上设置的优先、控制及防御功能，均以权利形态存在于这一交易机制中。由于这种自我保护措施不但有涉合同的交易对象，还涉及其他股东、未来股东及债权人的权利和义务，似乎突破了合同相对性并导致权利义务影响或指向第三人，从而有侵害第三人权益之嫌，又由于其与《公司法》同股同权的制度设计相悖，确实因股权结构的过度复杂而备受质疑。目前在我国尚未出现针对优先股及相关权利机制问题的司法裁判，对这种以股权的外衣表现出来的新型权利样态，其带来的外部效力问题可否消解？目前，对上述问题理论上的讨论多是着眼于对这类非典型合同效力的评判角度，缺乏对估值调整机制深入系统的研究。

作为舶来品，估值调整机制在中国本土化过程中被通俗地称为"对赌协议"[2]，这大大缩小了该机制所涵盖的内容。本书认为，在理论上讨论这一法律问题更不宜使用"对赌协议"称之，因为，单从题目上就将讨论问题冠以主观性的评价，失去了科学研究应遵循的客观性。而且从客观上看，"对赌协议"本身只是一个比较合理的价格调整机制而已，是一把"双刃剑"，是一个中性的机制。投融资双方签订"对赌协议"的主观目的是尽可能实现投资交易的公平合理：条款中不仅包括为达成交易约定的"对赌"事项，也包括待约定事项确定后的"调整"，即在未来业绩实现时对投资入股的价格估值造成的偏差实现"多退少补"，以弥补法律关系建立之初因各种不确定因素所造成的瑕疵。因此，这一机制的核心目的就是纠正因预估造成的偏差，"赌"字不仅将对其价值评判引入带有道德底色的灰色区域，而且掩盖了事物的本质。实践中也有观点认为，如称之为"对赌"易导致对该种投融资手段产生法律性质和效力的误读，但也不宜遵从学界所称的"估值调整协议"的提法，因其并非独立存在的合同类型，且实践中多表现为附属于股权投资协议类合同的条款，若统称为"估值调整协议"则不利于准确反映其法律特征，建议以"股权投资估值调整协定"称之。[3]

笔者认为，因"Valuation Adjustment Mechanism"在实践中使用的文本是一个国际通用的标准条款，是着眼于投资行为过程中一系列权利义务内容的总称，涵盖于投资法律关系的建立、履行中诸如投资款支付、兑现业绩或返还溢价款、管理权及其控制、担保义务、回购权及其他不同退出情形下相关义务及附随义务等一系列内容，以"估值调整机制"称之更为妥当。这不仅准确表述了其作为合同核心条款的价值在于"调整"，是"Mechanism"而非"Agreement"也意在其中；更主要的是，这一机制主要功能在于投资后上市前的漫长时间里，针对目标公司发展中的各种情形都设置了相应的保护、控制、防御功能，是一个面向未来着眼全局的利益调整机制；在法律适用角度，同时也要考虑该机制中除了交易条款之外的其他权利设置及其原理，也许并非简单的交易规则和合同法的理论所能解决的，毕竟，这类"机制"尚涉合同法及公司法、证券法的理论和适用，诸权利提起的诱因不同，其请求权原理也是不同的。

在交易达成的过程中，交易双方不仅要对交易的目的作出一致性的认识，还要对交易实现、不实现及不同情形下的退出作出安排。因为这一系列的安排不仅受制于买卖标的物的价值来自于双方预估的因素，还涉及进入和退出环节相关利害关系人的意志因素，如入股时需要公司股东大会及董事会的表决、控股股东的相关诚信承诺等，缔约各方通过"对赌协议"的约定实现所有者权益与管理者权利的合法分离，强化经营管理人及原始股东尽职义务，以保障公司高效运营。每一环节都涉及一系列法律问题的设置，从这个角度上说，以机理、机制表述更为妥帖。同时，笔者主张尽量不要使用"对赌条款"表述的原因，还包括"对赌条款"涵盖范围要比估值调整机制范围广，因为实践中确实存在真正意义上的以"赌"为本质特征的"投资"行为，例如，以激励或风险对冲为目的的对赌条款，实际上都是人为设定的以未来某种或然事件的出现与否作为真正意义上的对"赌"，脱离了估值机制本意旨在纠正估值偏差的目的。当然，在具体个案中，这类合同无论冠以何种名称，都要结合文义及履行的具体行为综合判断其所涵盖的内容，不是一个简单的题目能够决定的。

二、估值调整条款及其特点

（一）估值调整条款解读

前文已述，私募股权投资是投资人对非上市企业进行的权益性投资，其中包含对未来公司上市（或不上市）的若干退出机制条款。在这类投资中，投资人向目标公司进行投资更多关注的是该企业未来是否能够上市。而在企业上市成长的过程中，未知因素很多，如果在合同签订之时对这些因素关注过多则无法达成交易，因为有些事情无法预测，或虽然可以预测但如在合同中进行约定会导致过高的交易成本。因此，为了达成投资交易，投资人与被投资企业或股东往往将一些未知因素搁置或达成一个留待未来解决的方法。"其基本的核心体现如下：当发生私募股权投资的场合，投资方与融资方为避免双方对被投企业的现有价值争议不休的常态，将该项无法即刻谈妥的争议点抛在一边，共同设定企业未来的业绩目标，以企业运营的实际绩效来调整企业的估值和双方股权比例的一种约定。"[4] 但交易的达成所必须具备的一个最基本要素就是价格。在私法上，确定财产的价值主要有三种途径：市场、中立评估和自我估值。[5] 市场和评估是常见的定价方式，而自我估值则是私募股权投资中通常的定价方式，市盈率和净利润是资本市场估值[6]的重要计价工具。以 2014 年资本市场对腾讯的估值数据为例：2014 年腾讯的收入为 789 亿元，净利润为 238 亿元[7]，2014 年 9 月 23 日胡润研究院得出腾讯市值 9760 亿元的依据就

是腾讯当时达 41 倍市盈率。**8** 与以企业现金流作为估值依据的传统
方法不同，该类投资的目标公司是以上市为目的，因此采取对企业未
来盈利能力的估值方法。公式可简化为：公司市值＝净利润 × 市盈
率。在投资合同中，投资人与目标公司（或其实际控制人）商定一个
双方认可的市盈率并采取对净利润预估的办法计算公司市值购买公司
股份，待未来利润确定以后再采取多退少补的方法进行价格调整，以
实现质、价对等的交易公平。**9**

因此，投融资双方经常通过对被投资企业在将来一定时间内企业
净利润的预估，以净利润的一定倍数作为投资估值标准（也称市盈率
倍数或溢价倍数），得出被投资企业的总体估值，从而计算每股认购
价格。由于对将来一定时间内的企业净利润只是一个预估，其与被投
资企业最终实际的净利润会存在一定的偏差，如果这种偏差是在可接
受幅度之内的，则不需要再进行调整，如果这种偏差过高或过低，就
需要对原投资估值和定价进行调整，以实现交易公平。实践中往往通
过签订估值调整条款（即实务界所称的对赌条款），对未来不确定的
因素做出约定：如果被投资企业未来业绩达到约定业绩，则被投资企
业或股东将有权兑现事先约定的权利；反之，投资人将有权行使事先
约定的权利，如要求被投资企业退回多收取的投资款或进行股权比例
调整等。

例如在甘肃"世恒案"中，双方当事人约定"众星公司 2008 年
净利润不低于 3000 万元人民币。如果众星公司 2008 年实际净利润完
不成 3000 万元，海富公司有权要求众星公司予以补偿，如果众星公
司未能履行补偿义务，海富公司有权要求迪亚公司履行补偿义务。补

偿金额＝（1－2008年实际净利润/3000万元）× 本次投资金额"。**10**
这个公式在估值调整机制格式条款中的一般化表示是：补偿金额=（1－
约定时间的实际绩效／约定的目标绩效）× 股权交易额。这里，决
定补偿金额的前一个乘数中的变量"约定时间的实际绩效／约定的目
标绩效"表示目标绩效的实现情况。当分子和分母相等时，意味着
达到了目标绩效，此时"1－约定时间的实际绩效／约定的目标绩效"
为零，则补偿金额为零。当分子小于分母时，意味着未达到目标绩
效，此时"1－约定时间的实际绩效／约定的目标绩效"为正数，补
偿金额为正数，投资方获得补偿；反之，则补偿金额为负数，投资方
支付补偿。决定补偿金额大小的另一个参数是后一个乘数"股权交
易额"。从这个条款的约定可以看出：股权出价越高，业绩目标就越
高，失败几率和赔率就越大，因而补偿金额也就越大；反之，股权出
价低，则业绩目标相对较低，成功几率就越高，因而公司不补偿甚至
获投资人反向补偿的机会就越高。在"富汇案"中，双方约定的股权
价格的调整机制为："公司承诺2011年经审计的税后净利润不低于人
民币3.5亿元，如果公司2011年经审计的税后净利润低于人民币3.5
亿元，公司愿意以实际的税后净利润为基础，按'投资估值'中约定
的投资市盈率16倍进行计算，给予投资人现金补偿。**11** 补偿金额的
计算标准为：补偿金额=56亿人民币／3.5亿人民币×2011年经审计
后实际净利润低于3.5亿的部分×投资人持有公司股份的比例。"根
据该企业2011年度会计报表，其最终实现的净利润为1.87亿元人民
币，那就意味着公司的实际市值为16×1.87亿=29.92亿元。而投资
人以56亿元市值认购的股票就买贵了，需要根据双方约定的调整机

制进行调整，即现金补偿（实为将多付出的现金退给投资人）；相反，如果该企业 2011 年度会计报表其净利润超过 3.5 亿元，则意味着目标公司的股票卖便宜了，投资人应该补偿给目标公司与实际价值相对应的现金。

为了更清晰地认识此种交易条款的特殊性，我们可以将整个交易过程还原为：甲私募基金欲通过增资扩股的方式对乙公司（注册资金为 2.25 亿元）进行权益性投资，双方谈妥价格的要素之一为市盈率，如约定市盈率为 16 倍，而该公司在证券市场的价值双方则商定以"本年度预期税后净利润不低于 3.5 亿元"作为企业估值参考依据。在上述两个基数（16 倍和 3.5 亿元）谈妥的情况下，甲公司拟投资 2.4 亿元，其所能购买乙公司的股权数为：$2.4 \div (16 \times 3.5) = 4.286\%$（股权），这是比较理想的交易。[12] 在这里，16 倍是双方意思表示一致的结果，3.5 亿元来自于乙公司对自己未来业绩的预估，56 亿（16×3.5）的公司市值是基于这一预估计算出来的，这就使得 2.4 亿元投资所对应股权数的相应市值是一个虚设的数字。双方根据这种预估对合同的要素进行条款设计并实际履行，当实际业绩出来后，再根据估值调整机制进行调节：如果未来实际业绩低于 3.5 亿元，乙公司则应该按相应比例退还甲私募基金多付的投资款或调增持股比例；如果未来实际业绩高于 3.5 亿元，甲私募基金应再向乙公司补交不足的投资款或调减持股比例。

由此可见，"标准的'对赌协议'一般会约定在一个固定的期限内要达成的经营目标，在该期限内如果企业不能完成经营目标，则'对赌协议'的一方应当向另一方进行支付或者补偿，如果达到该经营目标，则反之。"[13] 此类协议条款的设计原理类似于买卖合同中单价确定而数量不定时"多退少补"的机制，是一种针对特殊资产买卖的交易模式。该交易模式的确定使原本在当期无法达成的交易得以成就，并通过调节机制实现交易双方缔约时的真实目的，同时达到保证交易公平和促进交易的效果。持此观点的学者认为"对赌协议的贡献在于将交易双方不能达成一致的不确定事件暂时搁置，留待该不确定性消失后，双方再重新结算。因为这种结构性安排，使得达成股权交易的可能性大增，从总体上增加了社会福利"。[14] 也有相反的观点认为，"对赌协议是个圈套，是国际资本掠夺我国财富的致命武器，可以从非法性界定"。[15] 但随着私募股权投资模式在投资领域的广泛使用及其在中国经济发展中对企业走向资本市场实现效果的显现，这一观点的支持者寥寥。

　　作为一种被实践认可的投资方式，VAM 往往发生在公司初次上市（IPO）之前。"对赌协议"其实不仅可以在私募股权投资中使用，在股权并购中也有广泛运用，其目的都是试图排除股权定价中的不确定因素。不过，私募股权投资基金投资入股非上市公司或者高风险创业公司，以获取未来投资收益为目标，交易的着眼点在于所投资股权的未来增值，而非股利分配。[16] 该投资交易模式中价格估值条款及回购条款一直备受质疑，因为从结果上看，"在'对赌协议'中，对赌各方通过对赌条款将投资或者受让股权的条件进行了约定，无论融资方是否达到业绩标准，投资方都会获得相应的回报。"[17] 正因如此，实践中广泛存在着私募投资"名为投资，实为借贷"的认识，其退出机制中的回购方式也为该类交易打上了"保底条款"的标签。不可否认的是，该条款的有效执行在提高投资人积极性、平衡投融资双方的信息不对称、抑制企业家短期行为等方面，发挥了不可或缺的巨大作用。

但由于此类交易的特殊性，作为舶来品，其目前正处于与中国既有法律对接过程中，司法实务中对此缺乏足够的认识，加之实践中也确实存在人为设定以未来绩效指标的实现与否作为或然事件进行"对赌"（射幸条款）的情况，因此，对价格估值调整条款相关法律问题进行深入探讨具有重要的实践价值。

（二）估值调整条款的特殊性

私法上，经常以市场、中立评估和自我估值的方法确定财产的价值。相比而言，市场与自我估值被认为是有效率的安排，因购买人或所有人通常对物品熟悉，可以给出最恰当的评价。[18] 自我估值不仅充分尊重了自主选择，能够确保财产的有效配置，同时也被认为是更基础性的价值确定机制。实际上，即使是交易中普遍采用的市场价格，也无非是一系列交易双方自我估值的选择结果，只是这一结果形成之后便产生了一种市场力量：在达成这一价格的基础性条件未改变的情况下，对于市场上的其他个别交易者而言，这一估值结果具有表面上的"约束力"。在财产同质性较高的场合，或者说在需要估值的财产存在充分竞争市场时，市场价格一般会主导估值过程；相应地，在财产异质性较高、信息不充分的情形下，市场便可能无法提供有效的估值，此时自我估值作为确定价值的基础性手段的特征又会显现出来。[19]

与通常的交易类型相比，私募股权投资交易的特殊性在于交易时点标的物价格具有不确定性。因为，以交易达成之时的企业现值交易有违被投资企业意志，但是以上市时企业市值交易，不但存在价格上的不确定性，而且可能会因上市中存在的诸多不确定性因素导致交易无法达成。因此，以截至某一时间点上的自我估值作为定价基础是该交易达成的最佳选择。为此，交易双方对于标的物价格约定了计算公式，而该公式中的某个因数（通常是业绩）或某些因数（也有对业绩和市盈率均预估的情况）仅是双方估计的。由于估计所必然存在的不确定性，双方又约定了根据实际业绩调整的解决机制（计算公式），即双方约定股权价值不是以缔约时的预估业绩为准，而是以未来某一个时段（通常为下一会计年度）的公司业绩作为依据，待这一时段的业绩确定之后，双方再对之前预估业绩所计算的股权价格进行调整，调整方法通常是按照约定的公式计算出一次性补偿的金额或股份额。

此类交易的核心问题在于，缔约时投资方支付股价的对价——公司未来的业绩是由公司或股东先作出承诺，进而估算出公司的市值，投资方先按照这一估算的市值认购股数预付投资款并进行股权交割；如果将来业绩未达到承诺，采取多退少补的价格调整机制进行调整。为直观起见，这一机制的设置和实现可以通过以下公式予以说明：

［公式1］（业绩未确定时股价计算公式）：预估业绩 × n 倍市盈率 = 预估总市值；预估总市值 ÷ 认购股数 = 预付入购金额。在这里，除了 n 倍市盈率，其他合同要素都是不确定的，但这些待定因素并不妨碍合同的成立与履行，因为双方另行约定了一个价格调整机制条款保证合同履行的公平性。

［公式2］（业绩确定时股价计算公式）：实际业绩 ×n 倍市盈率 = 公司实际总市值；公司实际总市值 ÷ 认购股数 = 应付入购金额。

［公式3］（调整机制）：返还（补偿款）金额 = 预付入股金额 – 应付入股金额。

在以上结构中，［公式1］是双方约定并在合同订立后需要预先依照履行的合同要素，［公式2］是实际履行中确定的合同要素，［公式3］则是调整预估和实际业绩之间履行要素出现的差额。通过［公式3］计算出来的返还（多付入股）款项称为投资补偿款。与此对应，一般将超出注册资本金增资部分应付的投资款称为投资溢价款。

此种交易的特殊性所带来的法律问题在于：补偿款的法律性质是什么？在业绩未确定前投资人认购的股权及特殊性能否在法律上得以确认？在法律适用层面，投资人与被投资企业之间补偿款请求权的行使基础是合同法律关系还是公司法律关系，因为在持公司法管制型立法观的背景下，这往往带来投资人补偿请求权的行使是否应纳入违反法律禁止性规定（主要是公司法规范股东义务的条款）的考量范畴的争论。[20] 同时，投资人要求支付补偿款的交易基础是否为关联交易而被法律所禁止？同理，由于私募股权交易实质上是以非公开配售的方式购买未上市公司优先股的行为，凡是规范证券市场交易禁止性规范是否应纳入合同效力评判的视野？这一系列问题均涉及该类以意思自治为交易基础的权利形态受制于国家强制力管控的幅度。因为，民法中的意思自治原则与国家干预从来都是并行不悖的，而国家干预主要表现为对权利体系的干预和制约。在该类合同条款中，民事主体意思自治行使的空间及国家干预的限度如何？对这些问题的回答离不开对私募股权条款的法律性质的深入探究。

三、关于法律性质的观点之争

我国学术上对估值调整条款的讨论主要集中在对该条款的法律性质和法律效力两个问题的认识上。[21] 国外也有不少关于其概念及本质的讨论，本书分别概述如下。

关于该类协议的法律性质，国内理论上已有观点多是采取与合同法中的有名合同对号入座的思路，以寻求与之对应或接近的合同类型的方法进行讨论。对赌协议[22] 是关于私募股权投资中投融资双方之间权利和义务关系的约定，亦是一种合同行为。在合同法上，以交易条款特征是否符合合同法规定的一个特定的合同名称为标准，将合同分为典型合同与非典型合同。典型合同，又称有名合同，是指法律设有规范并赋予一定名称的合同。例如我国《合同法》分则所规定的买卖合同等 15 种合同，《保险法》所规定的保险合同（包括人身保险合同和财产保险合同）等均为典型合同。非典型合同，又称无名合同，是指法律尚未特别规定，亦未赋予一定名称的合同。由于合同法奉行意思自治原则，在不违反社会公德、社会公共利益的前提下，允许民事主体通过合同方式自由设定权利和义务。民事主体（尤其是商主体）为追逐个人利益最大化设定突破合同法关于有名合同的界定范畴是自然之事。况且，在中国经济高速发展的今天，在金融市场实现不断创新的过程中，产生混合合同及新的无名合同会成为今后一定时期的常态。由此而论，"对赌协议"即属于此类。

从最高人民法院 2014 年 6 月 3 日发布的《关于人民法院为企业兼并重组提供司法保障的指导意见》(法发〔2014〕7 号文) 中规定:"审慎认定企业估值调整协议、股份转换协议等新类型合同的效力,避免简单以法律没有规定为由认定合同无效",由该表达可以看出,司法机关对这类合同定位于无名合同及未来更多无名合同的预见和态度。对于非典型合同的法律适用,《合同法》第一百二十四条做出了原则性的规定,"本法分则或者其他法律没有明文规定的合同,适用本法总则的规定,并可以参照本法分则或者其他法律最类似的规定"。因此,对于它与何种类型的合同最为类似,在我国合同法理论上曾进行过广泛的讨论并存在着不同的观点。

(一) 国内有关讨论及主要观点

1. 属于非典型合同,其性质为射幸合同

该观点的主要内容为:所谓射幸合同,是指在合同成立时,当事人的给付义务内容不能确定,须视将来不确定事实的发生与否来确定的合同。射幸合同作为一种特殊的合同类型,其最根本的法律特征即为射幸性。首先,射幸合同的标的为带有强烈的主观猜测性和客观随意性的机会性事件,具有极大的不确定性,即可能出现也可能不出现。射幸合同缔结时所存在的只是获得该标的的或然性,或者说取得该标的的机会,故此,罗马法学家将与射幸合同有关的买卖活动称为"买希望"。其次,射幸合同当事人的支出和收入之间不具对等性,可能一本万利,也可能一无所获。以保险合同为例,当保险事故发生时,被保险人所获得的保险金可以大幅度超过其所缴纳的保险费；如果保险是事故始终不发生，则投保人将不能获得任何补偿。总之，射幸性是射幸合同的本质特征，也是判断某种合同是否为射幸合同的最重要的标准。基于射幸合同上述本质特征与对赌协议比照，作者得出以下结论：首先，对赌协议以被投资企业未来的经营业绩为标的，在投资方和融资方签订对赌协议时，所约定的经营业绩增长指标尚不存在，且能否实现也具有极大的不确定性，即使融资方主观上做出了积极的努力，仍然不一定能够实现。因为企业经营业绩的实现虽然在一定程度上取决于经营者的主观能动性，但依然要受到诸多不确定因素的影响。其次，对赌协议当事人的支出与收入之间亦不具有对等性，这一特征在融资方身上表现得最为明显：如果对赌赢局，其可能会无偿获得巨额的股权收益；如果对赌输局，其可能会失去企业的控制权。因此，对赌协议完全具备射幸性，符合射幸合同的最根本特征，对赌协议的法律性质应当为射幸合同。[23] 在已发表学术文章来看，对赌协议的交易对象是企业未来的业绩，而业绩的好坏要受众多不确定因素的影响无异于未来的"幸运"。[24] 大多数学者持此种观点。

在"对赌协议"合法性问题的认识上，持此观点的学者认为：第一，从宏观层面来看，由于对赌协议本身属于一种合同行为，而合同的有效要件包括：当事人具有相应的行为能力、意思表示真实和不违反法律或者社会公共利益。一般来讲，对赌协议并不会损害国家和社会公共利益，现行法律架构中未有禁止此类协议的强制性规范存在，因而最易引起争议的，就是协议内容是否对融资方显失公平。首先，投资方并非"空手套白狼"。在私募股权投资中，投资方除对被投资企业提供融资服务外，还要帮助其完成以清理产权关系为目标的改制重组；然后通过包括"对赌协议"在内的一系列激励措施来完善公司治理结构，使企业价值呈几何式增长；最后还要完成以上市为目标的资本市场运作等等，这些活动均会给投资方带来成本。其次，投资方并非"旱涝保收"。在被投资企业未能实现业绩增长指标乃至经营亏损时，投资方并非无须承担任何损失，其也应依《公司法》的规定，按照持股比例承担相应损失。即使获得了被投资企业的控制权，也只是通过企业经营者的补偿摊薄了其投资成本，最终亏得少些罢了。第二，从对赌协议的微观可行性上看，对赌协议实质上是包含对赌条款的私募股权投资协议，亦即私募股权投资基金在认购被投资企业新增注册资本时与被投资企业及其控制人所签订的增资协议。根据《公司法》的规定，有限责任公司增资应经代表 2/3 以上表决权的股东通过，股份有限公司增资应经出席股东大会的股东所持表决权的 2/3 以上通过。投资方缴纳出资之后，即取得被投资企业的股东身份，而对赌协议的最终履行结果，也就体现为股东之间的股权转让。《公司法》第七十二条规定："有限责任公司的股东之间可以相互转让其全部或者部分股权"，并不存在需要经过其他股东的同意或行使有限购买权的问题。因此，有限责任公司股东之间按照对赌协议的约定实现股权转让是没有任何法律障碍的。在股份有限公司当中，《公司法》第一百三十八条规定："股东持有的股份可以依法转让"，亦即奉行股份转让自由原则，因此，对实现对赌协议中的股份转让安排也不存在实质性法律障碍。《公司法》第一百四十二条同时规定："公司公开发行股份前已发行的股份，自公司股票在证券交易所上市交易之日起一年内不得转让。公司董事、监事、高级管理人员在任职期间每年转让的股份不得超过其所持有本公司股份总数的 25%；所持本公司股份自公司股票上市交易之日起一年内不得转让。上述人员离职后半年内，不得转让其所持有的本公司股份。"根据该规定，如果投融资双方因履行对赌协议而需转让的股份尚处于法定锁定期内的，该对赌协议是无法履行的。此时，对赌协议所涉及的股权调整，只有在法律规定的股份锁定期过后方能实际履行。因此，对赌协议作为私募股权投资领域的一种投资方与融资方之间关于企业价值与双方持股比例的或然性安排，虽有赌博的字眼与表征，但追求的共同目标是企业价值蛋糕的放大与成长，而非零和博弈的赌博性质的"你输我赢"的非此即彼的泾渭分明的不存在价值增长的赌局。在我国现行法律框架下，私募股权投资中对赌协议的运行不存在任何合法性障碍。[25]

也有观点是在持射幸合同性质基础上进一步认为，判断射幸合同是否合法的一个标准可以是合同双方的真实利益是否一致，如是，则合同合法；反之，则违法。[26] 还有观点认为，判断对赌协议的合法性除了合同双方的真实利益是否一致这一要件外，合同是否建立在一定的科学性预测之上也是判断要旨之一，即对赌协议实质上是一种价值调整机制，在订立对赌协议之前，投资方和融资方会就企业的价值进行严格的调查分析，从而形成科学的判断，其与赌博合同完全依靠于运气的性质还是完全不同的。[27]

2. 属于附条件生效合同

持对赌协议属于附条件生效合同的观点认为[28]，首先关于"对赌协议"法律构造：对赌协议的法律关系主体往往发生在私募股权投资方与企业控制人之间，投资方通常是有着丰富资本运作经验与融资能力的海外私募股权基金（现今已有本土的人民币基金加入），而融资方则通常为同时具备控股股东和经营者双重角色的目标企业的实际控制人，被投资企业也往往是国内融资渠道有限、发展前景较好的民营企业；其次法律关系的内容以约定条件的出现分别讨论：（1）如果目标企业财务业绩如期达到约定指标，融资方享有请求投资方增加出资或无偿转让部分股权等特定给付的权利；投资方负有实施追加出资和无偿转让部分股权等特定给付的义务。（2）如果目标企业未能达标，投资方享有请求融资方转让部分股权甚至企业控制权给投资方或按约定价格回购投资方所持股权特定给付的权利；由于控制权易主，可能还涉及融资方调整董事会构成等变动行为；法律关系的客体应是股权转让行为、金钱补偿行为、委任董事行为、回购股份行为等约定的调整行为。由此，作者认为对赌协议是投资者和目标企业对未来可能出现的某种权利义务的约定，其实质上是两种单向债权债务法律关系的叠加，只不过是对这种法律关系的产生附加了不确定因素。根据意思自治原则，法律允许当事人对所缔结的合同附加生效条件，使其合同效力发生与否取决于当事人附加的条件，当事人认为条件合适的情况下受其约束。我国《合同法》第四十五条规定，当事人对合同的效力可以约定附条件，附生效条件的合同，自条件成就时生效。根据权利义务分配的均衡性，对赌分为单向对赌与双向对赌。因双向对赌属于标准形式，在此以双向对赌为例：首先，根据附条件生效合同的法律结构，一般将杠杆条款作为双方约定的条件，即合同生效的附加条件，而双向对赌内部是由两个对向的、单务的附条件生效合同构成；其次，杠杆条款作为生效条件，分别与两个单务合同相关联，即杠杆条款未满足前，两个合同均成立但不生效；再次，将杠杆条款满足和未满足分别赋予使对应的单务合同生效的效力，即满足或未满足均导致其中一方为特定给付且给付方向相反。**29**

在对赌协议的效力认定方面，此观点认为，应在进行两种区分下进行差异界定：第一，融资方分别为企业管理层或目标企业的差异认定：当投资方和企业管理层（原大股东）建立交易法律关系时，在司法认定上不存在任何法律上的障碍 **30**；但当对赌协议的相对方为目标企业时，也不能完全按照其违反股东同股同权的原则而一律认定无效。如果投资方在与目标企业签订协议前将对赌条款在工商管理局登记并登报公开告知目标企业全体债权人，在目标企业未能达标后，投资方通过履行减少资本的法定程序，主要是通过公司决议和通知债权人及公告。因为这两个程序符合规范要求，实际上就将其他股东和债权人利益考虑在内，不涉及第三人利益的损害，可认定为有效。第二，要区别投资方分别为内资机构或非内资机构的差异认定：当投资方为内资机构时，内资对赌协议只要遵循主体适格、意思表示真实以及不具备合同法规定的无效情形和可撤销的情形时，应当认定其有效。如果投资方为非内资机构时，主要是外资机构或中外合资机构，投资方与管理层的股权调整还要受到《外商投资企业投资者股权变更的若干规定》（以下简称《若干规定》）等其他有关外商投资法律规范的限制，其协议内容不能违反《若干规定》中关于股权变更导致企业性质变更的强制性法律规范，否则对赌协议将认定无效。**31**

还有观点认为，学者们在讨论对赌协议的性质时有一个假设性的前提，即射幸合同与附条件合同不可以并存，其实不然。射幸合同和附条件合同是对一个合同不同层次的解读。射幸合同探讨的是合同的本质问题，附条件合同中的"条件"是用于限制合同的效力的，两者不相矛盾。合同是否附条件完全取决于当事人的约定，然而合同的本质却不会因当事人的约定而改变。因此，"对赌协议"是射幸合同，至于是不是附条件合同，则看当事人的约定。**32**

也有观点认为，依"对赌协议"内容，被投资企业在未来一定时间如果能达到一定的业绩指标，管理层即可从投资者处获得部分股权；反之则投资者从管理层处获得部分股权。可以说，每份"对赌协议"都包含了两份期权协议："对赌协议"签订之日，协议双方都获得了一份股票期权，每一方既是一份期权协议的买方，同时又是另一份期权协议的卖方。私募股权投资者获得的期权则并非我们传统意义上的股票期权，由于其本身不参与企业管理，股票期权最重要的激励作用也无从谈起，反而是在企业经营业绩不佳时，从管理者手中扣除一部分股权，调整自己的投资价值。受让双方以及行权条件的倒置，都使投资者获得的期权明显区别于股权激励意义上的股票期权，是一份特殊的看空企业业绩的股票期权。**33**

3.简要评论

对"对赌协议"标的特殊性的认识是正确理解其法律性质的关键。根据前文关于估值调整条款特征的分析可以看出，投资人实为以非公开配售方式进行购买未上市公司优先股的交易行为。在这一交易中，存在多个环节的权利义务兑付关系。估值调整条款是在交易达成时确定的关于股权成交价格的定价机制，可简化表述为一个先付款再调整的买卖。抽象地说，其买卖标的物就是目标公司的股权，而其对价——谈妥了的是"计算方式"，类似于买卖合同单价确定而数量未能确定的多退少补的付款方式。在这里"计算方式"包括市盈率和某一年度业绩两个因数，市盈率是双方约定的价格要素之一，经营业绩是一个未确定的因数，在交易达成之时双方根据历年经营情况等诸因素进行了预估，待其确定下来时再进行多退少补。因此，约定年度业绩是一个必然出现的现象，并非射幸合同标的之"机会"。即使在出现市盈率和未来业绩双重约定的情况下，虽市盈率非人力可预测但在合同主体双方约定的情况出现时（如登陆新三板），则是一个必然出现的现象，即使未如预估数据那么准确但也绝非如射幸合同所标注的那样仅是一个机会。举例而言，如甲投资人与乙目标公司签订"对赌协议"时约定：目标公司预估业绩为税后净利润 4000 万美元、以登陆新三板后某一个阶段市盈率达到 16 倍为表现对企业市值进行预估的话，即可得出企业估值为 5.6 亿美元。待将来业绩实现时，例如实际业绩为 3000 万美元，实际登陆新三板后做市交易某一阶段的市盈率为 12 倍，那就意味着公司的实际市值为 3.6 亿。此时就要根据估值调整公式进行调整，实现多退少补。

因此，在实践中，融资方积极努力的结果可能会超出双方的预估也可能达不到预估，实现恰如预估业绩的几率是非常小的。但双方交易之目的并非达到预估业绩为目的，而是达不到预估业绩或超出预估业绩都是可以的，无论出现何种情形，根据估值调整机制进行"多退少补"，就是符合此类交易本意的。因此，"射幸合同的标的为带有强烈的主观猜测性和客观随意性的机会性事件，即可能出现也可能不出现"的特征与对赌协议并不相对应。另外，对赌协议当事人的支出和收入之间存在严格的对等性：股权出价越高，业绩目标就越高，失败几率和赔率就越大，因而补偿金额也就越大；反之，股权出价低，则业绩目标相对较低，成功几率就越高，因而公司不补偿甚至获投资人反向补偿的机会就越高。前文［公式1］中的要件是双方约定并在合同订立后需要预先依照履行的合同要素，体现的是一个根据预估业绩达成的交易；［公式2］是实际履行中确定的合同要素，体现的是原交易所显露出的不对等因素；而［公式3］则是调整预估和实际业绩之间履行要素出现的差额，是对前项不对等因素的纠正和弥补。即使对赌赢局（即实际经营业绩未达到预估业绩的情形），其出现的现象也是根据实际业绩所计算出的市值对于投资人多付出对价的补偿（可能是现金，也可能是股权），但这种收益并非基于无偿取得，而是投资人本来就多付的。如果对赌输局（即实为实际经营业绩超出预估业绩的情形），则会出现投资人向目标公司补偿的情况，即根据实际业绩所计算出的市值超出了投资人付出的对价，投资人应当进行补偿（可能是现金，也可能是退回的部分股权）。因此，"射幸合同当事人的支出和收入之间不具对等性，可能一本万利，也可能一无所获"的特征实际上是对对赌协议交易的误读。

对此类交易结构框架全貌的特殊性的认识，也是正确理解其交易性质必不可少的。除了结算方式的特殊，投融资双方所买卖股权的功能也与一般股权不同，实践中经常出现的大股东失去控制权或管理层失去管理权往往基于双方在交易机制中设置的股权特殊功能，与对赌协议这一交易结算方式不一定必然有关联。当然，并不能排除在以股权补偿的情况下也会导致控股权易主，但因对赌协议条款的履行使任何一方失去控制权的情形在实践中实属罕见。因此，关于对赌协议属于射幸合同的结论缺乏对该类交易实证的考察和对内在交易机制清晰的认识。另外，关于此类观点中"一般来讲，对赌协议并不会损害国家和社会公共利益，现行法律架构中未有禁止此类协议的强制性规范存在，因而最易引起争议的，就是协议内容是否对融资方显失公平"的结论，更是脱离此类交易实践主观臆断。在实践中，未来业绩实现的数额恰如预估业绩的情况非常少见，其或多或少都有偏差。正基于此，对估值偏差进行调整、纠正才有必要。就目前诉诸司法的案件来看，其发生争议往往就在"调整"一节，或者认为补偿款的支付属于关联交易、抽逃资金，违反《公司法》关于股东取得资产法定途径的规定；或者认为投资款已计入公司注册资本金及资本公积，支付补偿款乃损害公司利益的行为且违反公司法资本三原则等，属于违反法律禁止性规定的行为，并意图从未来公司上市有损社会公共利益的角度作出具有否定该协议效力的解说。就目前的裁判案例所显露的问题及争议焦点，均是关于此类交易是否"违反法律禁止性规定"及损害国家和社会公共利益而无效的争议，最高人民法院"世恒案"三级法院法官的观点均未脱离这一认识模式，前文已做了详实的介绍，在此不再赘述。

关于对赌协议为附条件生效合同的观点，其前提关于交易主体的界定，即"对赌协议的法律关系主体往往发生在私募股权投资方与企业控制人之间，投资方通常是有着丰富资本运作经验与融资能力的海外私募股权基金（现今已有本土的人民币基金加入），而融资方则通常为同时具备控股股东和经营者双重角色的目标企业的实际控制人"

亦为对交易实践的片面认识，实际上，实践中大量存在投资人与实际控制人及目标公司之间的对赌协议。从最高人民法院"世恒案"所传达出来的实务观点"投资人与实际控制人之间的对赌协议有效而与目标公司之间的对赌协议无效的结论"，也足见交易实践中的主要类型不仅发生在私募股权投资方与企业控制人之间。关于以约定条件的出现为两种情形的讨论，即"（1）如果目标企业财务业绩如期达到约定指标，融资方享有请求投资方增加出资或无偿转让部分股权等特定给付的权利；投资方负有实施追加出资和无偿转让部分股权等特定给付的义务"是出现估值调整的一种情况；而与之对应的另一种情况则是如果目标企业未能达标，则应向投资人进行补偿（补足出资或退出相应股份）。原文论述中"（2）如果目标企业未能达标，投资方享有请求融资方转让部分股权甚至企业控制权给投资方或按约定价格回购投资方所持股权特定给付的权利；由于控制权易主，可能还涉及融资方调整董事会构成等变动行为；法律关系的客体应是股权转让行为、金钱补偿行为、委任董事行为、回购股份行为等约定的调整行为"的表达不仅错误理解了交易实践中的相应情形，而且将私募股权投资合同中其他环节可能发生的情况转移到对赌协议后果的认识上，更加大了这一"罗生门"的复杂性。对此，本书在估值调整条款法律性质及效力根据、正当化说明部分做了较为详实的论述。

（二）国外有关讨论及主要观点

1. 关于对赌协议的概念界定——区分赌博、投资与投机行为

赌博是一种拿有价值的东西做注码来赌输赢的游戏，是人类的一

种娱乐方式。任何赌博在不同的文化和历史背景下都有不同的意义。在赌博合法性的西方国家，赌博在经济学上的定义是指对一个事件与不确定的结果下注钱或具物质价值的东西，其主要目的是为赢取金钱或物质价值。一种观点认为：赌博（Gambling）最显著的特点是其是一种创造风险的行为，而且这种风险之前并不固有存在，是被创造出来以供参与者可以下赌注并从中获利。对应地，投资（Investment）与投机（Speculation）是在转移风险——这种风险是自然且固有存在的。例如在赌场中参加游戏，游戏输赢的风险在游戏开始之前并不存在；但是股票、债券或是任何其他金融工具（Financial Instrument）已经客观存在风险，投资或投机行为改变的是这些风险的承担者和承担方式。这是投资或者投机与赌博最大的区别。投资行为并未创造出新的风险（对于整个市场而言），对于单个参与者来说这个风险更多的是预算风险（Calculated Risk）；若该参与者未能在第一时间退出，归属于其承担的风险会依然存在，只不过该风险被其他参与者（金融机构例如承销商、投资机构、个人投资者）所承担。而赌博游戏中收益更依靠随机结果，参与游戏的风险仅仅是为了满足参与者的乐趣而创造出来的；在其开始这个赌博游戏之前，该风险并不存在。对于投资与投机的区分，有着"华尔街财务分析之父"之称的格雷厄姆在《证券分析》一书中，根据结果成败给投资下了个定义："投资是指根据详尽的分析、本金安全和满意回报有保证地操作。不符合这一标准的操作就是投机。"

美国司法机关判定某些事项是否属于赌博常常是采用决定性因素测试法（Dominant Factor Test）。该方法主要是通过判定比赛结果是由技巧因素（Game of Skills）决定的还是由运气因素（Game of Chance）决定的。一些赌博类的游戏，例如轮盘游戏，其结果几乎是完全受到运气因素的影响，这样的游戏或者比赛就被定义为赌博行为。但是该方法并不限制某项比赛是否含有运气成分，只针对对结果产生决定性影响的因素进行判定。其在 2006 年出台的《取缔互联网非法赌博法案》中，对于"打赌"的定义明确排除了证券、商品交易、保险之类的商业交易。此外，有关的场外衍生品交易和新型结构化衍生品，也早在 2000 年《商品期货现代化法案》中被确认不属于赌博。也正是这个法案，造成了对于衍生品场外交易监管的真空，很大程度上导致了美国次贷危机的爆发。在美国次贷危机过后，美国的学者反思次贷产品给市场带来的系统性风险，并基于行为经济学理论提出了一系列新的观点解释结构化衍生品的本质，以期加强证券衍生品市场的监管。

2. 关于对赌协议本质的主要观点

根据 Stewart Myers 在 1977 年提出的实物期权（Real Option）理论[34]，认为当投资对象具有不确定性时，传统的净现值（NPV）会产生较大的估值偏差，因此，面对一个投资项目所产生的利润，不仅来自于现有资产的使用，同时加上一个对未来投资机会的选择，即投资方可以取得一个权利，在未来以一定的价格来取得或者出售一些资产。通过这样的一种设计和安排，可以运用金融期权的定价技术来进行投资分析。同时学者 Timothy Luehrman 也指出，"在金融的视角下，企业投资更类似于一系列的期权，而不是一系列静态的现金流"[35]。因此，实物期权理论是将对赌协议视为投资者支付一定的费用和成本后，获得未来某些权利的协议安排，是权利单方面的让渡。实物期权属于金融衍生品的范畴，但同一些典型的标准化期权产品亦有不同之处。

另一种理论是由 Grossman、Hart 和 Moore 三位学者开创的不完全契约理论（Incomplete Contract）。[36] 该理论认为，正是由于当事人的有限理性和环境的不确定性，所以在事前不可能签订面面俱到的合约，才使得事后的治理结构和制度安排非常重要。这一理论是分析企业理论和公司治理结构中控制权的配置对激励和对信息获得的影响的最重要分析工具。Hart 从三个方面解释了合约的不完全性：第一，在复杂的、十分不可预测的世界中，人们很难想得太远，并为可能发生的各种情况都做出计划；第二，即使能够做出单个计划，缔约各方也很难就这些计划达成协议，因为他们很难找到一种共同的语言来描述各种情况和行为。过去的经验对于这些也提供不了多大帮助；第三，即使各方可以对将来进行计划和协商，他们也很难用下面这样的方式将计划写下来：在出现纠纷的时候，外部权威能够明确这些计划是什么意思并强制加以执行。

Aghion & Bolton 通过将财富约束引入 VAM 分析框架，在交易费用和合约不完全性的基础上发展出一种最优融资结构理论。他们的论文重点研究了缺乏资本的企业家和富有资本的投资者之间的最优控制权结构。由于企业家既关心企业的货币收益，又关心自己的在职私人收益；而投资者只关心企业的货币收益，因此双方的目标之间存在利益冲突。为实现总收益的最大化，最优的控制权结构应当是：首先，当企业家或投资者的利益与总收益呈单调递增关系时，企业家或投资者的单边治理模式是最优的；然后，当上述双方的利益与总收益之间不存在单调递增关系时，那么控制权的相机配置将是最优的。即"企业家在企业经营状态良好时获得控制权，反之投资者获得控制权"两种理论的共同切入点，是投资对象未来的不确定性，这也是私募股权投资领域的一个重要特性。协议双方对于企业价值往往存在不同预期，传统的估值方法在私募股权投资领域的适用性十分有限，因此投资者与被投资者对于企业未来经营绩效的不确定性进行事前约定是合情合理的。投资者也可以通过对赌协议，对公司管理者进行有限的激励和监督，从而降低由于双方利益冲突所带来的代理成本（Agency Cost），可以将"对赌协议"视为一种对投资者自身权益避险保值性的衍生工具。

也有学者试图从公司股权激励安排的角度来解释对赌协议的特点，两者之间既有相同之处也有差异。从交易对手来说，对赌协议中相关的激励条款，是投资方对于公司管理层授予的激励安排，其具体形式可能是多样化的；而股权激励合约是公司对自身高管和核心员工等授予的股权激励安排。两种激励的安排，其目的均是希望通过激励来促使公司管理人员尽职工作，为公司和股东创造最大效益。但是两种不同激励安排所涉及的法律主体之间的关系是不同的。股权激励属于公司行为，是公司内部对员工的激励安排，而且多数的股权激励安排是单向的，即管理层如果能够完成激励协议中的业绩目标，则可以获得相应的股权、期权激励；如果管理层不能完成业绩目标，也不会承担义务。相比之下，"对赌协议"中的激励条款往往是双向的，参与双方的权利和义务基本是对等的。如果被投资方按照约定达到了相应的业绩目标，则可以享受规定的激励；如果无法完成业绩目标，则需要按照事先规定的条款对投资方进行补偿。

3. 简要评价

在过去的几十年里，法经济学在公司法法制史上对公司自由化产生了深远的影响。自 20 世纪 30 年代科斯在其《企业的性质》中用经济学的分析方法提出了公司契约理论奠基性见解后，这一理论对经济学、社会学、法学等学科相关理论革新均发生极大影响。他指出，企业和市场是合约的两种形式，可以将其理解为是可以相互替代的不同的资源配置方式——市场通过价格机制进行资源配置，企业则依靠组织内部的计划和权威来配置资源。企业的出现使得生产要素在通过一次性谈判达成较为稳定的合约以后，便可以运用权威关系来进行协调和配置，因而可以节省大量的交易费用。在此基础上，经济学上公司合同理论应运而生，公司是一系列合同的联结。公司作为一种合同机制，之所以能够取代市场，是因为公司内部的科层序列很好地降低了各方的交易成本。与此同时，社会学关系合同（Relational Contract）理论也出现了类似的表达：在长期的公司合同关系中，有用资财的股东和拥有经理能力的公司管理层之间，双方形成了紧密的人身信任关系，管理层必须为股东提供足以信赖的预期，以应对巨大的不确定风险。而这种预期，可能随着时间的推移而随时调整。

在法学上，诸如公司的本质究竟是什么及公司法的性质如何，针对这一问题的讨论几百年间从未停息。法学家们一直尝试着用各种理论和学说解说上述问题，但即使对于最为基础的问题——什么是公司，"做一个全面而客观的理论阐释，几无可能"。[37] 当公司法律制度成为法学、经济学、管理学、政治学、社会学等诸多学科的研究对象时，对这一问题的理解更是难以求同。公司契约理论对各个学科以及诸学科对法学理论产生的影响已毋庸置疑，如今几乎任何一个法学家的论著中关于公司及公司法本质的认识和理解都已无法摆脱公司契约论的影响。该理论不仅从法人内部关系且从外部关系角度论述的法人的本质，从而成为全球化趋同背景下对资本市场最有影响力的学说。

上述国外学者关于对赌协议本质认识的观点，更多是关注于私募股权投资行为这一经济现象，是着眼于从投资到退出的整个交易过程，是将投资人投资行为及控制、管理行为——基于估值所取得的股权及一系列权利机制框架下的法律关系的讨论。根据公司契约理论，公司契约理念包含了合意理性关系（Consensual Rational Relationship）与非合意理性关系（Non-consensual Rational Relationship），前者就是显性合同或者称为真实合同，后者成为隐性合同或者非真实性合同。**38** 无论是实物期权理论、不完全契约理论以及公司股权激励安排的角度所进行的解释，都是试图在公司治理背景下对交易条款性质的认识，是一个在经济学背景下对合同、公司等一系列法律关系整体性的理解。法学家眼里的契约概念往往关注于契约的形式要件——要约和承诺，而经济学家更多关注契约要件的实质——两个以上行为人对投入事业的共同期待。因此，在公司是"各类主体对企业发展及所从事事业的合同群"这一观点之上，对该类合同性质的认识脱离了合同法框架下是否为典型合同的认识局限。也是在公司契约论及经济学社会学等相关理论的影响之下，形成了对公司法由管制性到赋权性的认识。

对赌协议因融合了合同缔结交易及公司治理的一个典型，可谓是对"公司本质是合同群，公司法为合同法的延伸"认识的一个缩影。

四、股权价格调整条款的法律性质

我国学术界及实务界关于私募股权投资的论著较少，且主要集中在"对赌协议"性质的讨论上。前文已述，以对赌协议替代估值调整机制称呼不妥，且估值调整机制是个含义可变的范畴：既包括对价格不能确定情况下的"价格估值"调整，也包括未来合同履行中出现各种变量因素时的"权利机制"调整。所以，在一个什么范畴下讨论这一问题应作出前提性的界定。从目前已有论著所做分析、论证表述来看，国内关于估值调整机制为射幸合同或附条件合同的性质，并以此认定其内涵仅限于"价格估值"调整部分。不仅如此，囿于对基础交易事实认识片面甚至错误，加之思维定式固化于合同类型理论下对这一现象的分析，就如同盲人摸象一样很难看清事物全貌，因此难以对其作出接近其本质的认定。

（一）"对赌协议"不是射幸合同

"对赌协议"为射幸合同的观点是对基础事实存在以下两个错误认识：第一，该类交易以被投资企业未来的经营业绩为标的，而该未来业绩的出现存在一定的不确定性，甚至"融资方主观上做出了积极的努力仍然不一定能够实现"，无异于未来的"幸运"，因此其具有射幸性。第二，该类交易"双方当事人的支出与收入之间亦不具有对等性，如果对赌赢局，其可能会无偿获得巨额的股权收益；如果对赌输局，其可能会失去企业的控制权"。从上文对该合同条款的解读可以看出，未来业绩并不是合同标的而只是合同标的的一个参数，且双方未来业绩的约定是基于生产经营能力的科学评估，并非一个机会概念，更重要的是未来业绩与业绩兑现与否并不影响合同公平的结果——未来业绩是最终结算价款的依据，双方另有救济途径以对原预估造成的价格偏差进行调整。在实践中，对未来业绩的预估并非融资方单方承诺即可被投资方认可。这一承诺是参照历年业绩的现实性预估，需承诺人进行科学性说明并达到投资人认可的程度。另外，双方当事人的支出与收入之间严格遵循对等性——投资人支付了对价，融资人以未来业绩预估的方式进行了自我估值并辅之以调整机制"多退少补"。无论"对赌"输赢，该合同条款均体现了等价有偿的公平交易，不存在任何无偿取得权利的情况。

射幸合同结论的得出完全是对价格估值条款的误解，这种与实践相脱离的主观评判不免失之于武断，无论其理论逻辑上能否自洽，终归是无源之水、无本之木。即使将"对赌协议"一定限于合同法框架下是否为典型合同这一范式，仅从买卖合同的角度分析，其交易的对价是未来公司市值，是公司信用资产的现实体现。"在现代经济社会中，财产法的一个基本使命是促进财富增长。财产法与契约法所带来的产权预期始终影响着市场参与者的基本行为动机。交易创造财富不仅意味着交换创造的需求带动了物质产品的生产，而且意味着交易创造的信用本身就是财富。信用的初始形态是合同的未来履行，而信用的发达形态则是以未来利益为标的合同。"**39** 在这一前提下，被投资企业未来的经营业绩只是计算公司未来某一阶段资产价值的一个因数，即在未来业绩确定了的情况下，再以事先约定好的计算公式进行估值调整："多退少补"，以实现公平合理。

（二）"对赌协议"不是附条件合同

持该观点的论者对估值条款的核心内容认识如下："如果目标企业财务业绩如期达到约定指标，融资方享有请求投资方增加出资或无偿转让部分股权等特定给付的权利；如果目标企业未能达标，投资方享有请求融资方转让部分股权甚至企业控制权给投资方或按约定价格回购投资方所持股权特定给付的权利。"故论者认为，目标企业财务业绩是否达到约定指标是此类合同的生效要件，达到这个要件，则投资人或融资方履行相应的增加出资或无偿转让部分股权义务。这一论断的得出，完全脱离该类交易实践，是仅凭对该类交易进行想象所作出的误判。实践中，对于企业控制权的失去，与合同中存在的估值调整条款关联性并不大。以既往案例看，对赌业绩未能实现会发生补偿款的支付或股权补偿，这种因估值调整进行补偿的股权比例很小，一般不会导致实际控制权的失去。实际控制权失去的情况，多是投资方约定了股权优先权及特殊权利功能所致，如汇源果汁朱新礼失去控制权就是因为在合同条款中存在股权拖售权的条款。当然，也不能否认实践中存在比较极端的业绩承诺为条件的案例，或者是以业绩兑现为目的的对赌，那则是一个真正以机会概率为目的的射幸合同了，并非真正意义上的估值调整。

通过前文的分析可见，投资人与融资方（目标公司或实际控制人）通过预估业绩和约定市盈率的方法已经达成了一个可以及时履行的交易，双方事后也基于这些约定履行了合同。但由于预估与实际业绩可能出现的偏差，双方另约定了一个"多退少补"的机制，通过这一机制，待当年业绩兑现之时，根据实际情况进行退或者补：如果业绩超出了预估，则投资人需要增加出资（或以股权减少方式补给融资方），如果业绩不足，则融资方需要支付补偿款（或以股权补足）。因此，"投资人或融资方履行相应的增加出资或无偿转让部分股权义务"是基于原价格条款出现瑕疵的补救，而不是对业绩达到约定指标情况下的合同履行。因此，该附条件合同的观点是对合同基本架构的误解。至于"可能还涉及融资方调整董事会构成等变动行为；法律关系的客体应是股权转让行为、金钱补偿行为、委任董事行为、回购股份行为等约定的调整行为"，更是因对估值调整机制的缺乏了解所得出的结论。

在该机制下，股权转让行为、金钱补偿行为一般是估值偏差的补偿方式，回购股份行为是基于双方在合同中约定了回购方式，是投资人要求履行退出的情形之一，并非估值调整条款的条件，是私募投资股权债权性的表现。因此，附生效条件合同的观点缺乏对此类投资合同交易机制的了解，仅看到了合同中所存在的"条件"，将合同中一些不确定因素理解为"条件"，将"调整机制"理解为交易条款，并没有关注到该类交易的生效与此类"条件"并无关联。与此类"条件"有关联的是对将来合同标的价格的调整。在估值调整条款中，"条件"及对估值偏差的调整都是合同生效后履行合同的行为。

在上述持射幸合同和附条件合同观点论者的论述中，还存在其他一些对该类交易模式的误解，诸如私募股权投资合同到底是存在于投资人与目标公司之间，还是投资人与企业控股股东及实际控制人之间等。实践中，此类交易既有存在于投资人与控股股东之间的，也有存在于投资人与目标公司之间的，合同签订的形式也存在投资合同及增资合同或二者并存的情形。由于对该类事实的片面认识并不影响上述问题讨论的实质，故在此不展开论述。

（三）特殊产品的买卖合同

国外有关该类交易的讨论更多是关注于私募股权投资行为这一经济现象，是着眼于从投资进入到退出的整个交易过程。因此，是将投资人投资行为及管理中的义务和对价——基于估值所取得的股权及一系列权利机制框架下的法律关系的讨论。无论是实物期权（Real Option）理论、不完全契约理论都是试图在公司治理背景下对交易条款性质的认识，是一个在经济学背景下对合同、公司等问题的认识。法学家的契约概念往往关注于契约的形式要件——要约和承诺，而经济学家的契约要件更多关注实质——两个以上行为人对投入事业的共同期待，因此，公司就是各类主体对企业发展及事业的合同群。该观点概因 20 世纪 30 年代以来科斯公司契约论在经济学和法学领域的巨大影响所致。

1. 合同性质需锁定具体请求权

本书作者认为，对价格股指调整机制的讨论要放在私募股权投资领域（金融市场）这样一个大背景，交易对象是在交易达成时价格不能确定的特殊商品这一前提下。也就是说，对于投资人和被投资企业而言，双方交易的目的不是股权买卖，投资人取得股权的目的是在企业发展的某一阶段上通过股权介入的方式进行权益性投资，在另一阶段（或出现各种不同情形时利用在先设定的投资机制条款主张权利）实现资本增值后的退出；对于被投资企业而言，是通过股权融资的方式取得企业发展资金，经过一定阶段的努力实现到资本市场的飞跃。在合同签订履行到合同目的实现要经过较长的时间，在这一段时间，不仅交易双方的资产，包括外部市场、投资环境均处于变化当中。例如，如果不对事后可能发生的情形作出预估并约定一个公司治理及利益调整的机制，那么在未来公司发展中引进新一轮投资人时，新的投资条件的达成不仅造成对公司资产价值的评估的影响，甚至受到新一轮投资人投资嗜好的影响，从而对交易标的、控制权均产生冲击，对于这些不能确定的外部因素，交易双方的认识及预见能力都是有限的，若实现交易公平的效果只能着眼于事后的治理结构和制度安排的调整。

在实现私募股权投资"为退而进"这一交易目的的诸制度安排中，因为存在对目标企业未来估值的认识偏差，用估值调整的办法能实现交易公平；因为存在企业家或投资者的利益在企业发展中出现不断变动，为抑制企业家的短期行为，约定在不同情形时的控制权是漫长上市之路行程中控制投资风险的一种方式，所以，投资人最终都会选择单边治理模式或是控制权的相机配置，这在法律上是通过一系列优先权及特殊权利条款实现的。这些针对投资对象未来不确定性而进行的权利机制设置，均是源自协议双方对于企业价值未来预期的认识分歧，传统的估值方法在私募股权投资领域的适用性十分有限，因此投资者与被投资者对于企业未来经营业绩进行了预估后，再根据实际情况事后调整。同时投资者也可以通过这一协议，对公司管理者进行有效的激励和监督，从而降低由于双方利益冲突所带来的代理成本（Agency Cost）。

从这个角度上讲，经济学上认为"对赌协议"是对投资者自身权益避险保值性的衍生工具。但从法学角度探讨其性质，射幸合同本质是合同缔结时获得标的的或然性及交易双方支出和收入之间不具对等性，这与估值调整条款的内在机理不符。附生效条件的合同自条件成就时生效的特点，不符合估值调整协议交易双方真实意思表示及目的，估值调整协议在合同订立时即已生效并付诸履行，只不过在约定的情形出现时进行"调整"或行使合同中约定的相应权利，也就是说待企业发展中的不确定因素确定时，基于在先的权利机制产生不同的请求权基础。很显然，这种就"对赌协议"性质的讨论是以私募股权投资合同整体为对象的，由于私募股权投资合同涉及投资进入到退出的各个阶段，历时较久，一般均会出现公司估值、再次融资或增发引发的估值和控股权变动等情形，在交易条款中约定权利机制包括了交易建立、企业运营、增发股票、IPO、回购、股权转让等各种情形下的退出，从法律性质上予以探讨以期参照合同法某一类合同适用的研究方法无异于削足适履，并无实践意义。我们仅能说在私募股权投资合同中，就不同法律事实下的请求权，探讨估值调整条款、优先股条款、特殊权利设置条款的性质及合法性，才是符合实践的具有法律意义的话题。

2.从交易对象特征探究其正当性

实际上，在资本市场上广泛存在的大量交易，如远期利率协议、利率互换、期权交易以及期权交易中特殊的利率上限、利率下限、利率上下限等均属于交易双方或者一方的权利义务于合同签订后属于不确定的事实的情形，因此价格取决于交易资产的价值何时得以确定。在法律上讨论其属性，意在目前中国法律尚无规定的情况下对其效力及其根源予以正当化的说明。也就是说，在合同自由的原则下，当事人关于该类交易安排的意思自治会产生法律上的效力吗？之所以发出这样的疑问，从小处着眼因为我国合同法对这类合同未予规范，存在法律适用上的盲区，而多年的讨论对"对赌协议"认识仍非驴非马，射幸合同和附条件合同说均处于盲人摸象的阶段；以合同法之合同自由原则和实质正义理论均可为裁判者作出价值评判找到大有可论的空间。因为，于当事人之间，意思自治即产生当然效果是其期待，但此种交易身处与公司及债权人的利益冲突结构中，不仅"正义"的名义随时可否定其效力，而且其权利架构中对意思自治原则的极致的发挥容易打破公司法关于公司法律制度设计的逻辑前提；唯从大处着眼，通过对其交易结构的设计原理分析，置于一定制度背景下探究其正当性方为解决之道。

经济学界目前主流的观点是将对赌协议视为一种金融衍生品来进行分析。与金融衍生工具相比，对赌协议既有某些同质性特点，也具有区别性的特点。其同质性的重要特征之一就是两种交易产品均具有保值避险的功能。根据财政部《企业会计准则第 24 号—套期保值》第二条关于套期保值的定义，"套期保值是指企业为了规避外汇风险、利率风险、商品价格风险、股票价格风险、信用风险等，指定一项或一项以上套期工具，是套期工具的公允价值或现金流量变动，预期抵消被套期项目全部或部分公允价值或现金流量变动"。据此，对赌协议中为投资者带来的避险保值的权利，与金融衍生品工具的基本特点相同。就对赌协议与衍生品工具，尤其是衍生品中期权类产品的差异而言，对赌协议只是投资方与公司或股东之间为达成交易约束公司管理层行为、激励公司业绩表现及解决代理人利益冲突问题的协议，其本身不是标准化的产品，也不可交易，且不存在杠杆交易的情况，其风险属于衍生品领域低风险的一端。而期权类衍生品是标准化的合同，可以在交易市场或者场外市场进行交易。[40] 就内在风险而言，由于衍生品工具具有杠杆化、可交易的特点，因此市场上存在许多投机者利用衍生品的杠杆特点追逐超额收益。

法律上诟病"对赌协议"表现了法学界对此交易特殊性认识不清、理性不够的主观排斥，其表象上是对待经济现象的法学研究认识不足，实为当前法学研究中普遍存在的一种病态：对法学研究对象不求甚解即主观评判、一味追求逻辑上的严密与完美而缺乏对实践问题客观、理性的研究态度。在私募股权投资合同中，从标的及标的物角度的考察，存在这样几个特殊性：第一，估值调整条款。虽是一个关于投资价格的交易结构及结算方式而已，但因交易对象是认购股份（非公开方式发行的股票），使投资人具备了股东的身份而受制于公司法关于规范股东行为的强制性条款约束，而引发关联交易、抽逃出资、违法公司法关于股东取回资产的法定渠道等侵犯公司、债权人利益的质疑；第二，回购条款。虽是一个股转债的约定，但因为投资所具有的是股东共担风险的本质属性，回购并存约定收益率的方式受制于

"投资领域共担风险原则"、"保底条款无效"和"名为投资实为借贷"等管制型经济管理模式的影响，这虽是我国有计划商品经济的特定时期的特定产物，但如今最高人民法院并未宣布废止；相反，实践中大有广而用之之势。随着我国改革开放的不断深入，尤其是在WTO以来全球经济一体化趋势下，在与国际接轨最前沿资本市场领域，是否仍套用计划经济时期的司法解释来解决这些问题值得商榷；第三，交易标的——股权的特殊性。即使不存在诸多名目的优先权，在私募股权交易中，投资人所购股权对应的财产所有权来自双方的预估，其投资的对价必然是通过交易时取得的股权及根据公司未来业绩所进行的价格调整条款之和，这与股权所具有的本质特征"与公司财产所有权对价"相悖；且在约定的（如下一年度业绩）时刻未到来前的这一时段，投资人如欲实现转让该部分股权的交易，必须连同股权价格调整条款所对应的权利连带转让，这种特殊股权所带来的身份特质也与公司法同股同权及股东同质化的设计初衷背道而驰。

虽然现代民法已肯认股权信用资产的特征，但私募股权交易其股权价格以投融资双方自我估值为前提，这不同于标准化金融产品在公开交易市场所具有的客观性与透明性，当其涉及与其他主体尤其是其他股东及公司债权人利益的时候，股权的外部性问题变得复杂起来并易被认定有违交易安全。实践中，这类交易所涉股权多约定了保护性优先权、控制性优先权及防御性优先权，这与公司法股权同质性的设计原理相悖，也是司法实务中将其打入异类而进行诸多质疑的原因。在我国目前经济体制改革提出构建多元化资本市场背景下，鼓励投资人依据自己的投资嗜好进行投资产品的选择与设计为大势所趋，再秉持同股同利原则及股权类型的同一化是否符合经济发展需求，也需在认识该类交易性质时作为考量因素。由是观之，私募股权合同中双方交易的股权是一个可变的"量"，其价值是一个在具体交易中任由双方议定的内容，可参照市场交易中质价相当的交易法则，这种"质价相当"的交易系借助股权价格调整条款的设置来完成的。

PE 股权价格调整条款所涉法律关系的主体为投资方与被投资企业或者其原股东（前者为股权增发方式，后者为股权转让方式）。当股权价格调整条款发生争议，投资方基于股权转让协议或增资扩股协议（或涵盖该类法律关系的其他基础性文件）要求被投资企业或企业股东返还投资款时，经常面临被投资方主张合同无效的抗辩，其抗辩理由多为投资方补偿请求权的行使涉及抽逃注册资金、损害公司股东及债权人利益等公司法上对公司及股东行为进行限制的禁止性规定。前述最高法院的相关判决出现之后，实务界一时也流传着"投资人与公司对赌无效，与公司股东对赌有效"的二元论说法。

如前所述，股权价格调整条款往往发生在公司初次上市（**IPO**）之前。从社会效果的角度看，公司向新的投资人发行股份，既可以改变公司股权结构，实现投资主体多元化，又可以取得增量资金，提高公司资产价值并增强公司资金的流动性。以增资扩股方式进行权益性投资为例，由于在协议签订时，双方均无法预计企业未来，双方有关增资款项的对应股价，是建立在预估业绩的前提下，这种"质价相当"的交易系借助股权价格调整条款的设置来完成的。在法律适用层面，投资人依据股权价格调整条款主张公司承担补偿义务，其获得的是对其所购之物的"差价补偿"，法律依据是买卖合同中"按质论价"的补救。这里的"质"指的是对企业的估值水分——高于原来的预估要调高价格；低于原来的预估要调低价格，这就是估值调整的实质。这种按质论价的补偿请求权是建立在对估值调整合理的价值偏差的范围内，如果约定不合理的计算方法，例如以实现预设的股权市盈率为目的的股价调整条款，实属于射幸条款范畴，背离了价格调整机制条款纠正偏差的目的，对其效力的评判则应另当别论。

3. 参照"按质论价"买卖合同适用法律

根据民法原理，当事人在不违反法律强制性规定的情形下可任意订立合同，现代合同法也是按照一定的范式将合同按其特征进行类型化并规定在合同法分则当中。日常生活中所缔结之契约其形态可为千差万别，不一而足，加以随着交易生活之进展，财产类型的多样化及社会生活之益愈复杂化，很难将契约形态再完全纳于法律所定之典型中。因此，欲将现实生活中的交易行为均在典型合同中寻找到对应的位置，实为不可能之事。尤其是金融领域一些非常规的交易行为，金融创新所带来的非典型合同几乎为常态。根据合同自由原则，一切基于当事人真实意思下的合同都应该有效，不能以法律没有规定为由认为其无效；同时，基于民法正义的价值理念，一切违反公序良俗、社会公德的合同无效，其具体在法律适用层面体现为"违反法律强制性规定"。典型合同是大陆法系国家出于法律适用意义上的规范，对于非典型合同发生纠纷时的法律适用，法律仅作出原则规定即参照合同法分则或其他法律规定中最相类似的规定。因此，对估值调整条款在相关法律规定的合同中找到最想接近的类型即在裁判者的思维定式之下。调整方法通常是按照约定的公式计算出一次性补偿的金额或股份额。

从法律行为制度考量这种特殊产品交易方式时，行为人设计的交易方式类似于买卖合同中的"按质论价"，在以差额补偿为目的的估值调整条款中，在业绩超出预估需要投资人增加出资的情况下，裁判者不会质疑其合理性，但在公司对投资方承担补偿义务时却出现了"损害公司及其股东和债权人利益的问题"的质疑，这本身就是违反商主体平等原则的思维方式。在双方存在公平交易机制设置的前提下，只要不存在计算方法不合理或者计算错误，就不存在损害公司及其股东和债权人利益的问题。因为，公司在合同规定的时间未达到约定业绩指标时，即可认为投资人在先前的融资交易中没有得到与其提供的资金价值相当的股权，这意味着公司以较低价值的股权换取了较高的现金对价。这种"低值高卖"在本质上有违公平原则。在双方对此有所预见并约定了检验标准和补偿机制的情况下，补偿请求权在性质上类似于一种结算差额请求权；同样，如果在约定时间内公司业绩超过了约定指标，投资方对公司的补偿也属于相同性质。而结算差额补偿是商事交易中极其常见的现象。凡是有合法根据的差额补偿，正如有合法根据的其他债务履行一样，在公司正常运行的情况下都不会被看作对股东或其他债权人的损害。同时，由于入股款存在"多退少补"的调整机制，按照会计准则，该部分资金属于公司的衍生金融工具，不应计入资本公积，即使被错误计入也应调账更改。换言之，投资方要求公司返还的投资补偿款根本就不属于公司财产范围，是投资方预付至公司的，在权益上属于投资人的财产。在公司业绩与公司价值未确定前，投资方作为差额请求权人同属于公司债权人范围，根据债权实现的平等原则，任何一个债权人实现债权的行为均不能视为对其他债权人的侵犯。

根据民事行为所遵循的公平原则，PE 投资行为一般发生在私募基金和未来公开上市的公司之间，与传统的自然人主体相比在交易能力、信息获取能力等方面具有明显的差异，属于典型的商事行为。事实上，也正是基于该类商事主体的能力和"理性"，才可以设计并实施这样一种既能完成投资又能化解风险的"对赌条款"。标准的估值调整条款中的业绩补偿条款是双向的：当被投资企业未达到承诺的业绩时，要按照约定的计算公式向投资方支付补偿款；而被投资企业的业绩超过承诺的业绩时，投资方同样需要按照约定的补偿标准向被投资企业追加出资款。同时，根据前述业绩未确定时股价计算公式："预估业绩 × n 倍市盈率 = 预估总市值，预估总市值 ÷ 认购股数 = 预付入购金额"，其中 n 倍市盈率是双方订立合同时已谈妥的因数，预估业绩越高，投资人预付的入购金额越多，即被投资企业股价作价过高必然导致业绩估值高，己方风险加大，但其获得的利益加大。基于该类主体为商主体的特质，对于股权出价和定价应属于意思自治和可自我控制的范围。

因此，估值调整条款本质上是"按质论价"的买卖合同，是一种针对特殊金融产品的买卖，估值调整的目的就是在"质"确定的情况下按照约定的计算公式计"价"，以实现"多退少补"。

五、效力根据及正当化说明

在私募股权投资法律关系中，投资人面对目标公司资产价值评判既包括对现有资产的评估，又包括对未来企业预期增长率的预计，投资者的目的是在未来某个条件下（通常是指 IPO 的情况下）出售这些资产获得溢价。在这一漫长的投资过程中，不但要对交易达成、退出、投资风险控制进行一系列的制度设计，还要对企业发展中其他阶段的投资人进入可能造成的权利侵害或威胁进行有效的安排。这均是借助一系列的法律交易架构完成的，其所涉及的相关利益主体包括投资人与目标公司、控制人、后轮的投资人及潜在的买受人等。因此，此类交易不仅投资对象具有不确定性，而且未来股东结构及控制权均处于不断地变动中。对此，交易主体（当事人）的能力是有限的，不可能做到对未来诸事项面面俱到地予以确定，不仅交易价格依赖于未来一定时间待定因素确定后对估值进行调整，其他交易条款对事后的治理结构和制度安排也非常重要。

众所周知，在一个以缔结合同的方式所构建的法律世界里，诚实信用为帝王条款，意思自治为灵魂。在邀约、承诺的关系结构中，无论考虑得多么周密，当事人的意思往往很难涵盖合同履行全过程中可能发生的影响合同目的的因素，而缔结合同关系的当事人往往是利益相对的，所以，只有遵守诚信原则方能实现意思自治的法律效果。在私募股权投资法律关系中，投资人着眼于目标公司未来上市的情况下实现成功退出方能实现资本的财富增长，是以"退出"为目的的"进入"。从投资到目标公司直至目标公司上市的过程往往是非常漫长的，少则两三年，多则三五年甚至更久，在这一漫长的过程中，无论是投资人还是企业家，他们很难想得太远并为可能发生的各种情况都做出计划；即使能够做出各种计划并做出约定，计划与未来发生的实际情况相吻合的概率也是极低的。虽然在经济学上往往将公司合同理解为各方当事人为了共同事业的共治行为，但一旦事业发展受挫，当事人之间就会产生利益冲突，合同履行中出现的各种不确定性因素及超出当事人预计的各种情形都会成为争执的焦点。这些问题在民法上可归结为几个基础性理论问题：一是对商主体从事该类行为的理性基础，即投资人和企业家这种以意思自治设定权利义务的方式在多大程度上能够符合民事主体理性制度构建的要求；与此并行的第二个问题即是第一个问题在法律适用层面上的反映，即在出现过多的超出行为人预见能力的情形下，这种不完全契约是否普遍带来显失公平并需要法律予以介入；第三个理论问题是关于私募股权投资合同的制度背景。PE的生存环境优劣取决于合同法和公司法冲突与弥合的空间，二者的冲突越小则意味着PE生存环境越好；与此并行的第四个问题也是第三个问题在法律适用层面上的反映，即在合同法框架内如何认识和把握对该类合同意思自治的限制的限度，实际上就是强制性规范的理解与适用问题。

（一）商主体及理性基础

在民商法中，意思自治产生法律效果的一个前提性的立法技术问题就是人格人的构建。由于现实生活中的具体的个人私欲膨胀、唯利是图，在法律规范层面并无理性意志，因而需要通过"手术"对之进行改造，将之变为构建民法所需要的具有主体性的理性的人。民法的一个基本逻辑即是：人既然是有理性的，他便有能力去独立地创设一种有利于自己的权利、义务关系；同时，他也是可以归责的，将意志的不良状态归责于其承担就是合理的。正因如此，民法将那些无理性的人排除在意思自治的法界之外，如思维不健全的未成年人和精神病人等均不能产生私法自治的效力。根据德国学者卡尔·拉伦茨的说法，对我们整个法律制度来说，伦理学上的人的概念须臾不可或缺。这一概念的内涵是：人依其本质属性有能力在给定的各种可能性的范围内，自主地和负责任地决定他的存在和关系，为自己设定目标并对自己的行为加以限制。这一思想既源于基督教，也源于哲学。[41] 这一思想的另一个来源为康德。康德哲学在大陆法系民法典的反映即是：主体——意志——理性，这一公式在今天的法典及法学研究中仍有重要的地位，其朴素而经典的解释即是：一个有理性的主体可以依据自己的意志构建自己的权利和义务，法律不仅要保护这种可能性，而且要保护其真实性。简言之，意思自治存在的前提是民事主体的理性——人格人的构建。

商事行为是发生在生产经营领域服务于生产经营目的的交易行为。商事行为的各方当事人同属商事主体且通常具有如下特征：其一，职业性。职业是指专以从事某种活动作为谋生手段，通常指此类主体以从事生产经营活动为安身立命之本；其二，营业性。营业是指以谋取利益为目的而公开和反复地从事同一性质的经营；其三，技能性。技能是指从事某种活动所具备的知识、信息、经验、技术和能力等。据此特征，商事主体被推定对与营业有关的法律、税务、技术、市场等事项，能够做出合理适当的判断。[42] 正是基于以上考量，在商法中，立法者假定商事主体经济实力、交易能力大致相当，各方当事人都完全可以在意思自治的基础上，经由平等协商，妥当地安排各方的利益关系。于是，其有能力在商业领域的范围内，自主地和负责任地决定他的存在和关系，为自己设定目标并对自己的行为加以限制。商主体职业性和技能性的特点决定了其在商业经营中趋利避害扬长避短的本能。即使因为专业性不强或技艺不精、考虑不周等原因失之以利，甚至最终导致破产，这也是市场竞争的必然规律，仍不违民事主体人格人制度的初衷。所以，"法律在通常情形下只需坚持强式意义上的平等对待，对商事主体不做类型的区分，一体对待，没有对某特定一方提供特殊保护的必要"。[43]

在此认识基础上，民法上对于法人的认识，首先在于经济上的合理性而非哲学上的合理性，法人存在的合理性不能从自然理论中为其寻找依据，只能从经济合理性上去寻求答案。商法上对于商人的认识则"只不过是资本的人格化的化身"。[44] 在私募股权投资法律关系中，无论投资人是私募股权基金还是其他投资机构或个人，也无论与其建立此类交易的主体是目标公司还是其控股股东或实际控制人，均可抽象为存在两类民事主体：投资者与企业家。如果在法律关系的世界中观察，其借助法技术修饰后的民事主体均是典型的商主体。在处于不断变动的交易关系中，"企业家在企业经营状态良好时获得控制权，反之投资者获得控制权"的模式是符合经济学最优融资结构理论的。

实践中，正是通过股权优先权与其他特殊权利结合使用，投资人不仅实现了最大化避免投资风险的目的，还能在企业未来发展中出现的各种情况变动下，保证投资者处于优势地位。[45] 投资人是握有大量资本的商主体，当其选择投资某一个企业时，对企业信息知悉及对企业掌控权方面处于弱势，商人本性决定了他们懂得利用一切可能的手段调整这一状态,以达双方趋于平衡的程度,协议控制方法即是最好的工具。例如,在依估值调整机制架构的权利结构中,当在投资人不看好公司前景时,可行使回购权选择由公司或大股东回购股份,并且在出现第三方回购的情形下,还可通过行使拖售权拉上企业家一同出售。与投资合同签订后将投资款和经营权都交付给被投资企业的弱势局面相比,投资交易中的优先股系列条款是调整这一失衡局面的工具。这在法律上是一个科学的、公平的交易机制,通过交易法律关系形成的意思将投资后企业发生的各种情况及各种情况下的权利义务的设置,调整自己的不利局面。但在实践中,这一系列调整利益格局的交易结构却常被指为"交易陷阱"**46**,该条款也常常陷入法律人"乘人之危"、"显失公平"的争议中。

(二)显失公平及其限制适用

我国《民法通则》颁布之前,在法律行为的理论中只存在"暴利行为"的概念,未曾出现过以"显失公平"作为评价法律行为瑕疵的制度。纵观罗马法以来的各国立法,均不存在有关"显失公平"的适用规则。学者认为,与后期罗马法上的"laesioenomis"(短少逾半规则)、法国民法上的"lalesion"(合同损害)**47**、德国"暴利行为"**48**适用范围受到严格限制的做法不同,作为《民法通则》最为重要的创新之一的"显失公平","因缺乏前提或者限制性条件,背离民法的公平理念,几无适用的余地。"**49**

为解决法律适用上的可操作性,最高人民法院关于适用《中华人民共和国民法通则》若干问题的意见第七十二条进一步规定,一方当事人利用优势或者利用对方没有经验，致使双方的权利、义务明显违反公平、等价有偿原则的，可以认定为显失公平的行为。在这里，法律并未强调对交易结果的公平性进行抽象的、一般性的评价，而是强调对恶意行为（利用优势或者利用对方没有经验）所获得的不正当利益的剥夺。《合同法》第五十四条第一款第二项也对该原则做出了明确的规制，"一方以欺诈、胁迫的手段或者乘人之危，使对方在违背真实意思的情况下订立的合同，受损害方有权请求人民法院或者仲裁机构变更或者撤销。"对此，有观点认为，我国《民法通则》及《合同法》将"乘人之危"和"显失公平"分别单独规定为法律行为无效的两种法定事由，使缺乏前提或者限制性条件的"显失公平"规则背离民法的公平理念。**50**《合同法》第五十四条似乎将显失公平的法律适用界定于"欺诈、胁迫的手段或者乘人之危"之情形，但实践中显失公平的认定却大有蔓延之势，时至今日持此观点的人仍不鲜见，代表性的理由为"如果合同明显损害一方当事人的利益，另一方则不适当地通过合同取得了过多的利益，合同的天平过于倾斜，这就是所谓显失公平。在显失公平的情况下，如果仍按照契约自由原则要求合同必须得到履行，则有违公平和正义，所以需要利用显失公平原则来衡平当事人的利益。"**51**

对显失公平的这一理解不仅将主观价值评判带入个人主观认识当中，而且脱离了显失公平的理论基础，容易沦为裁判者妄断的工具。众所周知，在合同所在意思自治的世界里，法律公平理念的体现就是要尊重当事人意思自治的结果，法律不能也无法介入当事人的内心去衡平其在多大程度上为什么让渡自己的利益，这是极其荒谬的。因此，即使合同履行的结果最终在客观上出现了一方明显受损的情况，如不能证明另一方在订立合同时存在恶意，裁判者不能介入主观评判。因此借显失公平为据，以"合同明显损害一方当事人的利益，另一方则不适当地通过合同取得了过多的利益"这样的论调去调整当事人的利益结构是极其危险的，是对合同基本制度的践踏。

在私募股权投资合同中，交易主体一方是投资人，另一方是企业家，投资人多是专门从事财务投资的金融专家，被投资方多为创业企业或有上市培植潜力的其他企业。例如台湾学者在描述这一类投资行为时将投资人界定为"一群专家负责筛选投资方案"，交易对方则是"具有发展潜力大成长快速的新创企业"，美国风险投资协会也称投资人一方为"提供资金的专业人士"，被投资方为"新兴的、迅速发展的、有巨大发展潜力的企业"。由于私募投资合同不完备契约的性质，在合同签订及履行的过程中存在很多上述显失公平情形适用的空间。例如，对于投资人而言，其专业投资人的专家背景及拥有大量资金的优势很容易被解读为"一方当事人拥有优势或者他方当事人对此交易缺乏经验"；反之，由于企业家对企业经营及财务的控制关系，在订立合同中信息不对称是客观存在的，被投资企业及实际控制人对企业未来的估值进行折算时很容易投机取巧，是否应界定为"一方当事人拥有优势或者他方当事人对此交易缺乏经验"？

显失公平原则在司法实践中的广泛适用源自20世纪以来社会本位思想的发展，是交易公平和社会公正理念博弈的必然结果，这一原则在司法上的适用被认为契约自由原则的衰落的标志。由于该原则的适用主要需由法官介入价值评判做出自由裁量，于是就不可避免地导致了司法审判中出现了一些滥用显失公平，过多干预当事人意思自治的现象。在理论上，对显失公平制度有无独立存在的价值及其适用的标准问题也存在不同看法。目前民法理论和司法实践所采纳二重要件说（主客观要件相统一）作为界定衡量标准。[52] 即认定构成"显失公平"的民事行为，一方面强调客观上当事人在合同约定的相互对待给付中客观利益存在明显不对等（或称重大失衡）；主观上具备行为人一方具有利用优势或他方无经验、轻率等订立显失公平合同的主观过错。[53] 该观点不但符合我国立法及司法的本意，而且也与比较法的发展趋势相契合。

前文已述，由于民事生活千差万别，现实世界生活中的人只有达到纯粹抽象的人的标准时才是法律上的人，法律上才认其具有意志的自由。[54] 民法经过在技术上对民事主体剥离和预设的方法，使得民法上的主体成为这样一种躯壳从而具有"平等"性：他是被剥离掉个体一切特殊性的人，他享有独立而自由的意志，能够通过理性进行思考，并通过理性来判断事物的正当性，从而决定最终行为的选择。然而，这种整齐划一的设计只具有规范意义，一切基于个体外在条件和个体特质意义上的"事实不平等"问题，民法只能通过民法体系中调节机制和矫正手段予以实现。对于民事交易行为，大体可抽象为三种类型的交易主体关系：强势主体与强势主体之间、强势主体与弱势主体之间、弱势主体与弱势主体之间。有学者主张，应以主客观要件同时具备作为认定显失公平合同的一般规则，但作为例外，在特定情形下仅以客观要件即可认定合同显失公平。即对某类合同由法律专门作出规定，只要合同利益悬殊，当事人的意思无瑕疵，也可以显失公平为由变更或撤销。**55** 例如强势主体与弱势主体之间的交易关系，重在对弱势群体如消费者的保护，其原理就在于在强弱之间弱势民事主体理性基础的欠缺，民法通过这一原则介入干预并予以调整。

在私募股权投资法律关系中，交易主体为典型的商主体：专业投资人和企业家。经过专业机构（一般由具备证券资格的会计师事务所）对企业经营财务状况及盈利状况的审计，对企业盈利能力及未来资本市场前景的认识是投资人进行投资决策的前提。同时，PE、VC所从事的权益性股权投资方式均是以企业未来实现上市为目的的投资，交易双方对未来出现的众多不确定性因素存在明知且预设调整机制处理的合理安排，本身就是为追求交易公平的效果而设。从风险和收益角度而言，因最终不能上市而导致投资失败的案例十有七八，是一种高风险的投资方式；但若被投企业成功上市，投资人获益几倍到数十倍的情况也不鲜见。因此，合同履行中的风险及存在未来利益的悬殊是该类合同主体预知的。就被投资企业而言，股权融资不像通过金融机构的融资那样受到诸多的限制，其提供的便利更利于企业发展中需求，更重要的是帮助企业实现走向资本市场的预期目标；且投资人除了提供资金支持外，往往对企业的发展提供更多的资源帮助。因此，对于交易的特殊性，无论是投资人的为退而进，还是价格计算上的估值调整，还是为了调整控制权上的弱势而设计的优先股机制，双方均是清楚知悉其后果的。

综上所述，从商主体的对等地位及理性基础上看，该类合同一般不存在显失公平的适用基础。除非在交易中出现了一方利用优势（如提供虚假财务报表及隐瞒行业重大不利信息）实施了恶意（主观过错）行为，否则裁判者不得引用显失公平原则对双方利益格局作出评判。换言之，在私募股权投资合同中，投融资双方均为强势主体，对该类交易目的即交易中的不确定因素存在预知能力，即使在主客观要件同时具备的情况下也不宜轻易认定为显失公平。因为，客观而言，一个面对未来不确定因素诸多的合同，该类交易主体中谁更具备优势、谁更有经验等是人力无法做出判断的。法律最公平的选择就是尊重商主体以及形式理性下的意思自治。

（三）是否有损公司及债权人利益

损害公司利益和公司债权人利益的结论，是基于这样的认识：目标公司与投资人签订了"对赌协议"，"约定不能完成预估业绩即支付补偿款，这就使得投资人可以取得相对固定的收益，从而损害了公司利益和公司债权人利益。"姑且不去考虑裁判者论证上是否存在逻辑性，我们仅顺从其叙述完成这样一个论证，即不能完成预估业绩即支付补偿款是否可以使得投资人取得相对固定的收益？根据本章对估值调整条款的分析可知，对于投资人和被投资企业而言，双方交易的目的不是股权买卖，投资人取得股权的目的是在企业发展的某一阶段上通过股权介入的方式进行权益性投资，在另一阶段（或出现各种不同情形时利用在先设定的投资机制条款主张权利）实现资本增值后的退出；对于被投资企业而言，是通过股权融资的方式取得企业发展资金，经过一定阶段的努力实现到资本市场的飞跃。其买卖标的物就是目标公司的股权，而其对价——谈妥了的是"计算方式"，类似于买卖合同单价确定而数量未能确定的"多退少补"的付款方式。在这里

"计算方式"包括市盈率和某一年度业绩两个因数，市盈率是双方约定的价格要素之一，经营业绩是一个未确定的因数（在交易达成之时双方根据历年经营情况等诸因素进行了预估，待其确定下来时再进行多退少补）。在实践中，未来业绩实现的数额恰如预估业绩的情况非常少见，其或多或少都有偏差。按照估值调整条款的设计，交易双方估值调整的计算公式，调整方法通常是按照约定的公式计算出一次性补偿的金额或股份额。

以往的案例所描述的情况多是公司在合同规定的时间未达到约定业绩指标，从投资人的利益角度上看，投资人在这一交易中没有得到与其提供的资金价值相当的股权，这意味着公司以较低价值的股权换取了较高的现金对价。这种"低值高卖"在本质上有违公平原则。在双方对此有所预见并约定了检验标准和补偿机制的情况下，补偿请求权在性质上类似于一种结算差额请求权；同样，如果在约定时间内公司业绩超过了约定指标，投资方对公司的补偿也属于相同性质。而结算差额补偿是商事交易中极其常见的现象。凡是有合法根据的差额补偿，正如有合法根据的其他债务履行一样，在公司正常运行的情况下都不会被看作是对股东或其他债权人的损害。从民商事主体理性基础角度，投资人与目标公司之间的投资合同本就是双方关于风险和利益的分配合意，在这一法律关系构建构成中，投资人本身也为债权人，其要求支付补偿条款的行为有着合法的债权请求权基础，和公司其他债权人一样是处于同一序列的公司外部关系，任何一个债权人存在合法依据的债权请求都不能被视为对其他债权人的侵害。

必须注意的是，在上述包括"世恒案"的裁判依据当中均引用了

《公司法》第二十条"公司股东应当遵守法律、行政法规和公司章程，依法行使股东权利，不得滥用股东权利损害公司或者其他股东的利益；不得滥用公司法人独立地位和股东有限责任损害公司债权人的利益。"因此，裁判者的本意是估值调整条款调整的结果使得股东从公司取得一定的利益，从而损害了公司及债权人的利益。实际上，这涉及公司法禁止性规范在合同效力评判中的影响。

由于价格估值调整条款是交易双方基于公平起见所协商的一种科学的调整方法，意在买卖标的物价值确定以后的结算。交易价格、付款方式、结算方式均来自于双方的合意，在无其他理由导致意思表示瑕疵的情况下，合同效力自当受到法律保护，这是商主体的形式理性及私法自治原则制度的必然结论。然而，实践中的情形却并不乐观。带着舆论给予的歧视性称呼"对赌协议"，其在司法界也并未受到法律所应赋予的理性的对待。在甘肃"世恒案"中，从兰州中院、甘肃高院到最高人民法院，三级法院均不谋而合、不加论证地否定了投资人与目标公司估值调整条款的效力，基于"世恒公司 2008 年实际净利润完不成 3000 万元，海富公司有权要求世恒公司补偿的约定"这同一个事实，但在法官找法的过程中，三级法官找到了不同的理由，兰州中院将"世恒公司 2008 年实际净利润完不成 3000 万元，海富公司有权要求世恒公司补偿的约定"这一事实与"《中华人民共和国中外合资经营企业法》第八条关于企业利润根据合营各方注册资本的比例进行分配的规定"对应，甘肃高院将该事实与"投资领域违反风险共担的原则的条款无效"对应；最高人民法院将该事实认定为"损害了公司利益和公司债权人利益"。[56] 在援引法律规定时，三级法院均适用《合同法》第五十二条"违反法律、行政法规的禁止性规定"无效进行裁决。这表面上看是依三段论进行法律适用的过程，实为法官自由裁量的结果。如在这类案件裁判中需要限制法官自由裁量权，则必须对如何限制禁止性规定的适用作以必要的探讨。

一直以来，实务界对于法律规范的划分通常采取"二分法"，将法律规范划分成为强制性规范与任意性规范，"凡关系国家利益、社会秩序、市场秩序、市场交易安全以及直接关系第三人利益的事项，法律通常以违反强制性规范事由排斥当事人意思自治。除此之外，多为任意性规定，以尊重当事人的意思自治。"[57] 在具体实践中，由于我国对市场经济的缺位在意思自治领域历来缺乏合同自由传统，在对违反强制性规定合同效力的认定上，现代私法精神尚在实践中大打折扣。

将法律规范简单归纳为任意性规范和强制性规范的类型自其发端以来即备受质疑。[58] 在理论上，对合同关系当事人之间利益关系主要借助任意性规范调整，除此之外，还有提倡和诱导合同当事人采用特定行为模式的倡导性规范；还有一类法律规范是调整当事人之间利益关系涉及合同外部某个特定第三人利益的，即授权第三人的法律规范，其意在对合同关系以外某个特定第三人的利益提供保护[59]；另外一类就是调整合同主体之间利益关系损害国家利益或者社会公共利益、社会秩序关系的，即强行性规范。除此之外，还存在着大量的混合性规范的配置。但对这种法律规范在理论上的归类配置，实践中的认知阙如，导致强制性规范在法律适用中的滥用。最高法院针对强制性规范在实践中被滥用的现象，为了进一步细化增强其实操性，将效力性强制性规定与管理性强制性规定区分适用，并明确规定只有违反效力性强制规定的，人民法院应当认定合同无效。[60] 但这一做法在实践中并未起到预期效果。首先，依靠类型化的列举方式本身不可能穷尽所有的强制性规范类型，仍然有一些强制性规范并不能被囊括到列举的强制性规范类型中；其次，即使某些强制性规范已被归为某一类别的强制性规范中，但对其属于效力性规范还是管理性规范的问题仍有可能产生争议。

在学界，关于如何识别效力性规范还是管理性规范的问题也有不同认识。有学者认为"强行规定，是否为效力规定抑为取缔规定，应探求其目的以定之。即可认为非以为违法行为之法律行为为无效，不能达其立法目的者，为效力规定，可认为仅在防止法律行为事实上之行为者，为取缔规定"。[61] 有学者则提出可以采取如下标准来区分："第一，法律法规明确规定违反禁止性规定将导致合同无效或不成立的，该规定属于效力规范。第二，法律法规虽没有明确规定违反禁止性规定将导致合同无效或不成立的，但违反该规定以后若使合同继续有效将损害国家利益和社会公共利益，也应当认为该规范属于效力规范。第三，法律法规虽没有明确规定违反禁止性规定将导致合同无效或不成立，违反该规定以后若使合同继续有效并不损害国家利益和社会公共利益，而只是损害当事人的利益，在此情况下该规范就不应属于效力规范，而是取缔规范。"[62]

对此，还有学者提出了另外一种先区分后使用的方法：首先将常见的禁止性规范区分为三种类型：第一种，禁止性规范禁止的是合同行为本身。只要这些合同行为对应的交易发生，就会绝对地损害国家利益或者社会公共利益。第二种，禁止性规范并非禁止某种类型的合同行为，而是与当事人的"市场准入"资格或交易场所、时间等因素有关。即某种类型的合同行为仍属法律所允许，但禁止市场主体在未取得交易资格时或禁止市场主体在特定的场所、特定的时间从事此类交易行为。第三种，禁止性规范禁止的并非某类合同行为，而是某类合同的履行行为。如市场主体根据合同约定进行的债务履行行为，触犯了法律或者行政法规的禁止性规范。[63]而法律或者行政法规哪些规范属于禁止性规范又需裁判者进行新一轮的分析和判断。由此可见，强制性规范对意思自治的无效限制一直是法律适用中的"罗生门"。[64]对法律规范类型的正确评判只限制自由裁量方法之一。

在具体的裁判中，"违反法律的意思自治是不被承认的"这一价值判断无可辩驳，但运用违法性理由否认意思自治效果本身需要一个论证过程，这是对裁判者行使自由裁量权时最低限度的限制标准。因为，首先，在私法领域，自由历来被奉为公理性的命题，其所秉承的价值观念具有基础性的意义，无须运用其他价值观念或学说来进一步论证其合理性；而对自由进行限制的命题所秉承的价值观念则不具备这种基础性的意义，属于推论性命题，必须经过其他更具公理性的价值观来证明其合理性。这就是我们常说的，自由是无须论证的，而对于自由的任何限制都需要论证和说理。与此对应，任意性规范作为私法自治原则在法律规范层面的表现形式，是保障民事主体自由的规范，属于"公理性命题"而无须承担正当性的论证责任；而强制性规范作为法律对民事主体自由施加限制的法律规范，属于"推论性命题"，其合理性、正当性需要进一步论证。在具体论证方法上，有学者提出在具体民法利益冲突的价值评判的一般性规则不仅具有理论上的说服力，也具有实践上较强的可操作性。该理论主张"凡限制民事主体自由的讨论者，必须提出足够充分且正当的理由来支持自己的价值取向。其足够充分且正当的理由需要兼具实质上的正当性和形式上的正当性。所谓实质上的正当性，就是讨论者应能证明若不限制民事主体的自由，就会违背诚实信用原则或公序良俗原则。所谓形式上的正当性，是指承担论证责任的讨论者确实能够证明，在特定价值判断问题上限制民事主体的自由，符合体系强制，可以在逻辑上保证类似问题应该得到类似处理的法治原则能够得到实现。"[65] 在具体案件中，对裁判者价值判断论证规则的限制或可为限制自由裁量另一方法。例如，在前面讨论的对赌协议效力争议案中，以违反法律强制性规定为由对估值调整条款作出无效认定时，在所需实质正当性的论证中，论者不仅要证明补偿款的支付如何对公司及债权人利益造成损害，而且要论证这一损害属于公序良俗、社会利益、社会秩序等范畴；同时论者尚需在程序正当性上能够证明，得出这一结论符合民法的体系强制，即如不作出这一判决就会造成公序良俗和社会利益的侵害且民法体系中并无其他救济渠道供给。很显然，在"世恒案"中，认为补偿款的支付对自己权益造成损害的公司债权人，可提起撤销权之诉救济自己的权利，这在法律规范中属于授权第三人的法律规范。因此，在民法体系中存在上述配给的情况下，裁决者未加实质论证地裁决该类合同无效确实值得商榷，其社会效果堪忧。

　　按照通常的理解，所谓法律适用就是指将法律规范适用于具体的案件以获得判决的全过程。裁判者找法的过程首先要将案件事实与法律规范对应。兰州中院将"世恒公司 2008 年实际净利润完不成 3000 万元，海富公司有权要求世恒公司补偿的约定"这一事实与《中华人民共和国中外合资经营企业法》第八条关于企业利润根据合营各方注册资本的比例进行分配的规定"相对应，甘肃高院将该事实与"投资领域违反风险共担的原则的条款无效"的对应；最高人民法院将该事实认定为损害了公司利益和公司债权人利益 **66**，并与"违反法律强制性规定的条款无效"相对应，均是裁判者找法的过程。由于价格估值条款并非典型合同，在裁判者找法过程中存在认识分歧，除了对案件因违反法律强制性规定认定无效的结论是一致的，在援引何条款作为价值评判时条款时出现了三种不同的观点。在这一过程中，裁判者价值评判的主观性远远大于对事实认定的客观论证。法治国家的建设与社会法律问题的解决，如果缺乏社会基本价值与社会伦理的支撑，将复杂多变的社会问题归为简单机械的处理，其合理性值得怀疑。**67**

　　具体到私募股权投资中估值调整机制条款法律效力问题，除了前文关于民法利益冲突价值评判一般规则的理解，对其交易关系合法性的认识更重要的是受到公司法性格界定的不同影响。总体来说，在一个将《公司法》视为授权性规范的立法体制下，估值调整机制条款法律效力评判中很少受到强制性规范的约束；相反，在一个强制性规范的立法体制下，公司法过多地干预公司自治，裁决者常常会以触犯《公司法》的强制性规范而导致对意思自治的否定评判。因该问题的认识涉及合同法律关系与公司法律关系的关系，从理论根源上讲，公司性质及公司法性格的不同理解均影响着对强制性规范的理解和适用，本书将在第四章详述。

六、余论：民事裁判中的法治思维 [68]

按照通常的理解，所谓法律适用就是指将法律规范适用于具体的案件以获得判决的全过程。如概念法学认为，法官须按照三段论法进行逻辑推演，即使遇到法条意义不明的情形，也只能探究立法者明示或可推知的意思。换言之，将裁判者视为适用法律的机械，判决之获得犹如文件复印，法律以外的因素如政治、经济、伦理等的考虑，均属于邪念，应一概予以排除。然而，在实践中，裁判者却时常会面对这样的困惑与尴尬：无论是从法律条文的应用，还是从理论逻辑上的推演，个案的处理似乎都是正确无误的，但其产生的社会效果却与法律的价值追求背道而驰，甚至被认为是非正义的。在甘肃"世恒案"判决作出之后，引起私募界很大震动，不少人质疑并担心这一判决可能引发的社会效果。据中国投资协会股权和创业投资专业委员会的初步统计[69]，2014 年中国 PE 行业总规模 3 万—4 万亿，几乎 100％约定了对赌条款。由于经济形势下行、上市审核等因素的限制，50％以上项目存在业绩违约。在中国尚无明确法律规定的情况下，如最高人民法院"世恒案"作为判例引用其引发的社会效果自不待言。

在中国法院裁判史上，尤其是在一些引起广泛关注的案件中，法官依照法律进行裁判，可造成的社会影响适得其反，判决出台后，社会上相继出现一系列不良社会反应，这些引起争议的司法裁决与后续诸多社会心理波动的发生是否有直接关联，尚待考证。但面对争议甚至指责，裁判者有必要审慎思考并回应这样的问题：基于与法律事实对号入座的法律规范，法律适用的具体结果如何符合社会正义？具体到私募股权投资中的价格估值条款，在法律并无明文规定的情况下，裁判者参照适用的法律条款是否符合市场经济的一般法则？或者，采取何种思维方式的价值评判才符合现代经济社会谋求人类福祉的追求理念？

事实上，法治国家的建设与社会法律问题的解决，如果缺乏社会基本价值与社会伦理的支撑，将复杂多变的社会问题归为简单机械的处理，其合理性是存在问题的，其法律效果与社会效果更是值得怀疑的。离开了法的精神实质，以为仅仅通过建立健全法律制度，严格按照法律教义就可实现法治化，进而使得现代社会一切问题得以迎刃而解的想法，在本质上是教条主义一厢情愿的天真想法，这也是我们在适用法律时经常出现"合法不合理"与"合理不合法"的困境的原因。时至今日，这种法律实践中情理法的激烈冲突，已经到了不得不引起我们警醒的程度。

在全面推进依法治国的进程中，法治是治国理政的基本方式，法治思维则是实践法治的重要前提。在法律适用过程中，法治思维是指法官运用法律规范、法律原则、法律精神和法律逻辑对所遇到或所要处理的问题进行分析、综合、判断、推理和形成结论、决定的思想认识活动与过程。如果说，法治可以界分为形式法治与实质法治，则法治思维也可以区分为形式法治思维与实质法治思维，二者各有无法替代的价值，也都存在固有的缺陷。形式法治思维坚持法律的规范性与封闭性，认为通过复杂的法律方法与程序就可以实现法治，其缺陷在于机械性、滞后性，前述概念法学即是其典型代表；实质法治思维则主张法律的开放性与适应性，认为法律应该回应政治、经济、文化、社会的需求，在赋予法律灵活性的同时也会带来专断与任意的风险。从实践看，"没有规矩，不成方圆"，形式法治是实现法治的重要基础，但基于形式法治的先天缺陷，在推动法治进程的巨大价值背后，往往会产生"一把钥匙开不了所有的锁"的无奈，失之毫厘，不免谬以千里。基于法律的规范性要求，立法者通常将法律规范分为构成要件、适用范围和法律效果，使其指引审判者评判裁决案件的标准和约束审判者裁判案件的依据，以期最终保障裁判结果的公正和司法裁决的统一。而从这样的形式逻辑出发，人们往往将法律当成了不经过发现、解释、价值判断就可以简单套用的规范。问题在于，法律语言难免有模糊，法律规范难免相互冲突，法律规则难免存在漏洞，这些都需要裁判者适时地运用价值判断等方法加以补充。申言之，高度抽象的法律规范必须通过具体的法律适用才能实现其定纷止争的价值机能，这就需要以实质法治的弹性与适应性来缓解形式法治导致的法律与社会之间的紧张关系，需要裁判者在具体的法律适用中，以实质法治思维弥补形式法治思维之不足。

事实上，随着我国多年来系统的法学教育，各级审判机构的门槛日益提升，法官整体素质大为提高。现实的情况是，很多法官接受共同的法学背景教育，通过国家统一的司法考试，成为从事司法裁判的主体。从同一的法律背景和自洽的法律逻辑出发，法官以正确适用法律、维护公平正义为追求自不待言。然而，社会实践的复杂之处在于，具体的案件事实鲜有雷同之处，这就要求审判者具备慎思明辨的能力，能够合理地将抽象的法律原则、条文转化为具体的法律适用。

而做到这一点，离不开法官对于法治思维的深刻理解与贯彻，这是确保法律得以正确适用的内在要求。作为从事法律工作的专业人员，法官的特质不仅在于不同与社会大众的特殊身份，还在于其在实践社会公正价值过程中所呈现的法治思维。裁判者在运用法律专业知识实现法律的目的与功能、维护社会公平正义的过程，不应简单满足于机械教条地将法律规范照搬于法律事实，而应更深刻地理解法的实质，这应是法治思维的题中应有之意。

民事法律规范以人类社会生活、社会现象、社会关系为规范对象，民法服务于社会的方法就是将复杂的人际关系转化为法律关系，进而将抽象的法律规范运用于具体案件，从而确定权利、义务关系。由于社会的复杂性及对不同价值目标的取向，基于同一形式法治思维的裁判者也可能对一些疑难、复杂案件出现两种以上的裁判方案、意见，且各有其理由，这就需要裁判者借助法解释学进行思考明辨，需要在法律规范的文义射程之内，辅之以体系解释、目的解释、社会学解释等方法对文义进行阐发，发挥实质法治思维对形式法治思维的矫正机能。譬如，我国尚未制定统一的民法典，但各种民事法律规范实际已构建成一个层次分明、逻辑严谨的民事法律体系，裁判者在民事法律适用时应对民法体系熟练于心。只有基于对民法各编的内容及其体系关联有通彻全局的了解，裁判者才能通过确认具有定型性的生活行为事实来寻找出妥帖的标准法则，公平公正地去确定其应该产生的法律效果。在私募股权交易实践中，因其为非典型合同这一特征，在引用合同法分则与之最想接近的合同类型处理具体纠纷时，即需要考虑到其与合同法总则、债法分则、债法总则、民法总则等上位法的体系性关联，又要在具体裁量中考虑与民法体系的自洽性，并注意公司法基本法理在全球经济一体化背景下的变化导致与社会基本价值、交易公平机制的协调性。

对于民事法律适用，王泽鉴先生曾将其归纳为历史方法和请求权方法：就案件事实发生的过程，依序检讨其法律关系；并以请求权基础为出发点处理实例。具体而言，在分析案件时，利用历史方法按照时间顺序分析各民事主体的法律关系；再以请求权基础与抗辩的分析方法考察现行法上有哪些法律规范可以作为本案诉求的请求权基础，并分析对立方对每一个请求权基础可能主张的抗辩和抗辩权，从而确定一个最为有利的请求权基础。在民事法律适用过程中，先要将案件事实与法律规范对应，可称为"找法"。找法的结果存在着多种可能，具有相当大的不确定性：其一，找到了与其相适应的可适用的法律规范；其二，法律规范过于原则抽象，需要进一步解说；其三，没有可适用的法律规范；其四，可适用的法律规范存在两种或两种以上，但其判决结果体现不同的法价值。除第一种情形外，其余情形下均需要在法的适用过程中再借助法律解释方法这一工具对裁决结果进行评估。法律必须经由解释方能适用，这样的处理方法即体现了形式与实质互为补充的法治思维，这既是法的逻辑性、体系性的具体体现，也是基于法的社会性、实践性所决定。

有鉴于此，裁判者在适用法律的过程中，只有基于对法治思维的深刻理解，方能做出正确合理的裁判。党的十八届三中全会《决定》提出的健全多层次资本市场体系是完善现代市场体系的重要内容，也是促进我国经济转型升级的一项战略任务。国务院《关于进一步促进资本市场健康发展的若干意见》提出，培育私募市场具体要求即建立健全私募发行制度，发展私募投资基金。这一系列国家政策、法规的出台无疑是我国进一步促进资本市场健康发展，健全多层次资本市场体系，拓宽企业和居民投融资渠道、优化资源配置、促进经济转型升级的重要举措。对于私募股权投资基金的市场化、鼓励交易成为该阶段的主要特征。因此，应对合同交易条款是否符合法律基本理念、经济发展作出专业技术的评估，不能因目前尚无法律规定为由否认其效力。

另一方面，又要提防借私募股权投资方式的投机行为可能对金融市场造成的不良侵扰，尤其是在资讯发达的当下，一些个案的判决往往会引起舆情的激烈反馈，虽然司法裁判不应受舆论左右与干扰，但判决所可能产生的法律效果与社会效果却是无法回避的，若一味追求个案公正而罔顾社会效果，则往往由于司法判决对社会行为规范的指引作用，最终可能导致制度上的牺牲，甚至导致不可挽回的经济溃退。正因如此，在特定条件下，即使基于法的规范性规定，某种行为应当承担相应后果，但由于裁决可能产生的巨大负面效果，如违反社会公共秩序、金融安全等社会整体利益时，裁判结果也可能会突破法的规范形式，而采其社会性、体系性特征而行。这就意味着，在某些极端的情况下，尤其对于一些重大、复杂、疑难案件，将可能面临对另一种符合形式法治思维的裁决结果的舍弃，而此种舍弃一定是基于保护更大社会利益的实质法治思维的考量。二者应是特定条件下的互为补充，共同构成法治思维的整体。只有基于对法治思维邃密深刻的思考，法律适用才能有更高的境界与智慧。

注 释

1 季境：《私募股权投资中股权价格调整条款法律问题探究》，载《法学杂志》2014年第4期；季境：《对赌条款的认识误区修正与法律适用》，载《人民司法》2014年第5期、人大复印资料《法学文摘》2014年第3期。

2 此处的"对赌协议"指的是VAM条款涵盖的股权价格估值条款的内容。与下文中"在中国，对赌条款范围要比估值调整机制范围广得多，因为实践中确实存在真正意义上的以'赌'为本质特征的'投资'行为"的表述并不矛盾。因为，下文语句背景下的"赌"还包含了以投资为名义的投机、赌博等行为。

3 俞秋玮、夏青：《论股权投资估值调整协定的法律效力》，载《法律适用》2014年第6期。

4 傅穹：《对赌协议的法律构造与定性观察》，载《政法论丛》2011年第6期。

5 第一种是以市场上的供求关系为中心，将相同或近似物品的通常交易价格确定为财产的价值；第二种是由专业人士依特定标准测算财产的价值；第三种是由当事人自己确定财产价值。参见许德风：《论私法上的财产定价——以交易中的估值机制为中心》，载《中国法学》2009年第6期。

6 理论上讲，价值评估方法主要分为两大类，一类为绝对价值评估法，主要采用折现方法，较为复杂，如现金流折现方法（DCF）、期权定价方法等，是目前成熟市场使用的主流方法。另一类为相对价值评估法，主要采用乘数方法，如P/E、P/B、P/S、PEG及EV/EBITDA价值评估法，在新兴市场比较流行和实用。目前在国内的股权投资市场，P/E法是比较常见的估值方法。投资人是投资一个公司的未来，是对公司未来的经营能力给出目前的价格，所以市盈率法对目标企业价值评估的计算公式为：公司价值＝预测市盈率 × 公司未来12个月利润。可参见李杰、杨波：《VC、PE对投资项目进行估值的方法》，载《产权导刊》2009年第9期。

7 以上数据及实例参照《国泰君安——互联网公司估值体系专题研究之一：互联网公司估值那些事儿（上）》，http://www.docin.com/p-1098203925.html。

8 数据来源参见2014年9月23日胡润研究院发布的《2014胡润百富榜》，http://news.pedaily.cn/201501/20150104376230_all.shtml#p1。

9 实践中，市盈率、净利润均采取预估的方式对目标公司进行估值的现象也不鲜见。公司自由论者认为，在xy=公司市值的公式中，对x（净利润）进行预估后根据实际情况进行调整与对x（净利润）、y（市盈率）均进行预估后根据实际情况进行调整并无实质差别，均属于法律应当授权给当事人意思自治的范畴。相反的观点则认为，对净利润的预估是基于科学的计算，符合民事主体的理性特征，而市盈率则完全取决于市场，超出人的理性范畴，不是人力可以预测并科学评估的，因此关于市盈率的预估具有射幸性。本书作者持前一观点，参见本书后文中的论述。

10 兰州市中级人民法院（2010）兰法民三初字第 71 号民事判决书。

11 实践中也有约定以股份补偿的情况，与将股份折合成现金补偿的道理相同。

12 由于增资时是以公司现值进入注册资本金，实际还牵扯到注入资金的记账方式：一部分计入注册资金，另一部分则计入资本公积。这也是该类纠纷财务记账方式所导致的实务中对是否属于公司财产权之争。

13 彭冰：《"对赌协议"第一案分析》，载《北京仲裁》2012 年第 3 期。

14 陈志武：《金融的逻辑》，国际文化出版公司 2009 年 8 月出版，第 168 页。

15 李志起：《对赌协议是个圈套》，载《中国经济周刊》2008 年第 46 期。

16 陈志武：《金融的逻辑》，国际文化出版公司 2009 年 8 月出版，第 168 页。

17 谢海霞：《对赌协议法律性质探析》，载《法学杂志》2010 年第 1 期。

18 Saul Levmore, Self-assessed Valuation Systems for Tort and Other Law, 68 Virginia Law Review 771, 771–772（1982）.

19 许德风：《论私法上的财产定价——以交易中的估值机制为中心》，载《中国法学》2009 年第 6 期。

20 实务中有观点认为，在行使补偿请求权时投资人已成为公司股东，这通常涉及《公司法》第二十条关于股东不得滥用股东权利损害公司及债权人利益的规定、《公司法》第三十六条及第二百零一条关于股东不得抽逃出资的规定和《公司法》第一百四十三条、第一百六十七条以及第一百八十七条规定的股东取得公司资产法律途径的相关规定的适用问题。

21 参见傅穹：《对赌协议的法律构造与定性观察》，载《政法论丛》2011 年第 6 期；谢海霞：《对赌协议的法律性质探析》，载《法学杂志》2010 年第 1 期；孙艳军：《论对赌协议在中国创业板市场中的法律地位》，载《中央财经大学学报》2011 年第 11 期；彭冰：《"对赌协议"第一案分析》，载《中国仲裁》2013 年第 3 期；姚泽力：《"对赌协议"理论基础探析》，载《经济研究》2011 年第 8 期；杨宏芹、张岑：《对赌协议法律性质和效力研究》，载《江西财经大学学报》2013 年第 5 期；王云霞：《中国法律环境下对赌协议的法律性质及效力分析》，载《行政与法》2013 年第 4 期。

22 由于我国学术界以往文章多是以"对赌协议"为题目的讨论，在本文这部分综述该类观点时，为了表达上的方便，仍使用"对赌协议"来代称"估值调整条款"。

23 傅穹：《对赌协议的法律构造与定性观察》，载《政法论丛》2011 年第 6 期。

24 李岩：《对赌协议法律属性之探讨》，载北京大学金融法研究中心主办《金融法苑》2009 年第 1 期。

25 傅穹：《对赌协议的法律构造与定性观察》，载《政法论丛》2011 年第 6 期。

26 李岩：《对赌协议法律属性之探讨》，载北京大学金融法研究中心主办《金融法苑》2009 年第 1 期。

27 杨宏芹、张岑：《对赌协议法律性质和效力研究》，载《江西财经大学学报》2013

年第 5 期。

28　熊智、杨泽：《私募股权投资中对赌协议的定性及效力的司法认定》，载《北京仲裁》第 84 辑。

29　程继爽：《"对赌协议"在我国企业中的应用》，载《中国管理信息化》（综合版）2007 年第 5 期；熊智、杨泽：《私募股权投资中对赌协议的定性及效力的司法认定》，载《北京仲裁》第 84 辑；陈外华：《对赌协议及其法律问题探析》，载《中国风险投资》2009 年第 9 期。

30　持此观点的作者这种以交易主体差异认定合同效力的方法就是最高法院在"世恒案"中对合同效力认定所采用的"二分法"。

31　熊智、杨泽：《私募股权投资中对赌协议的定性及效力的司法认定》，载《北京仲裁》第 84 辑。

32　杨宏芹、张岑：《对赌协议法律性质和效力研究》，载《江西财经大学学报》2013 年第 5 期。

33　李岩：《对赌协议法律属性之探讨》，载《金融法苑》第七十八辑。

34　Myers, S.C., Determinants of Corporate Borrowing. Journal of Financial Economics, 1977, 5（1）:411–487.

35　Timothy Luehrman, Investment Opportunities as Real Options: Getting Started on the Numbers, Harvard Business Review 76, No.4（July—August 1998）, pp.51–67;Strategy as a Portfolio of Real Options, Harvard Business Review 76, No.5（September—October 998）, pp.87–99.

36　参见百度百科对不完全契约理论（Incomplete Contract）的介绍，http://baike.baidu.com/link?url=8VgxlYP8FZVqBYMSnF2M-vc6DJdi61lBgfNogg0f5tHBPbpPXtRDTqhW3STRfO-Ri-v2IF7iirGY6v0g90x6Zwq。

37　罗培新：《公司和公司法漫谈》，载《金融法苑》2003 年第 1 期。

38　弗兰克·H.伊斯特布鲁克、丹尼尔·R.费雪：《公司契约论》，黄辉译，载《清华法学》2007 年第 4 期。

39　王卫国：《现代财产法的理论建构》，载《中国社会科学》2012 年第 1 期。

40　具体可参考本书第三章关于优先股的分类认识中标准化优先股和非标准化优先股的介绍。

41　[德] 卡尔·拉伦茨：《德国民法通论》，王晓晔等译，法律出版社 2003 年版，第 46 页。

42　参见顾功耘主编：《商法教程》，上海人民出版社 2001 年版，第 35 页。

43　王轶：《民法典的规范类型及其配置关系》，载《清华法学》2014 年第 6 期。

44　殷志刚：《商的本质论》，载《法律科学》2001 年第 6 期。

45　在公司法上认识这种交易关系，投资人与目标公司法律关系建立以后即具备了公司股东（通常是小股东）地位，在公司治理关系中处于弱势，因此，在交易构建过程中对控制权的制约条款可理解为对公司治理中弱势地位的矫正。这在近几十年来，对控制权的制约条款的正当性是以公司契约理论认识公司性质的必然结论。对此观点，本书将在后面的章节中另作详述。

46　在汇源果汁被可口可乐收购事件中，汇源果汁的前三大股东法国达能公司、美国华平基金和朱新礼一起捆绑转让公司６６％的股份给可口可乐，业界一致认为是因汇源果汁控股股东朱新礼签署含有拖售权的备忘录，而这一备忘录是在朱新礼并不理解条款内容及含义的情况下所签，是一个"交易陷阱"。参见梅新育：《不希望看到更多汇源并购案发生》，http://news.163.com/08/0912/11/4LKU1LV6000120GU.html。

47　均只限制适用于不动产的买卖或者分割。

48　在具体法律适用中，要求其构成须以"乘他人穷困、无经验、缺乏判断能力或意志薄弱"等为必要条件。

49　尹田：《乘人之危与显失公平行为的性质及其立法安排》，载《绍兴文理学院学报》2009 年 3 月。

50　尹田：《乘人之危与显失公平行为的性质及其立法安排》，载《绍兴文理学院学报》2009 年 3 月。

51　张豪：《合同显失公平的认定》，载《人民司法》2009 年第 12 期。

52　孔祥俊：《合同法教程》，中国人民公安大学出版社 1999 年版，第 273—275 页；王利明：《合同法研究》第 1 卷，中国人民大学出版社 2002 年版，第 696—699 页；李永军：《合同法》，法律出版社 2005 年版，第 410—414 页。

53　根据这一理解，民法通则中的重大误解在理论上归结为显失公平的一种情形。参见《最高人民法院关于贯彻执行〈中华人民共和国民法通则〉若干问题的意见（试行）》第七十一条规定："行为人因对行为的性质、对方当事人、标的物的品种、质量、规格和数量等的错误认识，使行为的后果与自己的意思相悖，并造成较大损失的，可以认定为重大误解。"

54　李永军：《民法上的人及其理性基础》，载《法学研究》2005 年第 5 期。

55　隋彭生：《合同法论》，法律出版社 1997 年版，第 180 页。

56　本书认为，公司法第二十条的规定"公司股东应当遵守法律、行政法规和公司章程，依法行使股东权利，不得滥用股东权利损害公司或者其他股东的利益；不得滥用公司法人独立地位和股东有限责任损害公司债权人的利益"。属于授权第三人规范，非经特定第三人主张不得成为裁判者的裁判规范。所以裁判者不得依职权直接去援引该类规范，这不仅体现了对特定第三人意思自治的尊重，也是民法体系强制的要求。在股东与交易当事人之间的利益安排有可能影响或实际损害了公司和债权人利益时，公司和债权人可以取得决定交易行为效力的权利，例如提起撤销权之诉。

57　最高人民法院民事审判研究室：《最高人民法院关于合同法司法解释（二）理解与适用》，人民法院出版社 2009 年版，第 108—109 页。

58 理论上可简单归纳为：民法依据法律规范协调的利益关系类型区分为简单规范和复杂规范，复杂规范又可以进一步区分为任意性规范、倡导性规范、授权第三人规范、强制性规范和混合性规范。参见王轶：《民法典的规范类型及其配置关系》，载《清华法学》2014年第6期。

59 授权第三人的法律规范，仅是授予了利益关系受到特定合同行为影响的第三人以相应的权利，尤其是请求确认合同行为相对无效或请求法院撤销该合同行为的权利。只有第三人行使此项权利并启动授权第三人的法律规范才会出现合同行为不发生效力的法律效果。具体的法律规定如《合同法》第七十四条第一款"因债务人放弃到期债权或者无偿转让财产，对债权人造成损害的，债权人可以请求人民法院撤销债务人的行为。债务人以明显不合理的低价转让财产，对债权人造成损害，并且受让人知道该情形的，债权人也可以请求人民法院撤销债务人的行为"。

60 参见《合同法司法解释（二）》第十四条规定，《合同法》第五十二条第五项规定的强制性规定是指效力性强制规定；09年最高院关于《当前形势下审理民商事合同纠纷案件若干问题的指导意见》第十五条指出："……人民法院应当根据合同法解释（二）第十四条之规定，注意区分效力性强制规定与管理性强制规定。

61 史尚宽：《民法总论》，中国政法大学出版社2000年版，第330页。

62 王利明：《合同法研究（第一卷）》，中国人民大学出版社2002年版，第658—659页。

63 王轶：《民法典的规范配置——以对我国〈合同法〉规范配置的反思为中心》，载《烟台大学学报》（哲学社会科学版）2005年第3期。

64 一直以来，对于何谓法律、行政法规的"强制性规定"存在诸多争议，因此导致法院以违反"强制性规定"为由认定合同无效的尺度不一，于是出现即使相类似的合同，有的法院认定为有效，有的法院认定为无效的不同判现象，最终都归咎于对"强制性规定"的不同理解。因此，实务界通行的做法是根据"强制性规定"对合同效力影响的不同，可以分为效力性规定和管理性规定（又称取缔性规定），只有违反效力性强制性规定的合同才无效。对于如何识别效力性强制性规定，应当采取正反两个标准：(1) 肯定性识别，首先的判断标准是该强制性规定是否明确规定了违反的后果是合同无效，如果规定了违反的后果是导致合同无效，该规定便属于效力性强制性规定；其次，法律、行政法规虽然没有规定违反将导致合同无效的，但违反该规定如使合同继续有效将损害国家利益和社会公共利益的，也应当认定该规定是效力性强制性规定。(2) 否定性识别，首先，如果强制性规定的立法目的系为了实现管理的需要而设置，并非针对行为内容本身，则可认为并不属于效力性强制性规定，如《城市房地产管理法》第五十四条有关租赁合同应签订书面合同的规定以及租赁合同需备案的规定；其次，可以从强制性规定的调整对象来判断，效力性强制性规定一般针对的都是行为内容，而管理性强制性规定很多时候单纯限制的是主体的行为资格，如《公务员法》第五十三条对公务员禁止从事营利性活动的限制，并不妨碍其违反资格限制签订的合同的效力。

65 王轶：《民法价值判断问题的实体性论证规则——以中国民法学的学术实践为背景》，载《中国社会科学》2004 年第 6 期。

66 本书认为，《公司法》第二十条的规定"公司股东应当遵守法律、行政法规和公司章程，依法行使股东权利，不得滥用股东权利损害公司或者其他股东的利益；不得滥用公司法人独立地位和股东有限责任损害公司债权人的利益。"属于授权第三人规范，非经特定第三人主张不得成为裁判者的裁判规范。所以裁判者不得依职权直接去援引该类规范，这不仅体现了对特定第三人意思自治的尊重，也是民法体系强制的要求，在股东与交易当事人之间的利益安排有可能影响或实际损害了公司和债权人利益时，公司和债权人可以取得决定交易行为效力的权利，例如提起撤销权之诉。

67 季境：《在民事裁判中运用法治思维》，载《新华文摘》2014 年第 1 期。

68 参见季境：《在民事裁判中运用法治思维》，载《新华文摘》2014 年第 1 期。

69 http://www.ceh.com.cn/cjpd/2014/05/395907.shtml.

第五章

交易标的物特殊性及问题（上）

——基于公司法上的讨论

近几年来，学者关于种类股的讨论颇多，作为股权内容的自治性配置，优先股为种类股最主要的形态之一。在通常意义上，优先股被理解为在公司分配股息红利时或者在公司破产分配剩余财产时优于普通股的股份，但在美国的风险投资实践中，通过投资人和企业家风险投资合同的规定，优先股还可以被赋予选举董事的投票权、特定事项否决权、股份转换权、"反稀释"权及股份赎回权等一系列特定权利。除此之外，投资人还可与企业家约定拖售权和共同出售权等，这些都被视为优先股的衍生权利存在。究其本质，该制度的核心是让股东享有股份权利的优先属性。优先股已是美国及大多数国家金融市场上非常成熟的证券品种，并根据优先权利属性的不同将其分为标准化的优先股和非标准化的优先股。私募股权投资中的优先股作为非标准化的优先股已经形成具有独立意义的金融产品，尤其是以当事人自治方式设定在优先股上的附加权能成为其衍生权利形式，使得优先股股东除利益分配优先外，还以衍生权利不断变化的功能适应企业发展中的各种变化，因此受到投资者的推崇。不仅如此，在金融危机背景下，优先股在恢复证券市场投资者的信心、维持金融市场的稳定方面曾有着不菲的业绩。[1] 一般认为，根据优先股相关制度设计，投资人通过优先股及衍生权利所形成的转换权，不仅可在目标企业经营良好时、在申报 IPO 前将优先股转换为普通股以实现投资利益，也可以在目标企业经营不佳时选择提前将优先股转化及衍生权利转化实现退出或对目标公司的控制。

从经济学角度，私募股权投资是对非上市企业进行的权益性投资，包括在首次公开发行前的各阶段，如种子期、初创期、发展期、扩展期、成熟期和 Pre-IPO 的各个时期，目标公司一般也需要几轮的融资实现上市前的发展。对于投资者而言，一般情况下，越是处于公司早期的投资风险越大，尤其是对于一些处于种子期或起步期的创业企业，其财务状况、市场前景等无法通过以往的市场表现、金融记录加以判断，对创业者的商业道德风险也无从知晓，且为了能够获得融资创业者往往会进行"伪装"。从客观上讲，私募投资青睐的创业企业主要集中于高科技产业，其间断性、专业性、知识密集性等特征导致即使有着一定的专业投资能力与经验的风险投资家也很难准确、完全、及时掌握相关信息的产业，这并非创业企业家有意隐藏消息，而是因为客观事物的高度不确定性。[2] 从主观上讲，趋利避害是人的本性。从表面上看，投资人和目标企业实际控制人之间的目标和利益是一致的，即实现企业走向资本市场之目标，但实质上其利益难以一致，无论出现最终不能上市的结局，还是在企业发展中诸多风险环节的应对，企业家都容易以自己控制公司的优势化解风险保全自身利益。即使最终诉诸法律，企业家也常常以投资人违反股东对公司的法定义务为由主张投资合同无效。

正是从这个角度，如科斯所言，事前信息的不对称将导致逆向选择，而事后的信息不对称将导致道德风险。[3] 因此，Amit、Glosten、Muller 经过大量数据的研究指出信息不对称是创业投资最重要的特征之一。[4] Gompers 和 Lerner 通过比较分析 140 份投资契约最终得出结论，越处于企业早期的发展阶段其信息不对称程度越高，委托代理风险也越大。即使在企业获得融资正常运营以后，创业企业家能否竭尽勤勉尽职之义务，不损害风险投资机构的利益也尚存疑问。由于投资人与企业家之间存在严重的信息不对称，许多创业企业可能因为各种原因无法达到私募股权投资机构的预期目标，双方交易无从谈起。如果在私募股权投资中引进优先股制度[5]，即可通过优先股的安排减少委托代理风险，不仅使投资人可以获得相对稳定的收益，也可以在企业发生经营危机时先于普通股股东获得补偿。最重要的是，优先股给予投资人在企业不同发展阶段的选择权——可转换债、可转换普通股、可绑定控股权等，可以满足不同阶段、不同需求的投资者根据个人的需求设计交易结构。从企业发展的角度看，由于私募投资是着眼于企业未来在资本市场的预期，通过优先股亦可抑制创业企业家的分红意愿，防止其短期行为，从而保障创业企业长足发展。在实践中，投资人与企业家拟定合作条款的时候也往往将优先权与其他权利机制组合，从而达到减少委托代理成本并强化对目标企业管理者激励的目的。

面对传统股权安排无法完全克服和消化风险投资机构与创业企业间严重的信息不对称以及由此产生的委托代理问题和交易成本问题，20世纪80年代以来美国学者就开始了针对VC/PE的资本来源和基本功能的研究，我国学者在20世纪90年代中期开始了对VC的研究。1990年，Sahlman开创性地利用现代契约理论对VC/PE支持下的公司治理结构进行了分析，研究了投资者与创业投资家、创业投资家与创业者的两层委托代理关系，指出有限合伙制可以解决因信息不对称而造成的投资者和私募股权投资家间的利益冲突。[6]Gompers认为创业团队的能力和努力直接决定了创业企业的成功，需要"设计合理的机制"将创业团队的利益和企业的利益"捆绑"在一起。[7]在这些"设计合理的机制"中，包括股权优先权条款、投资协议中的特殊权利要求条款、投资估值价格调整条款、股权激励机制及自动执行措施机制等。其中特殊权利条款往往与优先股结合使用，被视为优先股的衍生形式。

因此，在私募股权投资实践中，优先股是作为一个更广义的概念使用的，其内容涵盖了股权投资协议中的特殊权利条款。[8]通过这些条款，不仅解决了在企业发展不同阶段风险利益分配的合理性问题，也通过诸权利机制设计解决了信息不对称及委托代理风险的科学分配，同时也通过给予投资人在企业不同发展阶段的选择权的方式满足了投资者多样化需求的现实需求，从而丰富了资本市场产品及主体的多样化。更主要的是，通过这一机制实现公司治理的激励机制，抑制企业家的短期行为，有利于企业乃至经济的长足发展。

从法律角度审视，我国公司法律制度中并无优先股的相关规定，甚至可以认为"中国《公司法》禁止、不明确或者没有为优先股融资很好地提供一套系统的规则"。[9] 因此，虽然我国创业企业客观上对私募股权融资方式有极大的需求，但该商业交易模式在我国现行法律环境下的前景并不乐观。司法实践中，虽尚无针对优先股条款效力问题的裁判，但通过监管部门于上市前要求清理对赌机制的态度，以及在对司法机关有关"对赌协议"争议案件的裁决中的认定理由上表达出来的观点，或可感受到中国监管部门及司法部门对该类优先股的态度。

就市场而言，根据中国投资协会股权和创业投资专业委员会的初步统计，仅 2014 年，中国 PE 行业总规模 3 万—4 万亿[10]，这预示着该类投资交易模式在中国金融市场上的分量。有经济学家甚至认为，私募作为传统银行之外的融资模式具有在未来市场上取代上市公司的主导地位趋势。[11] 这就需要对与私募相关的公司法等法律规范进行与时俱进的调整和规制。因为，当市场与社会对法律的需求力量积累到一定程度便会自下而上地促使法律制度的变更，这是法律制度变革中的"需求适应型"规律。令人遗憾的是，我国《公司法》历经几次修订都未涉及这一问题。上述私募投资交易行为始终在法律真空状态下运行，这不仅加大投融资双方的风险，也对金融市场、社会经济秩序形成一定的威胁。作为治理社会的工具，在立法上规制上述现象与问题已迫不得已。一部现代化的《公司法》应该是有利于商业实践的公司法，在我国建设多层次资本市场的背景下，如何实现公司法制现代化适应国内经济环境及应对国际竞争，是公司法学者必须面对的重要课题，优先股是否应取得一定的席位以及存在哪些理论上的障碍也自然是该话题之下必须讨论的问题。

在公司法上，股权的内容通常情况下包括：（1）股利分配请求权，它是指股东基于其公司股东地位和资格所享有的请求公司向自己分配股利的权利；（2）剩余索取权，它是指股东在公司清算时，就公司的剩余财产所享有的请求分配的权利；（3）公司新增资本或发行新股的优先权，它是指原有股东享有优先于一般人按照自己出资比例或持股比例认购新股的权利；（4）表决权，股东在公司治理模式中的地位不是直接管理公司，而是通过表决权来发表意见，它指股东就股东会议议案的决议权；（5）知情权，它是指公司股东了解公司信息的权利。[12] 与此相对应，股东权利禁止分离原则为公司法律制度构建中的默示规则。但在美国，早在 1971 年，主审 Stroh v. Blackhawk Holding Corp 一案的法官就提出了一项经典的理论：股权中的参与公司管理和控制的权利、获得经营盈余和利润的权利、取得分配资产的权利，三者可以分离，一个股份不必然需要这三者是完整和对称的。[13]

让法律人纠结更多的却是对传统公司法固守的基础理论的态度。公司法的一项经典命题是，股东的投票权（voting）必须与其剩余索取权（residueclaim）相配比，即每一股份拥有一份投票权和一份分红权，这是公司法制度设计之初为解决股权外部性问题所作出的理论假定，法律制度的设计者们认为，只有这样才能避免因投票者无法获取投票的收益（分红），或者因投票权与分红权不相配比而随意投票所带来的道德风险。尤其是在公众公司中，一股一票是通行的法律规则。[14] 大陆法系公司法理论普遍认为，这一权力配置原则是建立在股东"同质化"的逻辑前提下的必然结论。然而，不仅世界各国立法及实践验证了一部现代化公司法应有容纳不同类别的投资者之态，我国学者近年来的研究成果也证实了股份公司股东"异质化"的现实，认为股东异质已经得到公司理论和实践的有力佐证，并不断催生出股份公司内部权力配置的结构性变革。[15] 相对于传统投资人而言，私募股权投资人对投资产品的偏好和特殊需求即是例证之一，他们设计了供各类投资人选择适用的优先权机制。由于不能得到我国现行《公司法》的认可，他们不惜采取规避中国法律制度的方法，以架构返程投资模式等方式借助离岸司法管辖区获得英美法公司法的庇护。其实，即便是在我国，政府作为投资人，更重视控制权而不是分红权，如台基股份改制中的《产权转让协议书》即为典型。[16] 这均从一定角度说明了投资者对投资产品存在不同嗜好和需求，这是客观的现实，我国《公司法》关于股份公司股东"同质化"的理论设计及所产生的诸多流弊已然昭示出其逻辑基础存在先天缺陷。因此，上述股东权的各项子权利可相互分离并再次组合不仅只在公司法理论上可行，也被经济领域的实践者普遍接受。

归根结底，以上现象揭示的问题是：第一，基于优先股与私募股权投（融）资相生相惜的关系，经济学上的合理性及金融领域的实践已毋庸置疑地将私募股权投资优先股制度根植于该类交易中，从公司法的适应性品格角度其已不再容其自行选择；第二，中国的经济发展及市场需求迫切需要在立法上明确给予优先股合法地位并以法律手段规范之、约束之，使其在良性轨道上运行并健康发展；第三，其在公司法律制度上的障碍最终是方法论的问题，需要在理论上对优先股的主要功能及利弊作出客观理性的分析，从而实现立法上的合理规制。因此，本章从优先股以及主要类型的介绍开始到公司法理论上的分析和认识，均是对上述问题的实质进行解读、剖析，以求在理论上清晰认识这一现象在中国法律制度运行中的实质性障碍，并试图在制度建构上提出有益的建议。

一、优先股[17]及衍生权利机制概述

私募股权投资中的优先股，实践中也称之为股权优先权，是指私募股权投资机构作为投资人，为保护自己的利益，在对目标公司进行投资时与目标公司及其股东约定的由投资人享有的优先于其他股权的权利，通过一系列权利群实现对企业控制权和避免风险。对其所包含的主要内容我们仍可以回到这一权利践行的发源地考察。根据美国风险投资协会（National Venture Capital Association, NVCA）组织起草的一系列示范合同文本，即《美国风险投资示范合同》[18]，它是通过对美国风险投资的交易实践不断修订而成的，优先股制度的安排散见于该示范合同各部分。在其指引的《公司章程》目录中包括了投资人作为优先股股东所享有的分红优先权、清算优先权、选举董事的投票权、特定事项否决权、股份转换权、"反稀释"权及股份赎回权等；在《优先购买权和共同销售权协议》中还规定了投资人的优先受让权和共同出售权等。

一般情况下，投资人即是通过特殊权利设置与优先股功能的结合

使用，实现投资人对企业投资风险及控制权的总体设计和把控。优先股作为股债连接产品可以满足投融资双方的多元化需求，尤其是私募股权合同不完备契约的性质，可转换优先股成为该类投资中最广泛的一种优先股形式，它允许优先股持有人在特定条件下把优先股转换成为一定数额的普通股，也可以在约定的条件具备时履行法定的程序后转化成债。可转换优先股可以大大降低私募股权投资基金的调查成本并简化价格谈判过程，降低企业粉饰业绩的动机。投资人有权在约定情形出现时，选择将优先股按照事先约定的条款转换为普通股：在目标公司经营良好时，投资者通常选择目标公司即将 IPO 时实现优先股的转换以实现投资利益；如果目标公司经营不佳，投资者会权宜选择是否转化为债，通过行使回购权或共同出售权这些预先设定的条款退出，以实现其利益最大化。一般意义上来讲，私募股权投资工具中的优先股因产生于投资交易行为，基于当事人意思自治的原则，投资人可以在认股协议和公司章程中约定任何具有优先权性质的条款，以便在一定程度上保障私募股权投资者的利益。由于投资合同交易条款完全取决于投融资双方的意思自治，因设计比较灵活容易被交易双方滥用，并会因强制性规范的约束遭遇法律否定性评价的后果，这在中国现行公司法立法体制下是非常值得注意的问题。也有观点认为，在实践中，我国私募股权投资中优先股的安排，除了优先认购权和优先购买权等少数权利能够得到确认以外，优先分红权和优先清偿权等关键权利一般无法实现，因而并不构成真正的优先股。[20]

优先股制度在中国的本土化过程中有着非常复杂的社会背景、经济环境、商业道德及司法制度的差异。最直观的法律现象是，美国公司法采用的授权式立法体例 **21** 是优先股这种尊重当事人意思自治制度安排的优质土壤，而我国《公司法》虽经 2005 年及 2013 年两次修改，但强制性规范仍体现出浓重的国家干预色彩。因此，从理论上讲，在我国公司法体制下运行《美国风险投资示范合同》及一系列交易文件项下的优先股及权利机制，无论对于投资人还是目标企业都将是巨大的法律风险。作为现有股和债之外的直接融资工具，优先股及特殊权利条款的设计本属于投融资双方意思自治的内容，但民法中的意思自治原则与国家干预向来是并行不悖的，国家干预主要表现为对权利体系的干预和制约，《公司法》、《证券法》的若干禁止性条款直观体现了这一系列干预性特征。同时，在现代司法体系下，私法是一个整体性制度，其法律体系及体系框架下的所有基本范畴是协调一致的整体，任何一个分支都不是封闭运行的法律部门，一项金融产品创新必须实现在一定的法律制度框架内合法运行方可被接受。在私募股权的交易实践中，合同法律关系与公司法律关系的相互交融才是司法的真实状态，因此，股权特殊权利的设置除了符合公司法现行规定及其原理，尚需与合同法禁止性规定及民法基本原则、理论统筹考虑才能实现其本土化过程的安全着陆。

一般的理解，基于股份发行中应遵守的股东平等原则，同种类的每一股份应当具有同等权利。同股同权、同股同利是股东平等权利的具体体现。因此，凡以股权为投资工具的，享有普通股的投资人既可以分享创业企业未来业绩的增长，还可以参与创业企业的经营决策并控制投资风险，但对于私募投资人而言却并非如此。投资人是对投资企业及发展目标有特殊预期的风险投资机构，在投资人向目标公司进行权益性投资过程中，除了一般投资要考虑的收益及风险外，至少还要考虑公司治理中如下几个类型的问题：第一类是公司股东或实际控制人与其高级管理层的利益冲突问题，如何保障管理者能尽职于公司所有权人而不是其个人私利；第二类是对公司持有控制权的股东与小股东之间的利益冲突，如何保障自己作为小股东利益不受控股股东的剥削，或者说小股东的利益受到控股股东的剥削但存在合理化的前提或原因；第三类问题，就是公司与其他投资人包括债权人的利益关系问题，即在先股东如何保证自己的利益在公司新的一轮融资中不受损害，如何保证股东之间的风险和利益的分配方式不损害债权人利益。如果能够寻求到一种制约机制，促使各方为衡平整体福利最大化利益而努力，也许是可行的最佳方案。然而，在很长一段时期内，优先股是一种给予其持有者在公司盈余分配和剩余财产分配中的优先权的股份类别，这一股份通常没有表决权。显然，以牺牲表决权为基础的盈余分配和剩余财产分配优先权还不足以平衡风险投资机构与创业企业之间的利益关系，不足以保证风险投资机构相机抉择的控制目标实现。通过美国风险投资协会制作的《示范法律文本》可见，创业企业家让渡了更多合同权利给予风险投资机构，作为优先股权的附加权能，使其成为具有独立意义的风险投资优先股。

优先股除利益分配优先性外，其衍生权利设计不断丰富以适应企业发展中各种变化的需要。通过这样一系列协议，各签约主体需要达到这样的效果：估值调整机制的达成，力求投资人与目标公司的交易在诚实信用基础上达到公平合理；优先股及衍生权利机制，投资人一方面通过行使该权利参与公司事务管理，控制对公司不利的决策和私利行为，另一方面也在参与公司共治的共同体间达成一个风险分配方法，其降低风险更重要的方法是制约享有公司控制权的股东勤勉尽责。同时，也可在公司经营不佳时通过优先股功能转换实现退出或对企业控制；并可保障在公司引进新的投资人时利用该机制进行防御，确保自己的利益不受侵害；并可在控股股东急于将利益变现时，通过行使共同出售权一同退出，实现自身利益。因此，优先股通过其权利机制提供的保护性、防御性、控制性的功能最大化地实现了对投资人的权益保护，也通过该机制灵活多样的设计满足了投资人的差异化及多样化的需求。

私募投资人控股或参与企业管理并非其真正目的，他们是以资本借助股权的形式栖身于一个成长性强的公司，通过"筹资—投资—退出"的方式在公司向资本市场蜕变的过程中实现财富的增长。在这一过程中，如何在出现各种不断变化的情形下均能实现安全退出，尤其是保证其实现不同程度资本价值的退出是投资人最关心的；同时，PE是精于资本投资的专业机构，其并不擅长企业的经营管理，他们懂得将企业的经营管理权交与企业家更有利于企业的发展，但他们却需要最大限度地拥有对企业的控制权。因此，如何控制风险、实现利益最大化是作为PE机构商业精英的本职，他们发明了一系列机制，既包括为达成交易的估值调整条款，也含有将股权设置一些特殊的功能的优先股和其他衍生权利，目的就是在意思自治的空间实现利益最大化追求及风险最小化的控制。通过股权优先股及衍生权利的结合使用，不仅能减少投资风险，还能在企业未来发展中出现的各种情况变动下，保证投资者处于优势地位。如投资人可通过优先认购权、优先购买权和"反稀释"条款结合使用，在企业出现新的资本运作情形时以控制股权结构的变化维护自己的利益；再如投资人通过优先购买权和共同出售权、拖售权结合的使用，在其看好公司前景时，可以用优先购买权阻止第三方取得更多股份；在其不看好企业前景时，可行使回购权选择由公司或大股东回购股份，并且在出现第三方回购的情形下，如果通过向第三方转售股份有利可图，其可以优先出售股份获利退出，如果向第三方转售价格不令其满意，还可通过行使拖售权拉上企业家一同出售。在行使拖售权的情况下，由于出售的往往是控股权而不是参股权，这在实践中的最终成交价格是有着极大差别的。在汇源果汁被可口可乐收购事件中，汇源果汁的前三大股东法国达能公司、美国华平基金和朱新礼一起捆绑转让公司 66% 的股份给可口可乐，达成了一个针对公司控股权的交易，这和法国达能公司、美国华平基金与可口可乐达成参股权的交易价格有着迥然不同的差异，究其根本就是因汇源果汁 21 控股股东朱新礼与投资人签署了含有拖售权的备忘录。与投资合同签订后将投资款和经营权都由被投资企业实际控制人掌控的弱势局面相比，投资交易中的优先股及其系列衍生权利条款可谓"调节器"，针对投资后企业发生的各种情况及在先权利设置来调整不利局面。

二、优先股及衍生权利功能和属性

在讨论优先权法律问题之前，首先要了解私募股权投资实践中的优先股类型。参照美国风险投资协会制作的《示范法律文本》22，并根据各种优先股权利状态在私募投资交易中的权属功能，本书将涵盖优先股及衍生权利安排的功能分为以下几类：一类是基于投资人对自己投入资金及交易安全保护考虑设定的股权优先属性，主要是与目标公司实际控制人之间利益分配和减小风险上的优先，诸如优先分红权、优先清算权、回赎权；一类是用于控制企业及用于对企业管理者激励机制的股权优先属性，诸如表决权、重大事项否决权和知情权等；还有一类是投资人面对企业再次融资过程中防御新的投资人设置的股权优先属性，诸如优先认购权、优先购买权、认购期权、"反稀释"条款、共同出售权、拖售权等。根据上述各类优先股的功能和属性，分别将其归结为保护性优先权、控制性优先权和防御性优先权。[23]

（一）保护性优先权

1.优先分红权

分红权是公司股东作为出资者按投入公司的资本额享有所有者的资产权益，在公司具备一定盈利的条件时方可行使。优先分红权（Dividend Preference），是指在公司宣告分派红利时，优先股股东有权优先于普通股股东取得红利的权利。根据股息分配是否具有累积性，可进一步分为累积性优先分红权（Cumulative Dividend Preference）和非累积性优先分红权（Non-Cumulative Dividend Preference）；根据优先股股东是否可参与普通股的股息分配，分为参与性优先权（Participating Dividend Preference）和非参与性优先权（Non-Participating Dividend Preference）。

所谓累积性优先分红权，是指在某个财务年度内，如果公司未发生应予分红的情况或者公司盈利不足以分派红利，则优先股的股东有权要求公司在日后的财务年度内予以补足。非累积性优先分红权，是指虽然优先股股东对公司当年所获利润有优先于普通股股东获得分派股息的权利，但若当年盈利不足以派发规定的红利，或者公司当年未宣告派发红利，则优先股股东不能要求公司用日后的财务盈余给予补发。[24] 所谓参与性优先权，是指当优先股股东在分得固定红利后，仍可在可转换基础上，按持股比例与普通股股东一起参与分配剩余的利润。非参与性优先权是指优先股的股东只能获得固定数额的股息，不可以再参与剩余利润的分配。美国公司法将优先股的发行及其对应的权利义务视为一种合同行为，由发行合同具体约定，如果未约定可以累积，则优先股为非累积优先权。

在我国，按照现行《公司法》第一百六十六条规定，"公司弥补亏损和提取公积金后所余税后利润，有限责任公司依照本法第三十五条[25] 的规定分配"，即"股东按照实缴的出资比例分取红利；公司新增资本时，股东有权优先按照实缴的出资比例认缴出资。但是全体股东约定不按照出资比例分取红利或者不按照出资比例优先认缴出资的除外。"由于 2005 年以来，我国《公司法》对公司自治理念的强化，对有限责任公司的立法态度是给予公司更多的自治，结合有限责任公司封闭性、人合性的特征，由于股利分配的顺序只涉及股东之间的利益安排，完全属于公司内部股东之间的事务，不会害及第三人的利益，因此只要全体股东达成合意，法律并无禁止之意。因此，设置股利分配的先后顺序并不存在法律上的障碍。原则上讲，在我国公司法下的有限责任公司股东按照实缴的出资比例分取红利是基本的原则，不按照出资比例分取红利的情形则完全可以由全体股东自行约定。

对于股份有限公司而言，现行《公司法》第一百三十二条规定"国务院可以对公司发行本法规定以外的其他种类的股份，另行作出规定"，此为授权性立法规范。随着国务院《关于开展优先股试点的指导意见》的颁布及证监会对《优先股试点管理办法（征求意见稿）》公开征求意见的施行，优先股的地位已经确立。按照现行《公司法》第一百六十六条规定，"公司弥补亏损和提取公积金后所余税后利润……股份有限公司按照股东持有的股份比例分配，但股份有限公司章程规定不按持股比例分配的除外。"与有限责任公司不同的是，股份有限公司股东优先分红权的约定除了其股东的一致合意外，还应记载于股份有限公司章程中。但分配股利的次序问题与有限责任公司分配股利的标准大体相当，同样属于股东内部的事务，法律允许公司章程就股东分配股利的次序做出约定，亦与股份有限公司的本质无违，未损害到公司外第三人的利益，且有益于公司融资构成的多样化。因此，只要在工商登记备案的公司章程有明确记载，不按照出资比例分取红利的约定并无法律障碍。

2. 优先清算权

优先清算权（Liquidation Preference），是指在发生目标公司清算以及视为清算的情形时，持优先股的投资人有权优先于普通股股东获得每股数倍于原始购买价格的回报以及宣布尚未发放的股息。也就是说，目标公司偿付债务后的清算财产，优先股股东可以投资金额加上一定的回报获得优先于其他股东分配，分配后的余额由其他非优先股股东根据股份比例再次分配。对于触发优先清算权的清算情形，则不

167

仅包括一般意义上的公司清算，还包括所有的资产变现事件，例如公司合并、被收购、出售控股股权以及出售主要资产、重组以及其他活动等。根据优先股股东参与公司剩余财产的清算方式的不同，清算优先权可分为有充分参与性的优先权（Full Participating Preferred）、无参与性的优先权（Non-Participating Preferred）和附上限的参与性优先权（Caps on Participating Preferred）。

有充分参与性的优先权，是指在遇有清算事件时，公司首先向优先股股东支付数倍于原始购买价的金额，加上累积利息和已选派而未付的股息，然后优先股股东在视同已转换为普通股的基础上，再与普通股一起共同参与分配剩余利益。无参与性的优先权，是指在遇有清算事件时，公司首先向优先股股东支付数倍于原始购买价的金额，并支付累积利息和已选派而未付的股息，但是对于剩余的其他财产优先股股东则不能再参与分配。附上限的参与性优先权，则折中了前两种清算方式，是指在遇有清算事件时，公司首先向优先股股东支付数倍于原始购买价的金额，并支付累积利息和已选派而未付的股息，之后优先股股东在视同已转换为普通股的基础上，可以再与普通股一起共同参与分配剩余利益，但此时要设定一个上限，其上限为优先股股东取得总计为原始购股价特定倍数的价款。[26] 与创始股东（普通股股东）不同，私募投资人向公司投入的是实实在在的现金且常存在数倍的溢价，当公司清算时，自然会向公司主张将所有利润分配给其他股东之前先收回投资，并且能增加其获得最低的内部收益率的可能性。诚然，公司清算绝非私募投资者所希望看到的，私募投资者的初衷也并非通过清算优先权来获得投资回报。但在公司经营不佳走到了清算的境地时，投资人仍然可以获得一定的回报也是控制风险的最好局面。实践中，投资人通过这种方式也能在公司被收购、出售控股股权或出售主要资产时获得一个比较理想的回报。

对于清算优先权，我国现行《公司法》是明确禁止的。《公司法》第一百八十七条规定了公司（包括有限责任公司和股份有限公司）清算财产分配的基本原则，即"清算组在清理公司财产、编制资产负债表和财产清单后，应当制订清算方案，并报股东会、股东大会或者人民法院确认。公司财产在分别支付清算费用、职工的工资、社会保险费用和法定补偿金，缴纳所欠税款，清偿公司债务后的剩余财产，有限责任公司按照股东的出资比例分配，股份有限公司按照股东持有的股份比例分配。清算期间，公司存续，但不得开展与清算无关的经营活动。公司财产在未依照前款规定清偿前，不得分配给股东"。根据该条关于清算后剩余财产分配的规定，有限责任公司按照股东的出资比例分配，股份有限公司按照股东的持股比例分配，而且并未留下另行设定分配方式的空间，无法为私募股权投资者设定优先清算权寻求现行法律上的依据。

3.回赎权[27]

回赎权（Redemption Right），原用于出典人在典期届满时享有的要求偿付原典价并支付其他合理的费用和利息，赎回原典物的权利。在私募股权投资中，回赎权是指如果被投资企业在一个约定期限内没有实现投资者期望的目的（比如约定的净利润、约定的业绩增长率或上市），被投资企业或其实际控制人就有义务以事先约定的价格买回投资者所持有的全部或部分被投资企业的股份，从而实现投资者退出的目的。根据提出回赎要求的主体不同，可分为回赎期权（Put Option）和回购期权（Call Option）。所谓回赎期权，是指创始股东或被投资公司提出回赎投资人股份的要求。这类回赎通常发生在创始股东更改初次融资后的决策时，如在投资人进入公司并经营了一段时间，创始股东基于公司发展的另外考虑或出于与投资人继续合作的顾虑等因素，要求把投资人的股份再买回来。而回购期权是指在公司业绩达不到期望值或其他约定的情况出现时，投资者主动向公司提出要求其股份被回购，从而收回初期的股本投入并获得一定的溢价。私募投资人要求设置回购条款的首要目的，就是在特殊情况下给自己多一条退出的途径。这种特殊情况通常是指公司的发展不能达到投资人的预期，如公司不能在特定的时间内完成上市，或者不能被成功地收购，私募投资人的投资预期落空，特殊情况也可能是创始股东和投资人之间就公司的重大决策方面发生严重分歧，以致双方无法继续合作。

在我国司法实践中，对于私募股权投资交易条款中回购权性质的争议颇多。主要质疑观点[28]有：一是回购权条款导致投资行为实为借贷性质。从金融法角度，回购权的约定导致在约定的情形出现时，控股股东或目标公司按照本金加上一定的比例收购投资人在先认购的股权，这就类似本金加利息的借款条款，导致对投资款实为借款的本质认识，与最高人民法院名为联营实为借贷的相关司法解释规范精神相抵触；二是回购权条款为保底条款认识。从合同法角度，投资行为的特征是共担风险及共享利益，但私募股权投资中的回购条款导致投资行为具有了保底色彩，违反最高人民法院司法解释"投资领域共担风险原则"，保底条款无效。对此两种实务中普遍存在的认识误区及法律适用中存在的偏差，本书在前文已有相关论述。在"回购权"一节，本书再次强调的主要观点为：私募股权投资合同中回购权约定，是关于投资人退出方式的约定，而退出是该类投资所必须设置的一个重要环节，也是该类交易的特质。回购条款中的固定投资收益率条款虽然使得投资有了一定的固定收益色彩，但是它并不足以改变私募股权投资性质，其投资属性仍然是投资领域交易行为，即使是保底条款，本质上也是商事主体之间意思自治达成的一种风险和利益分配条款。在我国《合同法》及其他商事法律中并没有禁止保底条款的一般性规定，实践中也大量存在着各式各样的有保底收益的投资产品。金融法规中关于禁止保底条款的相关规范是出于对金融秩序管理的目的，其指向的是以保底条款设置引诱投资者投资有扰金融秩序的行为。置于合同制度背景下，是否属于应该适用的情形以及是否属于效力性强制规范都应在具体案件中考量 **29**；另外，必须引起司法实务界重视的是，存在年固定投资收益率的回购权条款虽然具有"保底条款"的色彩，但针对私募股权投资"为退而进"的交易目的而言，回购权固定比例只是交易双方约定的某种退出方式出现时原投资交易合同定价机制的一部分，与通常的保底条款截然不同。再者，客观而言，从投资市场的资金成本或正常合理预期的平均收益率看，一定比例的年化投资收益率在何种情况下是相对合理的，亦可以参照最高法院关于对民间借贷利率的相关政策掌握。这一观点，已得到司法机关裁决的认可。

在前述"富汇案"中，除了对赌协议（估值调整条款）之外，另外颇有争议的核心条款就是回购条款的法律效力。根据原投资协议的退出安排条款：至某年某月某日（上市日期截止日），除非投资人同意，否则投资人可以随时要求公司回购其持有的全部股份。回购价款应保证本次投资的年收益率为单利 10%，具体公式为：投资人投资 × [1+ 年利率 10%（单利）× 实际投资年限] − 实际已从公司取得的分红 − 投资人届时已转让部分股份所取得的收入 − 投资人按照估值调整条款所取得的业绩补偿款。如不足一年的按照实际天数与 365 天的比值予以确定。该回购条款的核心内容是约定如目标公司未能在约定日期前完成公开发行股票并上市，则投资人可以要求目标公司按年投资收益率单利 10% 的价款回购投资人的全部或部分股份。在该案审理过程中，被申请人认为这也是对赌安排且约定的回购条款不属于《公司法》允许的股份回购的法定情形，从而违反了资本维持原则而无效。仲裁则认为，该回购条款与估值调整条款在性质上不同，但都属于广义的市场俗称的对赌条款范畴，回购权条款属于一项附条件的合同。对回购权效力的理解关键在于如何解读我国《公司法》第一百四十三条的规定。该条规定为："公司不得收购本公司股份。但是有下列情形之一的除外：（一）减少公司注册资本；（二）与持有本公司股份的其他公司合并；（三）将股份奖励给本公司职工；（四）股东因对股东大会作出的公司合并、分立决议持异议，要求公司收购其股份。公司因前款第（一）项至第（三）项的原因收购本公司股份的，应当经股东大会决议。"仲裁庭认为，首先，我国《公司法》并不禁止公司回购股份，相反是明确规定了几种允许的回购情形；其次，虽然仅从文字上看，本案协议约定的回购不直接表现为《公司法》第一百四十三条的几种回购情形之一，但是正是由于我国公司法律允许公司回购股份，此等回购约定本身就不应当然被解读为或认定为违反公司法律，有关公司不得回购其股份的一般性限制规定而无效；相反，本案协议约定的回购义务一旦履行，客观上必然采取《公司法》第一百四十三条规定的公司为减少注册资本而回购股份的方式，也即，本案协议约定的回购是可通过法律规定的和允许的途径实现的。由此，该回购条款不仅是有效的，而且在我国现行公司法律制度项下是行得通的。至于为了实现回购安排，公司应当具体履行哪些决策程序，则是另一回事。关于回购方应保证按年投资收益率单利10%的标准计算支付回购价格的约定，仲裁庭认为，这一年投资收益率规定虽然使得投资有了一定的固定收益色彩，但是它并不足以将本案协议项下的投资性质改变为借贷，投资属性仍然是本案协议项下交易的基本属性；这一年固定投资收益率的规定虽然有"保底条款"的色彩，但是只是或许发生的回购安排在实际发生时的定价方式而已，与通常的保底条款有所不同，而且，即使是保底条款，本质上也是商事主体之间意思自治达成的一种风险和利益分配条款，我国合同法及其他商事法律中并没有禁止保底条款的一般性规定，实践中也大量存在着各式各样的有保底收益的投资产品；另外，客观上，从投资市场的资金成本或正常合理预期的平均收益率看，10%的年化投资收益率是合理的甚至是相对偏低的。因此，仲裁庭认为，依照《合同法》的基本原则，应该确认，以单利10%的年投资收益率确定回购价格是合法有效的。综上所述，仲裁庭做出了回购条款合法有效的裁决。在该案执行过程中，也是按照支付回购款并依法履行减资程序的方式实现了投资人的退出。**30**

（二）控制性优先权

投资人将资金投入企业后，企业如何使用这些资金并尽快实现企业盈利（资产增值）是私募投资者最关心的问题。但投资人也必须面对随时受到企业实际控制人或管理人代理机会主义侵害的实际问题，因此，如何设计一系列控制权条款节制上述现象是在投资初期就必须解决的。同时，投资人也希望通过控制权行使解决信息不对称带来的诸多弊端，实现公司治理的激励机制，抑制企业家的短期行为。因此，如何参与企业管理、实现对企业的控制权也是投资人关心的重要问题。那么，投资人真的会去参与关心企业的管理并依此实现对企业的控制吗？当然不是。对于私募投资人而言，控制不是其目的，控制的目的是为了实现预期利益。投资人一般可以通过两种方式获得对企业的控制：一是通过股权本身具有的功能取得对企业的控制权。而实际的情况是，私募股权投资人往往通过增发方式取得股份，一般都会存在数倍的溢价，所以投资人很难取得与创业企业家相匹敌的控股权。二是通过合同（债的）方式来约定投资人享有控制权，而可转换优先股可附带这种功能。据此，私募投资人可参与到公司的管理中，不仅为公司引入先进的管理理念和技术，还能掌控公司重大问题的决策把握公司的发展方向。控制性优先权包括表决权、重大事项否决权和知情权。

1. 表决权

《公司法》中规定的表决权（Voting Rights）是股东参与公司经营管理的法定模式，指股东就股东会议的议案进行投票表决的权利。通常情况下，股东出席或委托代理人出席股东会议并投票，对由股东会议议决的事项表示赞成、弃权或者反对的意见。在公司法理论上，一般意义上的优先股股东不再享有表决权，但私募股权投资中投资人和目标公司及控股股东往往通过协议约定，投资人作为优先股股东对公司的决策可仍有投票表决和选举公司董事的权利，并根据行使表决权方式的不同，分为共同表决权和单独表决权。所谓共同表决权，是指优先股不是区别于普通股的另一类股票形式，而是在视为可转换的基础上与普通股共同投票。而单独表决权，则是指优先股作为单独的一类股票进行投票表决，在公司要做出对优先股股东有重大影响的决策时，普通股股东则需要事先征求优先股的单独表决同意，私募投资人要求表决权是其实现对公司控制权的主要方式。在对公司法实行授权立法的国家，公司所有权和经营权高度分离，股东仅能对公司的部分重大事项进行表决，如公司章程的修改，公司出售、部分合并交易、解散等，公司的绝大部分决策权和控制权都掌握在董事和有权选举这些董事的股东手中。[31] 通过协议方式实现对重大事项的控制非常重要。

2. 重大事项否决权

重大事项否决权（Veto on Important Matters），通常也被视为保护性条款（Protective Provision），是指投资人出于对自身作为小股东利益的考虑，作为董事会成员或作为股东，就公司的重大事项的决议有权否决。但是对于何为重大事项、何为次要事项一般很难做出泾渭分明的界定。实践中，一般认为公司的日常管理事项，例如股东的费用超出了多少数额，任命部门经理等均视为次要事项，投资人不会投入细致的关注。但对于公司的经营管理重大决策以及影响到投资人利益变动的事项，投资人会要求否决权，或者说是反向的决定权。根据美国风险投资合同的指引，所载投资者要求拥有否决权的重大事项通常有十几项之多，包括：公司组织结构的变化，公司业务的重大变化、分配股票、出售重要资产或公司合并、大额投资、大额贷款、关联交易证券发行以及公司控制权的改变等，都被作为否决权条款规范在投资合同中。否决实质上就是规定未经投资人同意公司不得作出上述事项。重大事项否决权可以帮助私募投资人对公司的重大事项以及自身的重要权利实施有效的控制。投资人通过这些条款一方面用于防止控股股东变相退出以及其他损害投资人利益的行为，另一方面也可控制公司决策的走向。

一般来讲，私募投资人不会在投资伊始就成为控股股东，作为小股东，其利益受到大股东的侵害是经常的现象。在目标公司发展进程中，很多机会促使控股股东有动力滥用对公司的控制权损害小股东的利益，而通过行使反向的决定权，私募投资人即可在一些与投资人息息相关的事项上掌握一定的控制力，从而达到平衡和制约的目的。另外，投资人把诸多重大事项的否决权握在手上，核心就是约束公司在既定的轨道上发展，为防止公司"出轨"。实践中有些投资人对控制权有特殊的偏好，这在我国表现得更加突出，在政府作为股东的情况下，政府对控制权而不是分红权有特殊的偏好。2010 年 9 月在中国创业板上市的台基股份，地方政府就曾经设立"黄金股"，拥有一票否决权。[32] 在具体的交易过程中，对于哪些重大事项私募投资人享有否决权是控股股东和私募投资人的重点谈判内容。实践中，对于创始股东来讲，私募投资人享有否决权的事项越少越好，这样创始股东可以享有更多的灵活性，不必担心重大决策会受到优先股股东的阻碍。而多数私募投资人倾向于对公司的重大决策进行较为严格的控制。例如，当投资人控制了某一序列优先股的大部分而没有控制所有序列的优先股的情况下，投资人通常也会要求公司的重大事项必须通过该序列优先股股东的单独投票。这样，风险投资合同中的控制权分配不仅取决于双方的股份多少，还可以来自于通过合同权利机制所决定的力量对比。

3. 知情权

《公司法》中的知情权（Information Right），是指公司股东了解公司信息的权利，一般是指由财务会计报告查阅权、账簿查阅权和检查人选任请求权三项权利所组成的权利体系。私募投资中约定的知情权之所以具有优先性，主要是指投资人对知情权所要求的内容上比《公司法》上的规范更详尽。一般而言，投资人作为优先股股东会要求公司向其提供比向普通股股东提供的更多或更详尽的公司信息。在财务会计报告查阅权方面，主要包括审计后的财务报告和经营报告，未审计的季度和月度的财务报告和经营报告，下季度和下年度的预算报告等。在账簿查阅权方面，投资人还会要求检查公司和附属公司的设施、账目和记录，可以与相关的董事、管理人员、员工、会计师、法律顾问和投资银行家讨论公司和附属公司的业务、经营和情况等信息。投资人带有优先性的知情权一般会在公司上市后终止，届时私募投资人将会和其他公众投资人一样依赖于上市公司的披露信息，由于该信息披露义务往往涵盖了上述内容，其要求的知情权即丧失了优先性。

根据美国风险投资协会制作的《示范法律文本》，知情权的内容和行使的方式还取决于私募投资人是否有权选举董事，若投资人有权选举董事，则公司的诸多财务和经营信息可通过行使董事的权利而获得；若投资人不能在董事会中委派任何席位，则投资人通常会要求在《管理权证书》中，具体写明公司所有向董事递交的任何文件均应向投资人股东递交，投资人有权就公司的重大经营事项与管理层进行沟通并提出建议，公司管理层应该每年定期与投资人股东沟通并汇报重大计划的进展。通常，投资者要求知情权的同时也要受到一定的约束。首先，目标公司出于市场竞争的考量，要求主张知情权的投资人（含其参股的公司）不能是自己的竞争者；其次，目标公司出于商业机密的考量，要求主张知情权的投资人承担相应的保密义务，同时对于那些属于公司高度机密的信息一般应排除在知情权范畴之外。

（三）防御性优先权

投资人向目标公司投资后，还要面临第三人介入公司可能带来的权益损害。主要包括两类：一是目标公司在未来发展进程中可能出现多轮的融资，均会稀释先投资人股权；同时其他投资人的介入可能造成公司治理结构的改变以及其他可能不利于投资人的因素。因此，投资人可利用优先权阻止其进入。二是针对在先股东主要是控股股东的防御。在企业发展进程中，其他股东或控股股东出于短期套利的目的，往往会在目标公司 IPO 之前向第三方转让股份，投资人可以根据自己的需求行使优先权。防御性优先权通常包括优先认购权、优先购买权、共同出售权、拖售权、认购期权、"反稀释"条款等。

1. 优先认购权

优先认购权（Preemptive Right），又称按比例参与未来融资权（Right to Participate Pro-rata in Future Rounds），是指目标公司发行新股或可转换债时，投资人可以按其持有的股份数量比例优先于其他人进行认购的权利。投资人进入公司之后，当公司发展到一定阶段，往往面临后续融资需求从而导致公司的现有股权结构的变化。面对新的投资人进入公司共治未来事业，私募投资人如何既保护自己的现有利益，又在公司的发展中扩大受益，同时还能阻碍与其竞争的其他投资人进入公司，是投资人在签约时考虑的一大问题。投资人要求增资时的优先认购权既是其"反稀释"措施之一，也是为自己保留一次出价的机会，在条件合适时投资人可优先认购增资或其他类别的债券。在增资过程中，优先认购权的行使也能保证投资人在同等条件下将其他投资人屏蔽，从而避免与自己不愿意看到的投资人合作。实践中，在公司发行新股或可转换债时，会提前通知享有优先认购权的投资人，告知公司新发行证券的数量、价格和条件等，该投资人在收到通知后的一定时间内决定是否参与购买。若未在约定的时间内履行其认购权则将自动丧失该权利。在私募股权投资中，优先认购权作为合同约定的权利之一，在公司上市后会自动终止。

在我国，根据《公司法》第三十五条规定"公司新增资本时，股东有权优先按照实缴的出资比例认缴出资。但是全体股东约定不按照出资比例分取红利或者不按照出资比例优先认缴出资的除外"。这就意味着，在全体股东没有特别约定的情况下，作为老股东的投资人可以按照其持股的比例行使优先认购增资的权利。第一百三十四条规定"公司发行新股,股东大会应当对下列事项作出决议:(一)新股种类及数额;(二)新股发行价格;(三)新股发行的起止日期;(四)向原有股东发行新股的种类及数额。"由此可见,我国《公司法》对有限责任公司和股份有限公司均未作出优先认购权的限制,只是规定了相应的程序要件。虽然优先认购权几乎存在于所有的投资协议中,并且能保证投资人股东通过协议方式掌握对公司的控制权,但是控股股东一般会要求对投资人的优先认购权予以一定的限制。首先,如果大多数现有投资人都想行使优先认购权,这种投资会不合理地稀释那些不具有优先认购权的股东(通常是控股股东)的股权,严重的情况下会导致实际控制人对股权结构的失控;其次,优先认购权将直接影响到公司选择其后续投资人的自主权和灵活性,因为控股股东对后续融资投资人的选择往往也是出于资源配比的考虑,一旦现有投资人行使优先认购权会妨碍控股股东对后轮融资投资人的选择权。因此为不影响到公司引入后续投资者,创始股东通常会主张在各投资轮次中对优先认购权予以限制;实践中,通过合同约定只对持股超过一定比例的投资者才给予优先认购权就是通常采用的限制方式。

2. 优先购买权

优先购买权(Right of First Refusal),是指投资人有权以受让人提供给拟出售股份股东的同等价格和同等条件购买其拟转让的全部或部分股份。优先购买权为私募投资人股东保留后续出资的机会,从而在价格合适的情况下扩大现有的持股比例和利益。私募投资人主张优先购买权的目的类似于优先认购权,一方面是在股票价格合适的时候,可以多一次出价的机会，优先购买其他股东即将出让的股权。另一方面，投资人通过行使优先购买权，还可以在一定程度上防止自己不愿意合作的投资人进入公司，特别是能够优先于其竞争对手购买公司股票，这也是投资人抵御外来投资人的防御措施之一。

实际上，优先购买权并不是私募股权投资中的特殊权利，而是我国《公司法》实践中的常见现象。根据现行《公司法》第七十一条规定，股东向股东以外的人转让股权，同等条件下其他股东有优先购买权。如果其他股东二人以上行使优先购买权的，协商各自的比例；协商不成的，按照转让时各自的出资比例行使优先购买权。同时该条规定，公司章程对优先购买权的行使及限制条款具有最高效力。由此可见，优先购买权行使抑或是限制完全取决于公司股东之间的意思自治。实践中，这种行使及限制的自治性还包括公司股东可以通过章程约定，公司股东对外转让股权无须经其他股东同意等。根据我国《公司法》第一百三十八条的规定，股份有限公司股东持有的股份可以依法转让，此为股份自由转让原则的体现，是股份公司打破人合性[33]的特征下的必然结论。

3. 共同出售权

共同出售权（Co-Sale Rights）也称跟售权（Tag-Along Rights），是指投资人可以自动跟随控股股东出售股权的权利。在目标公司 IPO 之前，如果创始股东或其他股东向第三方转让股份，投资人有权按照拟出售股份的股东与第三方达成的价格和协议参与到这项交易中，按控股股东或其他股东在目标公司中所持有的股份同比例向第三方转让股份。共同出售权主要是私募投资人在控股股东或其他股东与第三方达成交易价格合适时，通过强行参与到其交易中的方式实现部分利益退出的权利。由于控股股东把握着公司控股权，其操纵着公司的经营方向，在公司上市途中，控股股东有时基于个人利益的需求在上市之前转让公司，投资人往往会选择把握这一机会，在跟随控股股东退出还是继续跟随公司上市之间做出选择，同时，这一权利的行使也可以有效阻止创始股东过早兑现利益导致退出公司的局面。实践中，对于私募投资人主张的共同出售权，控股股东也会要求增加一些共同出售权行使的例外情况。比如，可将控股股东为了合理的目的出售少量部分股份的情况作为共同出售权行使的例外等。

4.拖售权[34]

拖售权（Drag-Along Right），是指如果目标公司在一个约定的期限内没有上市，或双方约定的出售条件成就，则投资人有权要求控股股东以同样的价格和条件与自己一起向第三方转让股份。拖售权在我国的公司法中并没有提及，但是在一些散件的行政法规中，类似拖售权的规定并不鲜见，典型的是一致行动人和要约收购制度。证监会于1997年发布的《上市公司章程指引》中出现"一致行动"[35]的概念，是指"两个或两个以上的人以协议方式（不论口头或书面）达成一致，通过其中任何一人取得对公司的投票权，以达到或巩固控制的目的的行为"。2002年12月施行的《上市公司收购管理办法》[36]中明确了"一致行动人"概念，并在《上市公司股东持股变动信息披露管理办法》第九条将其进一步界定为："通过协议、合作、关联方关系等合法途径扩大其对一个上市公司股份的控制比例，或者巩固其对上市公司的控制地位，在行使上市公司表决权时采取相同意思表示的两个以上的自然人、法人或者其他组织。前款所称采取相同意思表示的情形包括共同提案、共同推荐董事、委托行使未注明投票意向的表决权等情形；但公开征集投票代理权除外"。2006 年 5 月 17 日，中国证监会通过新的《上市公司收购管理办法》第八十三条明确界定了"一致行动"和"一致行动人"，该办法虽未规定中小股东有获得同时转让股份权利，却明确了信息披露或要约收购义务。要约收购制度是与一致行动紧密相关的法律制度，充分体现了法律赋予中小股东同等的"出逃"和享受收购溢价的机会。根据《上市公司收购管理办法》和《证券法》的规定，收购人若已持有一上市公司的股份达到 30％后要继续增持，就须启动要约收购，此时收购人须向公司所有股东发出收购其所持有全部股份的要约，收购要约期限届满后，收购人持有的被收购公司的股份数达到该公司已发行股份总数的 90％以上的，其余仍持有被收购公司股票的股东，有权向收购人以收购要约的同等条件出售其股票，收购人应当收购。

上述规定的意义在于，保障所有股东拥有同等"出逃"和享受收购溢价的机会，这反映出我国证券法规在上市公司收购中为保护中小股东权益，规范了保障其能获得平等待遇的"拖售权"，但这一规定中的"拖售权"仅适用于上市公司收购、收购人与中小股东同为一上市公司股东的情况。那么，我国证券法规下的拖售权能否出现在私募股权投资这一意思自治王国中呢？我们只能从相关的法律规范中揣摩立法者的意思。在 2005 年修订的《公司法》七十二条股权转让条款中"公司章程对股权转让另有规定的，从其规定"规定，似乎是为这一权利设置预留了法律空间。从投资人的角度，根据这一规定，凡在公司章程中约定拖售权并作为投资协议的附件存在的，应能从规范意义上获得法律的肯定。

拖售权对私募投资者有非常重要的意义。主张拖售权的目的主要是在投资人认为机会合适的情况下，寻找目标拖带着控股股东抛售股份，以增加其出售股份的价格筹码获得控制权溢价，亦可实现对控股股东施加压力的激励。首先，投资人一般是作为小股东出现的，其单独将股份出让，通常不会有人愿意"接盘"，即使有，在受让价格上也会有很大差别。如果能拖带上创始股东一起卖，出让股份的成交几率会明显加大。实际上，在行使拖售权的情况下，投资人将出售股权的行为变成了转卖公司的行为，会产生控制权溢价，极大地影响股权的估值。[37] 其次，拖售权实际上使投资人掌握了公司的转卖权，如果投资人将公司转卖给同行业的大公司，则会获得较高的投资回报，且在通过首次公开发行方式退出的预期受市场环境影响变得不太理想时，拖售权无疑为投资人提供了另一条高价退出的途径。再次，投资人也可以借助转卖的权利给控股股东施加压力，要求其听从自己的建议。实践中，创始股东一般会反对拖售权的适用，因为公司是其一手培育的，通常对公司感情较深，如果出售其在公司的大部分股权并不是出于自己的意愿，当然就不希望因"拖带"出售自己的股权。即使出售，其对何时出售以及以什么样的价格出售亦希望自己拥有掌控权，而不是受投资人的拖带。经验丰富的律师会建议创始股东在签订合同时对拖售权的行使附加一个期限，或者附加一个需征得其他股东同意的条件，或者约定只有在出售股票低于投资人所要求的最低回报率时，才能强迫其出售，尽量避免这一情形的适用。即便如此，私募投资交易实践中，投资人认为把拖售权等一系列投资保护条款写入投资协议非常重要，若双方能谨遵资本游戏规则，正确设计和执行合同条款，拖售权不仅为投融资双方提供重要保护，也为投资人在合适时机实现退出多了一条通道。但从企业家的角度也必须看到，拖售权条款的行使势必对企业发展造成一定的影响，对其权利设置进行一定的限制是合理的。

为了给利益相关者提供更合理的权利架构方案，律师实务中提出了很多限制拖售权使用的具体措施，包括：第一，从限制投资人主观恶意的角度。有些情况下，投资人会以很低的价格将股权出售给自己的关联人，而且往往无法在法律上判断其关联关系。这种情况下，就是投资人与他人恶意串通损害创始股东利益的情形。例如 Filmloop 就曾被 Comventures 以此种方式掠夺。[38] 但持此观点的主张者并不反对向关联人出售股权，他们认为，衡量是否恶意的标准是价格是否合理公道。在具体措施上可以考虑在投资协议中约定请中立专家做价格评估，包括中立专家的选择范围、程序、规则等。第二，要限制拖售权行使的时机。也就是说，保证行使拖售权的这次股权转让是 PE 资金退出的最后渠道。比如，可以约定在投资一定时间（如 n 年）公司不能上市的情况下，或者约定只有在出售股票低于投资人所要求的最低回报率时，才可以行使拖售权。第三，要限制股权转让对象。一方面，创业者可以要求在条款中限制股权转让的对象，比如不得是竞争对手或者其他让创业者不能接受的人。另一方面，在 PE 股权转让时，如果有几个购买人选择，在价格条件相同的情况下，创业者应当有选择权。同时，如果股权购买人愿意与创业者合作的，也不应强行行使拖售权。第四，为了避免小股东行使拖售权，要限制 PE 在投资比例小的情况下享有拖售权。如果 PE 一定要求这个权利，可以将股东会2/3 决作为前制条件（这个条款可伸缩，可以约定是全部或者出席会议的股东人数的 2/3 或者是表决权的 2/3 等）。第五，企业家同时可以要求尾随权（Tag-Along Right），这是主动行使尾随出售股权的权利，在同等条件同等价格下行使。

总之，拖售权的行使应当是消极的，是在迫不得已的情况下行使的，而不应当是积极主动行使的。原理很简单：虽然是基于在先合同约定的权利，但这一权利的行使势必伤及他人。人不应积极地去伤害别人，如果一定要损害别人利益，那总该在自己最无奈的情况下才做的。[39] 对于这些限制拖售权行使的建议中，除了主观恶意情形影响交易公平可以民法撤销权救济外，其他均是来自于协议限制的情形，完全取决于双方的约定，所以，融资方应当在与投资人签订合同时对融资协议进行全面的评估及条款设计，以免将来陷入被动。

5.认购期权

认购期权（Call Writer），通常是指期权的买方向期权的卖方按照期权价支付一定数额的权利金后，拥有在期权合约有效期内，按事先约定的价格向期权卖方买入约定数量的相关期货合约的权利，但不负有必须买进的义务，购期权也可转让。

所以，认购期权对买方来说是一个选择权，如果市场行情对他有利，他可以选择执行，如果市场行情不利，他也可以放弃。但对收取了期权权利金的卖方来说，他有义务在期权规定的有效期限内，应期权买方的要求，以期权合约预先规定的执行价格卖出相关的期货合约。因此，由于买方支付给卖方权利金，认购期权对买方是一个选择权，而对卖方却是一种义务。在私募股权投资中，认购期权是指投资人在未来确定的时间内按照一定的价格购买一定数量公司股份的权利，也就是说，目标公司赋予投资人一项购买公司股份的期权，投资人可以在未来确定时间点或时间周期内，行使其认购期权，按照预先设定的价格购买一定数量的公司股份。认购期权的内容主要是期权数量、执行价格和执行期限，虽然目标公司未上市其价值亦很难衡量，但通常每一个期权都是在达成一致的价格上的折扣，一般认购期权在公司上市交易前终止。认购期权的另一种形式有时也会表现为有条件的出资，例如投资人将投资额进行了分拆，先期投入了很大一部分，后一部分在公司满足一定的预测收入后再投入公司，这类似于估值调整条款的后付费方式。

私募股权投资人之所以要求认购期权，主要目的是能够锁定一部分公司的未来利益，得到较高的内部收益率。一方面，在公司经营状况较好、出现大幅增值的情况下，投资人可以按照较低的价格再行购买一部分公司股份，这样即可扩大其在目标公司的收益。另一方面，认购期权还是投资人得到较高内部收益率的很好途径，因为只有在期权有较大差价即有很高价值时，投资者才会进行投资，在投资成功以及期权得到执行的条件下，期权将有助于提高投资者的内部收益率。

实践中，私募投资人和控股股东在认购期权上往往会对期权数量、执行期限进行权衡和谈判。私募投资人主张期权，通常是其看重了目标公司的增长性，所以期权数量越多，期限越长，对投资人价值越高，越有利于其收益增长。然而对于控股股东来说，期权将会很大程度上稀释其现有股权，由于分配期权通常先于后续投资，使得后续的投资者也会要求获得期权。因此，控股股东亦会主张期权的期限越短越好。从经济的角度考虑，如公司发展符合投融资双方的预期、市场行情好，不执行期权对公司有利，但投资人往往会选择执行期权；相反，如果公司经营状况不佳，投资人通常会选择不执行期权，这样不仅会对公司的声誉造成负面影响，也会影响公司再次筹资的能力。

6. 反稀释条款 [40]

反稀释条款（Anti-Dilution），也称为反摊薄条款，通常被理解为一种价格保护机制，也可理解为投资人的防御性保护措施。其含义是：在前一轮投资募足后，如出现公司以低于前次序投资人持有的优先股转换为普通股的转换价格发行权益证券，此优先证券转换时所发行的普通股股份数将依约定标准提高，以保证前次序投资人在公司里的股份份额不会下降。这种资本结构的重新调整一般是指企业与原有投资者进行约定，如果企业今后将股份以较低价格出售给后来的投资者，那么原来的投资者将获得免费的股份或者有权以象征性价格购买一定数量的股份，以确保原有投资者的每股购买价格与后来的投资者相同，换言之，当企业经营不善或遭遇其他不利情况时，企业不得不以更便宜的价格出售股权或以更低的价格获得融资时，原来投资者投入企业的资本不能因此而贬值。私募实践中的防稀释条款主要可以分成两类：一类是在股权结构上防止股份价值被稀释，另一类是在后续融资过程中防止股份价值被稀释。

结构性防稀释条款（Structural Anti-dilution）一般通过转换权（Conversion）和优先购买权（Right of First Refusal）的方式行使。转

换权是指在公司股份发生送股、股份分拆、合并等股份重组情况时，转换价格作相应调整。在行使次序优先权的情况下，例如，在 A 轮投资中优先股按照 12 元 / 股的价格发行给投资人，初始转换价格就是 12 元 / 股。假设后来公司决定按照每 1 股拆分为 4 股的方式进行股份拆分，则新的转换价格调整成 3 元 / 每股，则对应每 1 股优先股可以转为 4 股普通股。在公司出现多轮融资的情况下，优先购买权是指公司在进行 B 轮融资时，A 轮投资人有权选择继续投资获得至少与其当前股权比例相应数量的新股，以使 A 轮投资人在公司中的股权比例不会因为 B 轮融资的新股发行而降低。

实践中，公司在其成长过程中，往往需要多次融资，由于每次融资时股票的发行股份的价格难以预料，加上投资合同履行期间市场波动因素，投资人出于对未来价格贬值的考虑所要求获得保护的条款。降价融资的防稀释保护权（Anti-Dilution Protection in Down Round）就是当公司以低于现行优先股转换价的购买价发行额外证券时，投资人有权按照约定的方式调整转换价。调整转换价的计算公式一般是基于优先股的"转换价格"，以投资人购买优先股的价格为最开始的转换价格，在公司以低于本轮的价格进行了后续融资之后，转换价格就会降低。所以，在没有以更低价格进行后续融资的情况下，初始的购买价格跟转换价格就是一样的，优先股也将按 1:1 转换成普通股。在出现以更低价格发行了一次或多次股份的情况下，转换价格就会比初始购买价格低，优先股就会转换成更多的普通股。根据保护程度的不同，优先股的转换价格保护可分为"完全棘轮"（Full–Ratchet Anti–Dilution Protection）[41] 调整以及"加权平均"（Weighted Average Anti-

Dilution Protection）[42] 调整两种方式。[43]

从表面上看，"完全棘轮"调整操作简便且对首轮私募投资人非常有利，他们只需考虑后续低价发行股票的价格即可，但这种调整方式带来的负面影响却是很大的，通常会被认为是对控股股东甚至其他利益相关方不公平的条款。因为，首先，这种方式调整的后果是把所有的稀释的造成了损失均由普通股（通常控股股东）来承担了；其次，后续投资者在不能满足他们预先谈判的股份时会压低价格，这会导致股份进一步稀释和调整；再次，这种简便易行的调整完全没有考虑后续发行股份的数量和比重，容易导致调整后持股状态的失控。也正是因为不公平的结构设置，"完全棘轮"调整方式在实践中出现诸多弊端。与"完全棘轮"调整不同，"加权平均"调整不仅考虑到后续发行股份的比重，而且又在全面稀释的基础上确定计算均值的股票数量，因而更显公平，更易被私募投资人和控股股东所接受，也更易获得法律上的认可。从合同条款的主要目的上看，私募投资人要求反稀释条款的主要意图就是防止公司后续低价发行股份时的贬值。由于私募股权投资时间跨度很长，谁也无法保证在公司后续发展中的再次融资时的价格，一旦出现价格下降，就意味着前期的私募投资人手中的股份贬值，因此通过反稀释条款通过后续股份价格调整来保护自己的现有利益是投资人的自我保护机制之一。从公平角度而言，最先的投资人一般处于公司的初创期，其所付的风险要大于后轮的投资人，因此后轮的投资人不能比前轮的投资人获得更多的公司权益。私募投资人和创始股东在反稀释条款的谈判中会尽量争取达到一个双方都能接受的转换价调整机制。"全面棘轮"虽然对私募投资人十分有利，但

对公司、控股股东以及后续投资人均会产生极不公平的效果，所以首
轮私募投资人通常会选择"加权平均"调整方式，由投资人和控股股
东一起共同承担稀释带来的不利。

三、公司法对优先股理论上的分类认识

在美国，优先股起源于 19 世纪 30 年代铁路公司向政府申请融资
的活动中，是为满足美国铁路建设中巨大资金需求而做出的临时性融
资安排策略。20 世纪 70 年代以来，契约理论成为公司性质的主流学
说，将公司视为一套各主体间的合同规则。[44] 优先股制度开始进入
规范有序的发展期，除利益分配优先性外，其衍生权利设计不断丰富
以适应变化中的经济需要。在大陆法系国家，虽是以公司资本构成的
基本股份普通股为常态，但在公司法理论上一直存在特别股与普通
股的划分。作为与普通股对应的概念，特别股制度则是股东平等原
则的例外，特别股的股东与普通股股东相比"对公司享有特别权利与
义务"。[45] 在台湾地区公司法中，特别股制度包括：优先股与劣后股、
偿还股、转换股和附认股权特别股。且规定公司发行特别股"非经载
明于章程者不生效力"。[46] 随着公司法的自由化发展，以美国为代表
的公司法实践见证了优先股的创新，充实了公司法理论上关于股份标
准及类型的划分。大多数的优先股在这一时期创立并被立法所确认。

自 WTO 经济全球化以来，各主要发达国家都在公司法上明确规
定了灵活的种类股制度，以提升本国公司的竞争力，推动公司法制度
的现代化。最近几年，以日本为首的大陆法系国家，为了提高公司融

资的方便，对种类股的立法修改已达到很高层次，基本已向美国自由化优先股制度看齐。股东权利禁止分离原则本是公司法律制度建构中的一个默示规则，但许多国家或地区的公司法都发展出背离该规则的相关制度。实践中发展出具体权利行使与股东资格分离、具体权利的非比例性配置、股权的投票权与收益权分离以及股东权具体权利受制于非股权安排等股东权利分离的诸多现实样态。这些股权类型，被分别冠以类别股、序列股、优先股的称呼，在英、美、日、德、法等国的公司法中都分别作出了相应规范。为了更清晰地了解优先股的权利属性及构成特点，先将与之有关的公司法股权分类制度梳理如下。

（一）普通股与特别股

在公司法中，普通股（Common Stock or Ordinary Share）作为公司发行的无特别权利的股份，是公司资本构成的基本单位。持有普通股的股东享有普通股所载的两项基本权利：收益权和表决权。普通股所载明的收益权是指普通股股东享有分配盈余及剩余财产的权利，但这些权利均需在债权人和优先股股东之后行使。普通股所载明的表决权，是指普通股股东享有按照每一股份享有一个表决权的原则行使决定公司一切重大事项的决策权。有学者将此具体地表述为"依股东承担的风险和享有的权益的大小为标准，股份可以分为普通股和特别股。特别股是有某种特别权利或者某种特别义务的股份，包括优先股与后配股两类，优先股在享有权利方面较普通股优先"。[47]"依照其股权内容的差异，特别股又包括了优先股、劣后股和混合股。"[48]

由于普通股之间也有不同的发行形式，普通股又可以设计出不同的种类和序列，分别称为种类普通股和序列普通股，被广泛适用于封闭公司。同理，公司也可以发行不同种类、不同序列的优先股。从种类角度看，各种不同种类优先股的股利分配和其他权利都是不同的，但一般情况下，同类股份的权利、限制和条件都应当是相同的。

普通股将公司的财产利益和表决权进行份额切分和标准化，实现了股权转让的便利性，其特征在于将股份中的财产权和投票权进行了捆绑。如果法律只提供普通股这种将财产权与表决权捆绑的融资工具，公司融资将受到束缚，投资者的需求便不得不通过"法外空间"来满足。[49] 例如，实践中通常采用协议控制的方法：一是利用"返程投资模式"、"可变利益实体"实现海外融资和上市，在通过"溢出"方式实现法律制度移植的过程中大量资金流向海外市场；二是在国内法律和实践尚不成熟的情况下铤而走险，利用契约的自治性以债权制度规范股权的外部问题，也出现债权制度在股权交易中的溢出适用。由于股东间相互交易以及交易产品的不确定性，此举不仅将股份作为标准化份额的优势荡平，也对市场秩序造成一定的影响。本质上讲，公司、股权都是实现投资者财富治理和融资的工具，现代公司法理论已从多个层面实现了对公司、公司所有权、资本等关键问题的理性认识，如公司契约论以所有参与公司事务的集合体认识公司所有权，淡化了股权和债权之间的界限，推翻了股东同质化及以无差异资本作为股份公司权力配置的假定。因此，特别股制度的兴起到繁荣，是经济发展到一定阶段的必然结果。在证券市场繁荣活跃的国家，特别股已成为丰富资本市场产品的工具，其在私募股权交易中的使用已成常态。

（二）标准优先股与非标准优先股

根据对优先股优先属性自由与创新程度的不同，有些优先股在表现为股份权利的优先属性时同时伴随着一定的权利限制，但这些优先属性及权利限制均可以被类型化，例如优先属性仅表现为股息派发的累积性、清算的优先性、是否可赎回、是否可转换及转换条件等，因此被称为标准化的优先股。其他自由化程度高、且无法将其优先属性及权利限制类型化的股份被称为非标准化的优先股。

标准化的优先股可以分为几类：第一类，累积和非累积优先股。累积优先股是指在公司的某个营业年度内，如果公司的收益不足以派发优先股股利时，则优先股股东有权要求公司在以后将此年度的股利如数补齐。如果优先股股东不能要求公司在以后将此年度的股利如数补齐的就是非累积优先股。一般来讲，非累积性优先股虽不如累积性优先股具有优势，但在美国，投资人适用的情况较多，而在英国公司发行股份的实务中却极为罕见。此外，日本、德国、法国、奥地利、意大利、瑞士、比利时、荷兰、丹麦和瑞典等国家，以及我国的台湾地区和香港对这类股份均有规定。第二类，可赎回和不可赎回优先股。可赎回优先股是指在公司发行优先股一段时间后可以按照约定的特定价格将优先股赎回。可赎回优先股又分为强制赎回优先股和任意赎回优先股。强制赎回优先股是指在这种优先股发行时就规定，公司享有赎回与否的选择权。一旦发行该股票的公司决定按规定条件赎回，股东就别无选择而只能缴回股票，股票持有者没有任何主动权。任意赎回优先股是指股东享有是否要求股份公司赎回的选择权。若股东在规定的期限内不愿继续持有该股票，股份公司应当按照约定的条款回购。第三类，参与优先股和非参与优先股。参与优先股是指优先股的股东在获得约定的优先分配股息后，如果公司还有可分配剩余利润，其可以再次与普通股股东一起参加所剩余的可分配利润。如果优先股股东不能再次参加普通股股东的利润分配，则其持有的优先股就是非参与优先股。第四类，可转换和不可转换优先股。可转换优先股是指优先股的股东有权在一定期限内或者某条件成就时，按照约定的价格和比例，将其持有的优先股转换为普通股；反之，则为不可转换优先股。第五类，可调息优先股和不可调息优先股。可调息是指依据银行利率情况或者与企业的经营情况关联，优先股股息是可以调节的；反之，就属于不可调息优先股。

非标准化优先股是对于优先股各种不同属性的自由约定，是投融资双方根据实际情况自行设计的、所创设出来的自由化程度较高的优先股类别。最常见的非标准化优先股在设立时会设置不同优先股权利的组合，或者是混合型优先股类型，为满足不同需求，会出现多个维度的不同功能或限制性的权利。通过这种将不同优先属性的组合所形成的优先股股份，不仅意味着其在股份公司中的地位和作用是不同的，也意味着不同投资者的投资意图的不同，因而，不同优先股的条款和权利设置，可以因应不同投资者、公司甚至国家的需要，实现公司资源的合理分配。**50** 因此，这种灵活性较大、自由度较高的优先股被称为非标准化的优先股。也有观点认为，在权能角度，美国法上的风险投资优先股制度安排可以分类为固有权能（分红优先权与清算优先权）、相机抉择权和创业企业特别控制权组合。从具体条款来看，《美国风险投资示范合同》中对优先股各方面均作出了详细的规定。例如，优先清算权条款规定优先清算权分为三类：不参与经营的 A 序列优先股、有完全参与权的 A 序列优先股、附上限参与分配权的 A 序列优先股，三类股票在优先清算的价格和程序方面各有特点。在董事会条款中规定，经登记的优先股 A 序列股股东，排他的或作为单独股东，应有选举权 N 名公司董事(即 A 序列股董事)。[51] 可见，美国私募股权投资基金可以通过"一揽子"权利的约定来实现其相机抉择和企业控制，以克服因信息不对称引发的道德风险。因此可以将这类非标准化的优先权依据具体的权能进行归类，分别为优先权的固有权能、相机抉择权能及特别控制功能。这一观点提供了一个关于该类优先权优先属性及功能的观察方法。

四、我国《公司法》应确立优先股合法地位

行文至此，几乎可以得出这样的结论：私募股权投资合同中争议最大的两个法律问题，关于价格估值条款的法律效力及优先权制度的合法性争论，最终都集中到对强制性规定的理解上，其在理论上的争论归结于对公司及公司法性质的不同认识。众所周知，公司是市场经济中最为活跃的参与主体，对其性质的不同认识已存在百年之争；虽然对公司法性质的争论也存在多个角度，但学者最终在这一问题上几乎达成了共识，那就是公司法所内在的适应性性格。甚至有学者认为，公司法质量优劣不在于其规则本身，而在于其是否满足了社会经济现实对我国公司法律制度具体而特定的需要。[52]

作为一个法律拟制的产物，有关公司性质的理论争议从未停息，不仅集中在公司所有权主体及公司权力来源上，还体现在对公司及公司法性质的认识上。但即使存在种种质疑，公司、股份一直被视为有着与发明一样贡献的工具在社会经济生活中担任着越来越重要的角色，尤其是在企业融资和社会财富创造方面起着重要的作用。主体多元导致的债权人利益还是股东利益、大股东利益还是弱小股东利益等，分别成为各种理论立足的渊源。但无论持有何种争议、何种观点，法学家还是经济学家最终都默契地达成了在公司基本制度上的共识：公司在社会经济生活中担任着越来越重要的社会角色，公司法应当是从实践中总结的实用性、适应性规则，为增加社会福祉的最大化而有所作为。尤其是近几年以来，加强对投资人的保护已经成为公司法律制度的重心，在目前中国已存在多种投资需要和不同层次的投资者的情况下，遵循资本市场的需求适时推出优先股制度，完善资本市场的产品分类和结构，融通特殊性资金需求与供给，可谓是顺应世界经济发展形势、契合中国投资市场的明智之举。

（一）抉择：摈弃还是接纳？

公司法学者主张，企业通过向银行贷款进行债权方式融资成本很多且不易得到，严重制约着企业的发展，且传统意义上的普通股股权融资风险过高，无法保障投资者收益，阻碍了一部分投资者的热情。而种类股灵活多样的设计能够为公司融资提供多种选择，公司可以设计包括公司利润分配优先权、转换权、表决权等权能不同、种类不同的股份，以消除或减轻投资风险吸引投资，这一优势在创业企业尤为凸显。种类股同时满足了创业企业和私募投资基金的双重需求：创业企业可以设置公司利润分配优先、剩余财产分配优先的种类股吸引风险投资者；创业企业还可以设置一类附带拒绝权的种类股，在董事选任、企业并购或股利分派等关键事项上，约定必须经过该种类股股东大会的决议；创业企业的种类股还可以附带可转换权，公司运行良好进行上市时，风险投资者可将其转化为普通股，以实现自身利益最大化。[53]

因此，公司种类股制度作为提升我国《公司法》竞争力的一项制度创新将是我国公司法发展的必然选择。有学者在表达这一现象时使用类别股的概念[54]，类别股被认为是股权的各项子权利可相互分离、重新组合，使股东权利在某些方面有所扩张或限制，具有债权和股权的双重属性，从而可以将对财产收益权或表决控制权有不同偏好的投资者容纳到同一公司中的一种法律制度。它的属性与功能特别适合风险投资者解决在投资中小企业时所面临的信息不对称与不确定性问题。投资者和企业通过分割投资者的经济利益和对公司的事实治理权，实现控制权与财产权的博弈，合理分配股东之间的利益和风险。不仅为公司融资创造了巨大空间，更深层次的是，对于商事组织法层面的制度创新及其相关制度完善，诸如股权价值理念的变化、丰富股东平等原则的内涵、公司法信义义务的演进与分层、法律强制与公司章程自治的互动增强都具有重要价值。[55] 而优先股则是种类股或类别股中最典型的股权类型。

肇始于 20 世纪并延续至今的公司治理代理理论，基于对公司管理层漠视股东权利和滥用代理权以中饱私囊的忧虑，对公司两权分离背景下的越权代理和不适当代理问题设计了严密的防范机制。而传统的代理理论是基于一种股东"同质化"的逻辑假定并以无差异的资本作为股份公司内部权力配置的唯一标准，以使股东可以基于股份享有"同质"的公司利益。实际上，不同的股东除了在持股数量上具有明显不同外，无论就其对公司的利益诉求，还是就其对公司的关切度，甚或是其权利行使的方式和行使途径，都存在明显的差异。[56] 也就是说，作为无差异的资本单位——股份，其能够成立的前提是股东"同质化"的假设，但现实的存在却是股东异质化。实际上，在公司这样一个法律拟制的工具中，法律在实现投资人、债权人以及其他利益相关者的治理时进行了多道程序的拟制，将公司的财产利益和表决权进行份额切分和标准化，将股东同质化的拟制即是其一。这样规范的后果就是股东在公司中拥有了一种可以被清晰界定的利益，可以按照他们的持股数量赋予其相应比例的对公司财产的受益权和对公司剩余利润的索取权。但这种拟制不仅造成了多年来公司法理论一直争议的问题，也在客观上造成了投资人投资实业的冷淡以及企业融资局面的困顿。投资人投资目的、喜好、能力的整齐划一、投资人按照股权份额实现对企业控制力的立法技术设计，也脱离了投资领域的实践。

一直以来，许多国家或地区的公司法根据实际情况做出调整，或背离该规则进行权宜的制度构造或者作出原则规定预留下相应的空间。实践中则不断创造出具体权利行使与股东资格分离、股权的投票权与收益权分离以及股东权具体权利受制于非股权安排等股东权利分离的诸多形态，即多类别股份样态。从投资者的角度来讲，市场经济中活跃的主体有着不同层次，类别股份制度满足了其不同的投资需求，并且可以依从投资者自我保护的考虑自行设定权利义务，从而实现小股东权益保护。从公司自身的角度出发，私募股权投资制度提供了银行资本以外的多种融资渠道，实现控制权和经营权的分离和公司有效治理，也有助于公司在处于险境时防御敌意并购。

我国《公司法》虽无特别股的相关法律规定，但在公司法学理上对特别股一直以来有所研究，尤其是近几年以来学者论著中出现"类别股"、"种类股"的概念⁵⁷，反映了在我国推行资本多元化的今天，我国证券市场已经具备股权集中、所有权与经营权分离、投资者多样化等条件，为设置类别股制度提供了理论储备与实践基础。同时，我国的公司法面对多变国内市场和残酷的国际竞争，已经表现出制度供给不足。正如私募股权投资的实践所揭示的，借助离岸司法管辖区"搭便车"的各种交易架构不但给中国的税基、国有资产和监管效率造成了巨大的伤害，也带走了大量的流动资金，并涉及针对人民币资产的洗钱活动。虽然有学者认为，发达的证券市场、低税率的简单税制、适应市场的破产法和健全的司法体系是形成活跃私募市场的四大主要因素。而中国的资本市场以银行为中心，包括公司治理、投资者权利保护、法律实施和司法制度在内的法律体系很不完善，从而无法在理论上培育和"孵化"私募投资活动。然而，令人惊奇的是，中国的私募投资活动异常活跃，市场吸收私募投资额在世界范围排名第二，仅次于美国。⁵⁸ 在投资者看来，正如凯雷集团创始人 David Rubenstein 所预言的"十二亿的人口和在过去十年间的超速经济增长，使得在中国投资的机会和企业成长潜力是世界上任何地方所无法比拟的"。⁵⁹

因此，资本逐利的本性决定了投资人在市场的选择上并非理性的法律人所能预断的。私募投资对中国的重要性在于，它能够给中小企业提供充足的资金支持，创造更多的就业和发展机会，并且激励公司参与创新和竞争。现实告诉我们，对私募股权投资的摈弃抑或是接纳，已是市场与社会积累到一定程度的必然结果。这种"需求适应型"法律变迁模式[60]是法律服务于社会生活目的之本意，已不由得法学家作出选择，法学研究者所需要做的就是尊重社会及经济发展规律，尊重人类社会活动的生产实践，构建一条适合私募投资健康发展的"中国式"之路，除了调整一系列切实有效的政府监管举措，在法律制度上完善一系列技术构建，使之既符合该类交易运行环境之需又切合中国国情的实际才是问题的根本。

（二）借鉴：比较法上的实践

私募股权投资起源于美国、发展繁荣于美国，美国私募业的成功是"原生态"的，是根植于美国经济制度的融资模式的成功。[61]其实，在美国，对股份功能的切割也历经了一个逐步认识的过程。在1800年以前，美国公司的设立采取特许方式，大部分公司未采用一股一权的股权形态。1918年后，很多公司才开始了双层融资（Dual Class Capitalization），发行两种股票，一种是一股一权的普通股，另一种是无投票权股。直到1971年在 Stroh v. Blackhawk Holding Corp. 一案中，法官针对发行无表决权优先股的正当性进行了深刻的阐述并得出结论：股权中的参与公司管理和控制权利、获得经营盈余和利润的权利，以及取得分配资产的权利，三者是可以分离的。一个股份不必然需要这三者是完整和对称的。**62** 优先股制度的完善是证券市场发展繁荣、投资者多元化、创业企业崛起并成为资本栖身逐利的良好环境等多种因素的结合，当然也与美国司法环境甚至民众的意识形态息息相关，其为美国经济发展壮大所作出的贡献是居功至伟的。所以，各主要发达国家都纷纷效仿并结合本国国情在公司法上规定了灵活的种类股制度，以提升本国公司法律环境的竞争力，从而推动公司法制的现代化。尤其最近，以日本为首的大陆法系国家，为了提高公司融资的方便，进而提高公司的竞争能力，在种类股多样化方面，通过立法修改，已达到很高层次，基本已向美国自由化优先股制度看齐。

以立法模式划分，目前世界各国对种类股的立法主要有两种：一种是美国、英国的自由模式，公司法基本不限制股份的权利内容，只是概括性地规定股份的种类，具体由公司根据章程规定发行有关利润分配、剩余财产分配、表决权及董事选任等方面权利内容不同的各种类型的股份。另一种是以日本、韩国为代表的法定模式，以成文法典的形式规定公司可发行的类别股的类型，公司不能自由创设股份的权利类型，只能在法定的种类股类型范围内设定具体的权利内容。

1.美国、英国为代表的自由模式

根据美国《标准商事公司法》规定，公司的章程应该明确规定股票的种类，每一种类不同系列的股票，以及公司被授权发行的每一种类每一系列股票的数量。如果授权公司发行的股票不止一种类型和系列，公司的章程应该规定股票的名称，并且在发行股票之前，公司应该对其优惠、限制以及相关的权利作出规定。除当次允许的变动外，必须规定同一种类或系列的任何股票具有相同的优惠、限制以及相关的权利。此外，《标准商事公司法》还规定了可由董事会决定发行的各类股票或各系列股票的条件。主要包括：第一，如果公司章程作出规定，董事会经授权可以在不经股东同意的情况下将未发行的股票分成不同种类或不同序列的股票或将未发行的任一种类的股票重新分成不同种类或不同序列的股票，或将未发行的任一种类的任何系列的未发行的股票重新分成不同种类或不同序列的股票。第二，如果董事会根据上述规定行事，那么董事会应该在任一种类的股票发行前，确定该类股票的优惠、限制以及相关权利，或在任一系列的股票发行前，确定一类股票中该系列股票的优惠、限制以及相关权利。并且公司必须向州务长官递交修正条款以作备案，该修正条款规定了董事会决定发行的各类股票或各系列股票的条款。

在英国，也是通过公司法赋予公司通过章程权力的方式允许其设立不同权利内容的股份。在英国2006年《公司法》出台以前，法律并没有对于公司股份类别的划分标准进行细节化的规定，也没有做出统一的"类别股"的解释。英国1985年《公司法》在第94(6)条，针对股东优先购买权做出规定：当附于股份上的权利，如股息分配、资本发行等方面的投票权相同，或具有相同的决策权，那么它们可被认定为统一类别股份。根据这一规则，依附于股份之上的权利是否相同，成为判定股份是否同一类别的准则，并在判例中多有体现。在此期间，最为典型的案例是1986年Cumbian Newspapers Group Ltd. v. Cumber land & Westmorland Newspaper and Printing Co. Ltd. 案。Scott J. 法官就被告Westmorland公司类别股权利变更行为合法性的剖析，深刻地揭示了"类别股份"的含义。Scott J. 法官认为，只要是组织大纲或章程明确规定授予部分而非全部股东的且具有股东功能的权利和利益，均属于附于类别股份之上的权利，亦即类别权利。这里所指的"具有股东功能的权利"，除了获取股息、参与公司管理、资本金返还及剩余资产分配三类权利外，还包括了在股份发行、转让、持有时股东享有的特殊权利等。[63]

其实，在美国，存在大量的关于规范优先股运行的程序性制度。除了《公司法》明确了优先股的法律地位，"美国风险投资协会"提供一套风险投资的"示范法律文本"，包括国际私募股权投资范本（Term Sheet）、股票购买协议、公司章程、投资者权利协议、投票权协议、优先购买权与共同购买权协议、管理者权利、赔偿协议、示范法律观点九份。[64]另外，私募股权投资合同的投资方一旦完成投资款的交付就成为资本的权利人，因而投资合同是一种获取权益的证书得到法律的特殊关照，符合一定条件的"投资合同"属于"证券"的范畴，必须向证券和交易委员会（Securities and Exchange Commission）注册并履行信息披露义务。[65]可见，优先权及衍生权的合法地位是由公司法授权公司章程自治，但辅之以若干配套的程序性规范如公示制度及相关信息披露规则为必要的。

2.以日本为代表的法定模式

大陆法系国家的立法是以日本为典型的法定模式：对于类别股的种类分别作出规定供投资者选择，但法律关于发行条件、发行程序和比例均作出限制性规定。例如，日本公司法中明确列举的类别股有十种之多，可以供风险投资家与企业家灵活使用。根据《日本公司法典》第一百零八条的规定，股份公司可发行的不同种类的股份包括优先股和劣后股。优先股是按照章程或者股东大会确定的股息率，可以在普通股分红之前优先分取股息的股份。股份公司发行优先股时又可以根据需要发行累积优先股或非累积优先股。公司还可以根据需要发行参与优先股和非参与优先股。参与优先股可在按约定的比例分得股息之后，继续参加普通股的分红。累积优先股和非累积优先股，以及参加优先股和非参加优先股之间还可以有不同的组合，但法律关于发行条件、发行程序和比例均作出限制性规定。例如，《日本公司法典》规定，当股份公司发行特别股包括优先股时，表决权限制类股即无表决权优先股和限制表决权优先股的总数超过公司股份总数 1/2 的，公司必须立即采取措施，将表决权限制类股份数量控制在已发行股票总数的 1/2 以下。[66] 在其他国家立法中类似的规定，例如《法国公司法》第 228—11 条第 3 款无表决权优先股不得占有公司一半以上的资本；在股票准许进入规范市场交易的公司，无表决权优先股不得占有公司四分之一以上的资本。[67]《意大利民法典》第五章"公司（合伙）"第 2351 条每张股票都享有表决权。但是，设立文件可以规定在股息分配以及在公司解散偿还本金时享有优先权的优先权股在本法第 2356 条规定的情况下享有表决权。限制表决权的股票不得超过公司资本的半数。[68] 再如，我国台湾地区《公司法》第 269 条规定，公司有下列情形之一者，不得公开发行具有优先权利之特别股：一、最近三年或开业不及三年之开业年度课税后之平均净利，不足支付已发行及拟发行之特别股股息者。二、对于已发行之特别股约定股息，未能按期支付者。此外，大陆法系国家还普遍从类别股的创设方式、权利享有和变更等有严格的程序规定。各国修法的过程无疑都是在全球经济国际化背景下的公司法律制度完善，是对美国优先股制度结合本国国情所进行的变通。

（三）结论：确定名分，有序规范

法律制度特别是公司法不健全的国家一般会采取两种范式革新法律规范。一是"移植"（Transplant），将他国更良好的规则和制度融入自己的立法和司法体系；二是借鉴，结合本国的实际情况对他国的规则和制度进行改良。在借鉴或移植的过程中一定要结合本国国情并综合考虑影响这一制度运行的各种因素。例如，法国和德国在对美国成熟经验借鉴的过程中，在 20 世纪 80 年代成立了中小型公司的股票交易所，但这些交易所最终都以失败而告终，或是倒闭，或是被边缘化。我国优先股制度正处于试点阶段，从立法者颁布的一系列试行办法可以看出其保守性，尚无允许公司发行多层次优先股以及相互转换的权利渠道。虽然立法者出于谨慎尝试和警惕风险的初衷是良好的，但这完全背离了优先股作为一种灵活融资工具在融资方面的功能。尤其是其目前在中国公司法地位缺失导致私募投资行为无序及合同效力判定上所存在的不确定性，使这种处于"灰色地带"的合同条款势必成为投资领域实践与制度创新的巨大障碍。

面对多变的国内市场和激烈的国际竞争，从我国《公司法》的相关法律条文以及往年《公司法》修订变化的内容中，可以看到《公司法》在我国设置种类股制度留有法律空间。私募股权投资中引进优先权制度正是提升我国公司法竞争力的一项制度创新，是我国公司法制现代化的必然选择。该制度中权利架构来自于当事人意思自治，其过于灵活的特点不可避免地发生优先股股东之间的权利交叉及利益冲突问题，也会因目标公司上市的原因导致对社会公共利益的影响。因此，在对优先股制度中各方利益的保护，确实需要法律的强制性规定作为最基本的原则。但如果对这一实践中广泛采用的交易模式一味否定，无异于掩耳盗铃。而目前法律盲区下的频繁交易现状更是引人深忧。从某种意义上说，公司作为标准化法律形式的成功就在于其资产的可分割特性以及因这种特性产生的交易便捷，私募股权投资合同中当事人约定的股权及衍生权利一定程度上改变了资产的标准化特征，如仍旧保持其股权功能本色则必须实现规范上的治理。虽然近年来，英美法系国家章程自治思想对我国公司法的影响也越来越大，并且在《公司法》的修改中立法者的本意也是要赋予公司更多的自治权，《公司法》的授权性规范逐渐增多，但"为公司松绑"的呼声一直未曾间断。长期以来，公司法强制性规范过多，公司章程往往被设置成为形式化的公司文件，千篇一律，导致公司内部的制度结构"千人一面"，没有发挥章程应有的功能。在未来《公司法》的立法完善中，其难点就在于如何妥善处理商人自治与法律强制、公司章程与行政规章、行政规章与《公司法》之间规则协调与制度衔接问题。私募股权交易实践最终会推动公司法的进一步改良：在借鉴他国公司法相关立法实践的基础上，在公司法明确优先股制度的同时，厘定公司章程的法律性质及公示效力，完善投资者保护、公司治理、信息披露规则，引导私募股权投资行为在法律规制的轨道上健康有序发展。

注　释

1　2008 年 9 月，金融危机全面爆发之后，美国证券市场上股指全面下跌，投资者信心受到严重打击。在此情况下，美国政府宣布了一个救援计划，该救援计划包括花费 2500 亿购入包括美国花旗集团、摩根等 9 家大型银行的优先股。此消息公布后，美国股市出现了将近 70 年内最大幅度的上扬。

2　彭丁带：《美国风险投资法律制度研究》，北京大学出版社 2005 年版。

3　[美] 科斯、哈特、斯蒂格利茨等：《契约经济学》，李风圣译，经济科学出版社 2003 年版，第 20 页。

4　Raphael Amit, Lawrence Glosten and Eitan Muller. Entrepreneurial Ability, Venture Investments and Risk Sharing. Management Science, 1990, 36（10）.

5　优先股制度先于私募股权投资机制而存在。在美国，优先股起源于 19 世纪 30 年代铁路公司向政府的融资中，是为满足美国铁路建设热潮巨大资金需求而做出的临时性融资安排。因其具有灵活的协议特性而逐渐引起私募股权投资和创业企业的关注。

6　Sahlman W.The structure and governance of venture capital organizations. Journal of Finance, 1990, 27.

7　Gompers. The Theory, Structure and Performance of Venture Capital（Funding）. Harvard University.

8　赖继红、石璁：《浅谈 PE 优先权及对赌协议在 PE 中的应用》，载《资本市场业务》中国法律出版社 2013 年版，第 93 页；朱小辉：《PE 投资优先权在中国遭遇法律困境》，载《资本市场》2008 年第 9 期。

9　沈朝晖：《公司类别股的立法规制及修法建议——以类别股股东权的法律保护机制为中心》，载《证券法苑》2011 年第 5 卷。

10　http://www.ceh.com.cn/cjpd/2014/05/395907.shtml.

11　张斌、巴曙松：《PE 的运作机制研究：一个文献综述》，载《财经科学》2011 年第 11 期。

12　参见施天涛：《公司法论》（第 2 版），法律出版社 2006 年版，第 243—253 页。

13　Bainbridge, Corporation Law and Economics, p.453. 转引自邓峰：《普通公司法》，中国人民大学出版社 2009 年版，第 364—365 页。

14　参见罗培新：《公司法学研究的法律经济学含义——以公司表决权规则为中心》，载《法学研究》2006 年第 5 期。

15　汪青松、赵万一：《股份公司内部权力配置的结构性变革——以股东"同质化"假定到"异质化"现实的演进为视角》，载《现代法学》2011 年第 3 期。

16　台基股份的上市申报文件《关于公司设立以来股本演变情况的说明》，来源：巨潮资讯，http://www.cninfo.com.cn。

17 此处优先股是指私募股权的特殊形态，按照美国依证券品种将私募股权划分为非标准化的优先股的做法，以及私募投资实为以非公开配售方式认购非上市公司股权行为的本质，本书倾向于将其定位为证券市场上的优先股。但从私募股权投资合同交易的权属及功能角度，实践中也有将其表达为股权优先权的习惯。在本书行文过程中，股权优先权与优先股及衍生权利形态指代同一法律现象。

18 《美国风险投资示范合同》是由美国风险投资协会（NVCA）制定的一整套风险投资合同示范文本，共包括八份文件：投资条款清单、A 序列优先股购买协议、公司章程、示范补偿协议、投资者权利协议、管理权证书格式文本、优先购买权和共同销售权协议、投票协议等。具体内容参见 http://www.nvca.org/。

19 曾智、朱玉杰、雪莲：《我国私募股权投资中引入优先股的理论解析与现实思考》，载《山东社会科学》2014 年第 3 期。

20 美国公司法学家爱森伯格（M.V.Eisenberg）将公司规则的表现形式区分为三种基本形态：赋权性规则（enabling rules）、补充性或缺省性规则（supplementary or default rules）和强制性规则（mandatory rules）。赋权性规则是指：公司的参与者以特定的方式采纳这些规则便应赋予其法律效力。补充性或缺省性规则针对特定的问题的规制，除非公司的参与者明确采纳其他规则。强制性规则则不允许公司参与者以变更的方式规制特定问题。参见［美］爱森伯格：《公司法的结构》，张开平译，载王保树主编《商事法论集》第三卷，法律出版社 1999 年版，第 390—391 页。公司契约论者认为，公司法基本上是由缺省性规则（default rules）或者赋权性规则（enabling rules）构成。因此，美国公司法是授权式立法体例，而我国原公司法是管制式立法体例。

21 汇源果汁主要业务在中国，但注册地在英属开曼群岛，公司在香港上市。

22 参见 http://www.nvca.org/def.html。

23 这只是从股权功能的主要特征上所进行的归类，是帮助读者从一个角度认识问题的方法，其分类并不存在泾渭分明的界限。

24 因股息分配上存在累积性优先股和非累积性优先股的不同，各国公司法普遍规定了与其对应的表决权复活制度。一般情况下，对非累积分配优先股采用即时复活，而对累积的分配优先股，其表决权复活的时间一般规定有一定的延迟期间。

25 2013 年《公司法》修订后此条变更为第三十四条。

26 李寿双：《中国式私募股权投资——基于中国法的本土化路径》，法律出版社 2008年版，第 26 页。

27 司法实践中，回赎请求权与回购请求权是根据提出购买股份要求的主体的不同而进行的区分。如果是控股股东或被投资公司提出要求买回投资人股份的请求称为回赎请求权，如果是投资人要求控股股东或被投资公司买回其申购的股份的请求则称为回购请求权。

28 上海市高级人民法院张凤翔法官在"公司法业务研究委员会第二次公司法日

活动暨'对赌协议效力'研讨"上的发言，参见 http://www.lawyers.org.cn/info/c7720d-280fe34a06abe7854f0e9a3c26。

29　在中国国际贸易仲裁委员会审理的 DS20150982 号合伙协议争议案中，因回购条款效力问题引发很大的争议。基金合伙人共同投资的项目失败后在清算阶段向投资人出具保本付息的承诺函被视为保底条款，并有主张该条款无效的观点。申请人一方则认为，这种保底承诺函的出具是各合伙人就合伙事务执行完毕之后，在合伙体解散过程中以意思表示方式就利益分配问题再协商，并无涉第三人利益，完全是商主体意思自治的范畴，是有效的。该观点获多数仲裁员认可。参见中国国际贸易仲裁委员会审理的 DS20150982 号合伙协议争议案。

30　参见 (2014) 中国贸仲京裁字第 0056 号裁决书；北京市第二中级人民法院 (2014) 二中执字第 622 号执行裁定书。

31　[美] 艾伦·R.帕尔米特：《公司法案例与解析》，中信出版 2003 年版，第 102 页。

32　2003 年 8 月 30 日襄樊市国企改革领导小组发布《国有金股管理暂行办法》，该办法规定：在改制企业中设立国有金股，期限为 3—5 年，国有金股为 1 元人民币，国有金股不参与企业分红，对相关重大事项享有一股否决权。该办法的制定背景为，2003 年 9 月 15 日，襄樊市市直国有企业改革领导小组以襄企改 [2003] 53 号《关于襄樊市仪表组件厂改制方案的批复》，具体内容如下：同意仪表组件厂改制，其国有经营性净资产以不低于 2131 万元价格委托襄樊市机械行业协会按规定程序对外公开转让。改制后的企业承接仪表组件厂的全部债权债务。企业改制后设立国有金股。2003 年 9 月 25 日，经襄樊市国企改革领导小组办公室批准，襄樊市机械行业协会与惠勇实业有限公司、邢雁等自然人签订《产权转让协议书》，主要内容如下：各方同意在新公司设立国有金股，并在公司章程中列入国有金股有关权利和义务；国有金股设立期限为三年，到期由国有金股持有人收回。国有金股持有人参与公司董事会和监事会，对相关重大事项享有一股否决权。参见台基股份的上市申报文件《关于公司设立以来股本演变情况的说明》，来源：巨潮资讯，http://www.cninfo.com.cn。

33　值得注意的是，人合与资合的区分仅具有理论意义，具有一定的相对性。在实践中，是资合还是人合要看企业的具体情况。譬如，按照公司法理论上的规范，股份有限公司本应该是资合公司，但是如果股东人数较少，股东兼任董事或高级管理人员，其人合性就很强；而有限责任公司如果人数众多，彻底实现了所有权与经营权的分离，亦可显现出完全的资合性特征。

34　"汇源果汁"收购案：汇源果汁是一家离岸注册公司，收购前"汇源果汁"股权结构中，汇源控股、达能和华平基金持股比例共已超过 70%。2008 年 7 月，达能、华平和汇源控股签订《股权转让备忘录》约定，若作为风险投资方（华平基金、达能）在其认为第三方以合理条件收购其股份时，风险投资方有要求其他股东随同自己将公司股权一起出售的权利，即拖售权条款。虽然达能、华平基金所持有的股份合计还没有汇源控股持股多，但对于可口可乐仅收购达能、华平基金股份无实际意义，因为毕竟不能享有公司的控股权，但通过拖售权其即可实现购买公司控股股权的目的。"此次汇源全盘出售是因为朱新礼中计签署了汇源控股、达能、华平投资三方捆绑转让股份协议，不与达能和华平一致行动就要支付天价赔偿。如果真是这样，这个结果对朱新礼本人无疑是个大悲剧。"参见梅新育《不希望看到更多汇源并购案发生》，http://news.163.com/08/0912/11/4LKU1LV6000120GU.html。

35　参见 1997 年中国证监会发布的《上市公司章程指引》第四十一条的规定。

36　《上市公司收购管理办法》第六十条规定："进行上市公司收购的股份持有人、股份控制人、一致行动人，其所持有、控制被收购公司已发行的股份数量应当合并计算。"

37　但该行为是否会造成其他股东的侵害，一直备受实务界质疑。对交易结构下利益冲突的分析请参考本章股权优先权类型化下的讨论。

38　参见《Filmloop 倒闭内幕：被投资人无情抛弃》，http://www.techweb.com.cn/finance/2007-02-21/157306.shtml。

39　姚荣武：《创业者应注意的拖售权及行使》，http://mp.weixin.qq.com/s?__biz=MzA4NTA4ODIyMw==&mid=202777153&idx=1&sn=23beb2a5d890a7addaf1b530adbd424d。

40　例如前文案例中提到的达能集团，本是一个业务极为多元化的跨国食品公司，但该公司投资团队有极强的现代投资权益的自我保护能力，并善于充分运用私募投资规则猎取了高效利益，在达能入资汇源果汁后则通过反稀释条款，使汇源在初期的后续融资中无奈将达能股份从不到 20% 增加到 24% 以上。

41　所谓"完全棘轮"调整，是指公司后续发行的股票低于 A 序列优先股当时适用的价格，则 A 序列投资人的优先股的实际转化价格降低到新的发行价格。适用棘轮条款时，企业原先的投资者将获得足够的免费股票，从而将他购买股份的每股平均价格摊薄至与新投资者购买股份的价格一致。所以，棘轮条款的一大特点是不考虑新发行股份的数量，而只关注新发行股份的价格。因棘轮条款是最大限度地保护原投资者的条款，在私募股权实践中，多数私募股权基金都会要求适用棘轮条款。在实际操作中，基于不同的交易结构与交易特点，棘轮条款还常常与认股权或可转换优先股等结合起来使用。例如，在实施认股权时附送额外的股票，或是在优先股转换时获得额外的股票或采取更低的转换价格。例如，某企业 A 轮融资 200 万美元，按每股优先股 1 美元的初始价格共发行 200 万股 A 系列优先股。由于公司发展不如预想中那么好，在 B 轮融资时，B 系列优先股的发行价跌为每股 0.5 美元，则根据完全棘轮条款的规定，A 系列优先股的转换价格也调整为 0.5 美元，则 A 轮投资人的 200 万优先股可以转换为 400 万股普通股，而不再是原来的 200 万股。由于棘轮条款使得公司经营不利的风险很大程度上完全由企业家来承担了，对普通股股东有重大的稀释影响。为了使这种方式不至于太过严厉，有几种修正方式：（1）只在后续第一次融资（B 轮）才适用；（2）在本轮投资后的某个时间期限内（比如 1 年）融资时才适用；（3）采用"部分棘轮（Partial Ratchet）"的方式，比如"半棘轮"或者"2/3 棘轮"，但这样的条款都很少见。

42　所谓"加权平均"调整，是指公司后续发行的股票低于 A 序列优先股当时适用的价格，那么新的转换价格就会降低为：A 序列优先股的初始转换价格和后续融资发行价格的加权平均值，也就是说，在调整 A 序列优先股的转换价格时，不仅要考虑新发行的股份价格，还要考虑其发行的股份数量所占的权重。加权平均条款的使用可以用公式表示：A= 原有投资者在获得免费股份补偿后形成的每股价格，B= 原有投资者购买股份的每股价格，C= 新发行之前公司的总股份数，D= 假设采用新发行之前每股价格的情况下，新发行总价款可以对应获得股份数量，及新发行总价款 / 新发行之前每股价格，E= 新发行之后公司的股份总额，A=B×（C+D）/E。加权平均条款有两种细分形式：广义加权平均（broad-based weighted average）和狭义加权平均（narrow-based weighted average），区别在于对后轮融资时的已发行股份（outstanding shares）及其数量的定义。（a）广义加权平均条款是按完全稀释方式定义，即包括已发行的普通股、优先股可转换成的普通股、可以通过执行期权、认股权、有价证券等获得普通股数量，计算时将后续融资前所有发行在外的普通股（完全稀释时）认为是按当时转换价格发行；（b）狭义加权平均只计算已发行的可转换优先股能够转换的普通股数量，不计算普通股和其他可转换证券。广义加权平均时，完全稀释的股份数量很重要，即包括所有已发行和将发行的股份（优先股转换、执行期权和认股权、债转股等），企业家要确认跟投资人的定义是一致的。相对而言，狭义加权平均方式对投资人更为有利，公式中不把普通股、期权及可转换证券计算在内，因此会使转换价格降低更多，导致在转换成普通股时，投资人获得的股份数量更多。

43　李寿双：《中国式私募股权投资——基于中国法的本土化路径》，法律出版社 2008 年版。

44　宣颐、赵美珍：《美国风险投资优先股制度的演进与运用》，载《经济导刊》2011 年第 10 期。

45　廖大颖：《公司法原论》，台湾地区三民书局 2009 年版，第 115 页。

46　参见台湾地区《公司法》第 157、158、268 条 1 (7)、台湾地区《证券交易法》第 28 条之 3 (1) 及台湾地区《公司法》第 130 条第 1 项之规定。

47　赵旭东：《公司法学》高等教育出版社 2003 年版，第 277 页。

48　任尔昕：《关于我国设置公司种类股的思考》，载《中国法学》2010 年第 6 期。

49　朱慈蕴、沈朝晖：《类别股与中国公司法的演进》，载《中国社会科学》2013 年第 9 期。

50　梁胜、易琦：《境外优先股法律制度比较研究》，载《证券法苑》2013 年第 8 卷。

51　宣颐、赵美珍：《美国风险投资优先股制度的演进与运用》，载《经济导刊》2011 年第 10 期。

52　任尔昕：《关于我国设置公司种类股的思考》，载《中国法学》2010 年第 6 期。

53　任尔昕：《关于我国设置公司种类股的思考》，载《中国法学》2010 年第 6 期。

54　当某些股份承载的权利与其他股份承载的权利不同时，这类股份就构成了类别股份。股份构成一个类别进而享有类别股的特殊保护，需要具备三个要件：第一，附于股份之上，依凭股份而生。第二，不同于其他类别的权利。也就是说，具有某种优先权利或限制权利。第三，章程强制记载或者以其他合法的方式进行公示。可参见 Palmer's Company Law, Volume 1, p.6010, London, Sweet & Maxwell/W Green, [3] 1995; Eilis Ferran: Company Law and Corporate Finance, p.333, New York, OxfordUniversity Press, 1999; Geofrey Morse, Company Law（Fourteenth Edition）, p.259, Sweet & Maxwell/Stevens, 1991; Janet Dine; Company Law, 4th edition, 影印本，法律出版社 2003 年版，第 295 页。

55　朱慈蕴、沈朝晖：《类别股与中国公司法的演进》，载《中国社会科学》2013 年第 9 期。

56　汪青松、赵万一：《股份公司内部权力配置的结构性变革——以股东"同质化"假定到"异质化"现实的演进为视角》，载《现代法学》2011 年第 3 期。

57　代表性的如朱慈蕴、沈朝晖：《类别股与中国公司法的演进》，载《中国社会科学》2013 年第 9 期；任尔昕：《关于我国设置公司种类股的思考》，载《中国法学》2010 年第 6 期；刘胜军：《类别表决权：类别股股东保护与公司行为自由的衡平》，载《法学评论》2015 年第 1 期；刘小勇、周朴雄：《创业投资中类别股份的利用与公司法制的完善》，载《证券市场导报》2011 年 6 月等。

58　沈伟：《中国公司法真的能"孵化"私募投资吗？——一个基于比较法语境的法经济学分析》，载《现代法学》2014 年第 3 期。

59　http://blog.washingtonpost.com/washbizblog/2007/10/carlyle_group_cofpunder_outlin.html.

60　参见［美］米尔霍普、［德］皮斯托：《法律与资本主义》，罗培新译，北京大学出版社 2010 年版，第 248—249 页。

61　沈伟：《中国公司法真的能"孵化"私募投资吗？——一个基于比较法语境的法经济学分析》，载《现代法学》2014 年第 3 期。

62　邓峰：《普通公司法》，中国人民大学出版 2009 年版；何美欢：《公众公司与股权证券》，北京大学出版社 1999 年版。

63　蒋雪雁：《英国类别股份制度研究（上）》，载《金融法苑》第 72 辑，中国金融出版社 2006 年版。

64　http://www.nvca.org/index.php?option=com_content&view=article&id=1088dtemid=136.

65　Securities and Exchange Commission v.W. J.Howey Co., 328 U.S.293（1946）.

66　梁胜、易琦：《境外优先股法律制度比较研究》，载《证券法苑》2013 年第 8 卷，第 426—445 页；王保树主编：《最新日本公司法》，于敏、杨东翻译，法律出版社 2006 年版，第 101 页。

67　参见《法国公司法典》（上册），罗结珍译，中国法制出版社 2007 年版。

68　参见费安玲等译：《意大利民法典》，中国政法大学出版社 2004 年版。

第六章

交易标的物特殊性及问题（下）

——基于合同法上的认识

　　在私法领域，私法自治原则是处于民法核心地位的基本原则，是民法基本理念的体现。民法最重要的使命就是确认并保证民事主体意思自治的实现。但在民事主体实现自由的法治之路上，意思自治与国家干预也是从来并行不悖的，国家干预主要表现为基于法律正义价值目标的追求，通过强制力手段对权利体系施以干预和制约。在法律适用角度，体现为民事行为不得违反诚实信用原则、公序良俗原则为限度，具体体现为《合同法》第五十二条违反法律强制性规定的行为无效。在对违反法律强制性规定的行为认定的过程中，即出现了对具体法律规范性质的识别，这也是一直困扰法学理论和司法实践的一个难题，往往不仅是对法律语言、规范类型、价值取向多个方面的分析，还包括对交易本身所附带的问题的解读。即便如此，在具体的裁决中，由于这种识别和价值判断均建立在裁判者个人智识基础之上，其认识往往并不相同。例如，在"世恒案"中，三级法院对《增资协议书》第七条第（二）项部分一致作出该约定内容因违法而无效的认定，其相应的裁判文书中所引用的法律依据也均为"违反《中华人民共和国合同法》第五十二条第（五）项之规定"，"应认定无效"，但对何种情形属于《合同法》第五十二条禁止性规定的理解，三级法院法官均根据个人的理解做出了截然不同的诠释。至少从表面上看，这均源自于对具体法律规范性质的不同理解。一审法院认为"海富公司有权要求世恒公司补偿的约定损害公司利益及公司债权人的利益，违反了《中华人民共和国公司法》第二十条第一款的规定"；二审法院认为，"海富公司要求世恒公司及迪亚公司以一定方式予以补偿的约定，则违反了投资领域风险共担的原则，使得海富公司作为投资者不论世恒公司经营业绩如何，均能取得约定收益而不承担任何风险……是明为联营，实为借贷，违反了有关金融法规，应当确认合同无效"。由此可见，不仅何为"法律的禁止性规定"认识不一，实践中对于某一规定是不是禁止性规范的看法也不同，理论上更存在诸多关于强制性规范区分和界定的争议。但就私募股权投资交易而言，在实践中，针对《合同法》第五十二条"强制性规定"的理解与适用上，从优先股合法性的角度，诸如《公司法》第二十条、第二十一条、第三十五条、第七十二条、第一百三十四条、第一百三十八条、第一百六十七条、第一百八十七条、第二百一十八条，《中外合资经营企业法》第八条、第二十条、第九十四条，《中外合作经营企业法》第二十一条、第二十三条，《合伙企业法》第二十三条、第三十三条、第三十四条、

第四十二条、第四十三条、第七十四条、第六十九条、第八十九条等，均被理解为强制性规范，其否定合同效力的角度更是广泛得到从合同合意要件到程序要件的各个方面。因此，从合同效力评判法律适用的角度，由于公司法律制度的管制性质导致大量具有"国家干预"色彩的法律规定存在，这些规定极易被识别为合同法强制性规范的来源。

如果不是以《合同法》第五十二条就事论事的角度，在合同法理论上如何考虑私募股权当事人这种以意思自治架设的利益结构的协调机制呢？在这一系列协调机制和原则下，又存在哪些私法上的问题应为《公司法》重新审视和厘定呢？

一、传统民法对法律规范的分类方法

私募股权投资合同是投资人与目标公司（或控股股东、实际控制人）之间就投资行为所涉事项的约定，由于所涉事项不仅包括交易价格和支付方式的约定，还包括股东之间风险负担及利益分配的解决机制，因为契约的外部性特征涉及与公司治理结构相关的各利益相关者、公司债权人的关系。估值调整机制及优先股的权利衍生机制使得私募股权投资法律关系具有多元性及多重性特征，从合同订立阶段的交易关系到合同履行后的股东之间利益关系及公司治理关系一直处于可能的调整和变动中，这是私募股权投资合同法律结构的特点。

一般而言，交易关系所规范的具体行为波及的利害关系仅及于行为当事人，因此，原则上应尊重当事人意思自治而受私法原理支配。由是观之，优先权条款的设置是在股权交易基础上通过优先权的功能实现企业家和投资人之间的利益分配，本应属于商事主体意思自治范畴。但事实却更加复杂。由于优先股虽设定于相对民事主体之间但却根植于公司治理结构中，利害波及者众，其法律效力在实践中经常受到质疑，这种质疑主要集中反映在这样几个问题上：首先，其股权价格面临多次调整，例如价格计算过程中的估值调整、反稀释条款执行中的价格补偿或股权调整，这种调整的结果即为支付补偿款。补偿款的出处或者说来源会动摇资本公积，是否导致公司权益受损并致公司偿债能力降低从而损害债权人利益，接受是否属于"侵犯公司和债权人利益"的拷问；其次，优先权中的回购权本质是股权转债权，其直接的后果就是公司注册资本金的减少，从而又产生如下的思维模式：这种行为致使公司财产减少——致使公司偿还债务能力降低——致使损害债权人利益；再次，在普通股与优先股的分配机制上，法律架构的公平性在于：享有优先权的股东不再享有普通股股东的表决权。但私募股权投资中灵活的合同执行机制不仅改变了这一规则，而且导致类别股权、类别权利和类别股东的界定不清，连股权与债权的界限也已经模糊，这是否违反公司法关于股东同质及股份同一的基本原理，是否侵害交易主体之外的其他人的利益，甚至有损社会公共利益（金融秩序）；另外，优先权中的诸多约定在规范双方利益的同时往往涉及特定或不特定第三方的利益，造成极大的不公平甚至损害他人利益。这些问题的产生均是基于交易结构及交易产品的特殊性所致，而目前的公司法律制度并未为这类特殊性问题设置相应的规制方法及衡平规则。虽然书中已用大量笔墨对上述进行了解说，但难免陷入以投资人答辩角色的自圆其说。若欲从根本上解决这一问题，还应回到对问题根源的认识和讨论上。

民法理论所架构的一系列协调规则，不过是对特定类型冲突的利益关系进行归纳并借助不同功能的法律规范来实现对社会的治理。这一系列协调机制及规则的建立，就是一个利益取舍或利益排序的过程。因此在民法世界里，法律技术需要对民事法律事实——引发民事主体与民事主体之间利益关系变动以及民事主体利益与公共利益之间关系变动的原因进行归纳、抽象和概括。仅就特定当事人的表意行为引起民事法律关系变动的事实——对民法协调的利益关系所作的类型区分，并对交易关系背景下的利益关系的类型化，即将交易关系背景下民事主体与民事主体之间的利益关系区分为：交易各方当事人之间的利益关系、交易关系当事人与交易关系以外特定第三人之间的利益关系，以及民事主体的利益与公共利益之间的关系。概而言之，具体包括：第一类，仅涉及合同关系当事人与对方当事人之间利益关系冲突，与外人无涉的交易类型；由于合同关系的当事人对自身利益关系所作的安排在某些情况下会产生外部性，势必会影响到合同关系以外某个特定第三人的利益，这就是第二种类型；第三类，合同关系的当事人对自身利益关系所作的安排产生外部性，并影响到国家利益及社会公共利益；第四类，合同当事人与对方当事人的利益关系处于变动状态，有时仅涉及合同关系当事人之间的利益安排，有时则涉及合同关系当事人的利益与社会公共利益之间的关系。因此，法律在对不同类型的冲突关系进行调整时适用不同的规则，借助不同的法律规范类型。按照这个逻辑，上述私募实践中所质疑法律问题的解决可以沿着这样的思考路径：首先，私募股权投资合同架构的优先股的不同利益类型需要有一个类型化的区分，即哪些是在投资人和目标公司（或实际控制人）相对主体之间利益结构的分配；哪些除了调整投资人和目标公司（或实际控制人）相对主体之间利益结构之外，还涉及其他股东利益及债权人利益等，另外还有哪些利益结构的安排触及国家利益及社会公共利益等。

在公司法上，也存在一系列规范公司股东、高管行为及涉及公司治理功能的法律规范，可简单区分为任意性规范和强制性规范。一般认为，对于纯商事主体之间的风险及利益分配问题，纳入授权性规则范畴法律不加干预；对于风险及利益分配波及其他主体利益的，公司法区分规范的一种重要工具就是公司章程及工商登记的公示效力；对于涉及其他股东利益及债权人利益的优先股，取决于公司章程的约定；对于触及社会公共利益及社会秩序的，则应纳入强制性规则范畴加以干预。在这里，特别强调关于公司章程法律性质的重新解读，并重视在私募股权投资行为规范过程中对公司章程法律地位的认识。

通过上述《合同法》及《公司法》对私募股权法律关系的不同规范功能的简要分析，或可感知到此类问题的症结所在。下面笔者就尝试以此为方向对上述优先股利益关系重新归类，以作出有利于问题解决的探讨。

二、法律规范类型化下股权功能对交易关系的利益划分 [1]

根据上述逻辑，为有利于法律适用规则及规范的识别，我们可以根据不同类型优先权调整利益关系的内容对其进行这样的归类划分：

（一）仅涉及交易主体双方的利益类型

1. 优先分红权

优先分红权是指在公司宣告分派红利时，优先股股东有权优先于普通股股东取得红利的权利。在私募股权投资合同缔结的过程中，优先分红权虽表象上来自于投资人与大股东之间的约定，实际上是代表着优先股股东和普通股股东之间的权利义务关系。且该权利行使于公司宣告分派红利时，是两类按股份性质及数额享有权利的民事主体之间的利益冲突协调机制，并不影响参与公司共治事务的其他主体的利益，属于优先股下交易结构第一种类型。

2. 回赎权

回赎期权是指目标公司或其实际控制人以事先约定的价格买回投资者所持有的全部或部分被投资企业的股份的情形。按照冲突利益结构的不同，可以分为实际控制人回赎和目标公司回赎两种情形。实际控制人一般为目标公司的大股东，在投资人与实际控制人约定回赎的情况下，是仅涉及双方主体之间的权利义务关系的利益关系类型。当投资人与目标公司约定回购条款的情况下，因需要履行法定的减资程序，往往涉及目标公司其他利益主体的关系，属于第二种或第三种利益冲突类型探讨的情形。

3.优先购买权

优先购买权是指投资人有权以受让人身份享有拟出售股份股东的同等价格和同等条件购买普通股股东拟转让的全部或部分股份，这是民事优先权制度在私募股权投资交易中的体现。在既定的社会关系中，民法为了对在先权利所形成社会秩序的维护规定了优先权制度。优先认购权是投资人与目标公司形成股东关系基础上约定，在公司发行新股时股东可优先认购的一种权利，其所体现的立法目的及利益关系结构与承租人的优先购买权原理基本相同。对于承租人优先购买权的性质，虽然存在多种争论，但民法上普遍认为该制度的初衷是对一种基本社会秩序的维护，而不是对出卖人所有权的限制。目前主要的观点有：台湾学者王泽鉴先生认为优先购买权属于形成权性质，即承租人可以依一方意思表示形成以出租人与第三人同样条件为内容的合同，无须出租人的承诺，只是该权利附有条件，即只有当出租人出卖房屋给第三人时才能行使。我国多数学者认为优先购买权属于一种物权或者是具有物权效力的债权，并称之为债权的物权化现象。我国实务界是将承租人优先购买权性质确定为债权，并将其归入附强制缔约义务的请求权范畴来理解。[2] 以此推论，投资人的优先购买权确定为债权并归入附强制缔约义务的请求权范畴符合中国司法实践先例，其调整的是投资人（优先股股东）与普通股（股东）之间的关系。

4.优先认购权

优先认购权是指目标公司发行新股或可转换债时，投资人可以按其持有的股份数量、比例优先于其他人进行认购的权利，其调整的利益主体及利益结构与优先认购权基本一致，在此不再赘述。

5.认购期权

在私募股权投资中，认购期权是指投资人在未来确定的时间内按照一定的价格购买一定数量公司股份的权利，投资人可以在未来确定时间点或时间周期内，行使其认购期权，按照预先设定的价格购买一定数量的公司股份。这是投资人和目标公司就未来股份达成买卖的交易关系，并不涉及其他关系主体的利益，因此也属于涉及交易主体双方的交易类型。

6.加权平均调整的"反稀释"条款

从合同条款的主要目的上看，私募投资人要求反稀释条款的主要意图就是防止自己的股份在公司后续低价发行股份时贬值。由于私募股权投资时间跨度很长，谁也无法保证在公司后续发展中的再次融资时的价格，一旦出现价格下降，就意味着前期的私募股权投资人手中的股份贬值，因此"反稀释"条款是投资人的自我保护机制之一，是通过后续股份价格调整来保护自己的现有利益，因此也被称为降价融资的防稀释保护权。根据保护程度的不同，优先股的转换价格保护主要分为"完全棘轮"调整以及"加权平均"调整两种方式。"完全棘轮"虽然对私募股权投资人十分有利，但却会对公司、控股股东以及后续投资人均产生较大影响，属于对第三人利益有影响的交易结构。而加权平均调整的"反稀释"条款"加权平均"调整考虑到后续发行股份的比重，同时又在全面稀释的基础上确定计算均值的股票数量，是对目标公司再融资情形下造成的对在先稀释股权一种补偿，这种补偿条款并不侵犯他人利益，是由投资人和其他股东一起共同承担稀释带来的影响的约定，在公司章程有明确约定的情况下则可归结为普通股与优先股股东的利益冲突结构，应归入调整交易主体双方的利益类型。

（二）波及特定第三人利益类型

表决权、重大事项否决权、知情权均是私募股权投资人基于对公司控制权的角度，通过合同形式约定的自我保护型权利类型，并不直观体现为经济利益的内容。通过这种方式，投资人享有对企业控制权的程度不是取决于其持有股份的多少，而是以来自于通过合同权利机制所决定的力量对比。在通常的公司治理模式中，企业实际控制人是通过持有公司股份的数量达到绝对优势来享有对公司控制权，因此，控制权往往来自于股东之间股份的力量权衡。《公司法》的实践证明，并不是说让持有公司股份绝对优势的股东享有公司控制权便更利于公司共治利益群体的共同利益，控股股东享有控制权也只是具备理论上的合理性，而实践中大股东往往通过控股权侵犯小股东利益。通过行使反向的决定权，私募股权投资人即可在一些与投资人息息相关的事项上掌握一定的控制力。另外，投资人把诸多重大事项的否决权握在手上，核心就是约束公司在既定的轨道上发展，为防止公司"出轨"，从而更有利于公司上市目标的实现。从公司法实践角度，在公司法授权立法的国家，公司所有权和经营权高度分离，公司的绝大部分决策权和控制权都掌握在董事和有权选举这些董事的股东手中。因此，无论控制权掌握在控股股东手里，还是以投资人为代表的小股东手里，抑或是董事会层面的治理权力，并无实质区别，关键在于享有控制权的人是否诚信并尽职地履行相应的职责，否则，依据《公司法》的相关规定，不仅可以合同法配置给第三人的法律规范进行救济，也可以侵权责任制度实现权利救济。而在私募股权投资的交易结构中，共同出售权、拖售权、完全棘轮调整的"反稀释"条款被认为属于侵犯特定第三人利益的权利结构类型。

1. 共同出售权

一般情况下，由于控股股东操纵着公司的经营方向、把握着公司控股权，在走向公司上市路途中，控股股东有时为追求短期效益，其往往会基于个人利益的需求在还未实现上市之前转让公司（股权）。为了避免在这种情况下利益受损，私募股权投资人在投资合同中约定，在控股股东或其他股东与第三方达成交易价格合适时有强行参与到其交易中的权利，投资人可通过这样的方式实现部分利益的退出。在这一利益机制中，投资人与控股股东持有同一标的物，如未来与实际控制人签订合同的第三方不拒绝，投资人便可独立享受合同权利；但若第三人拒绝，投资人只能向与之签订合同的控股股东行使相应合同权利。另外，第三方虽不是合同订约当事人，但根据投资人与控股股东共同出售权条款的约定，第三方可以依据合同享有接受债务人的履行和请求其履行的权利。而且从第三方角度而言，合同只能为其设定权利而不是义务。因此，投资人共同出售权的条款实际属于涉他合同中向第三人履行的合同的范畴。

因此，上述参与到投资人与控股股东投资合同关系中的买受人并非本文所言涉及第三人利益之情形中的"第三人"，这里的第三人指因控股股东与投资人共同出售权条款的存在而利益受到影响的人，往往指的是普通股的其他股东。也正因如此，也有观点认为共同出售权的行使无涉第三人利益，应属于第一种类型。

2. 拖售权

拖售权实际上使投资人掌握了公司的转卖权。拖售权设立的情况除了由谁掌握出售的主动权方面外，其与共同出售权架构的利益机制原理相同，指投资人自己寻找交易对象并有权要求控股股东以同样的价格和条件与自己一起向第三方转让股份。主张拖售权的情况主要是投资人认为机会合适的情况下，寻找目标拖带着控股股东抛售股份，以增加其出售股份的价格筹码获得控制权溢价。在行使拖售权的情况下，投资人将出售股权的行为变成了转卖公司的行为，会产生控制权溢价，极大地影响股权的估值。虽然从其订立合同的目的来讲属于涉他合同中向第三人履行合同的情形。但对于接收公司的第三方来讲，是由实际控制人转让其公司控制权还是由投资人通过行使拖售权转让控制权，就合同履行目的而言是没有本质的区别的，因此，第一种意义上第三人利益的法律问题与共同出售权相同。

由于拖售权的行使绑定了享有此权利投资人与控股股东的利益并会产生控制权溢价，势必会影响其他不参与交易的股东利益，应归类为波及特定第三人利益类型。

3. 完全棘轮调整的"反稀释"条款

"反稀释"条款属于在合同履行过程中对资本结构的重新调整，一般是指企业与原有投资者进行约定：如果企业今后将股份以较低价格出售给后来的投资者，那么原来的投资者将获得免费的股份或者有权以象征性价格购买一定数量的股份，以确保原有投资者的每股购买价格与后来的投资者相同。由于完全棘轮调整的"反稀释"条款只考虑后续低价发行股票的价格，没有对数量和比重的考虑，这种交易条款只对首轮私募投资人有利，而对于持有普通股的股东及后轮投资人都有损害，由于这种损害也是针对具体的主体而言的，所以将其归类为调整交易主体双方利益并可能影响特定第三人利益的类型。

（三）对优先清算权的分类认识

优先清算权的行使指目标公司偿付债务后的清算财产，优先由投资人以投资金额加上一定的回报获得分配，分配后的余额由其他投资人根据股份比例再次分配。这本属涉及交易主体双方并波及特定第三人利益类型，但由于私募股权投资领域中的公司清算情形包括所有的资产变现事件，例如公司合并、被收购、出售控股股权以及出售主要资产、重组以及其他活动等，简而言之，对于投资人来说，清算事件就是"资产变现"事件。因此，实务界普遍认为投资人要求公司清算并行使优先权的情形涉及债权人的利益，有损社会公共利益。[3] 学者也认为，"PE/VC 投资者主张的优先清算权是直接违背中国公司法的"。《公司法》第一百八十七条规定设定了清算后剩余财产分配的基本原则，即有限责任公司按照股东的出资比例分配，股份有限公司按照股东的持股比例分配，而且并未留下另行设定分配方式的空间，所以在股份有限公司和有限责任公司中都无法为私募股权投资者设定优先清算权。

问题在于，在公司为一系列合同群的理论背景下，优先清算权行使中所触及的利益载体是何种法益，在民法所调整的利益结构中，其代表的法益是否必然优于其他法益？

投资人与目标公司之间的利益关系除了涉及当事人之间的利益关系以及与当事人交易关系以外特定第三人之间的利益关系外，还存在当事人之间的利益关系与公共利益之间的关系。众所周知，为避免民事主体做出损害公共利益的利益安排，民法以强制性规范作为该种冲突类型的调整手段。公司法理论上普遍认为，现代意义上的公司除了保障股东利益最大化，还承担着越来越多的社会责任，如保障债权人利益、雇员、顾客等利益相关者的利益，因此需要借助大量的强制性规范对公司及股东行为进行约束。无论公司契约论学者如何演示公司的契约结构特征，都无法抹去公司发展进程中出现的多元化利益冲突结构及需要国家干预的特征。当现代公司法宣称已由股东中心主义向多元化保护主义迈进以后，关于载体的利益之争——何者更应受到国家干预予以保护，这一界限已经越来越模糊了。在原始的、规模较小的封闭公司中，最初的利益结构及冲突集中在股东之间，除了违反公司管理秩序的行为，在交易领域，契约自由的行使一般不会上升到损害公共利益的层面。而在公众公司，股东之间的利益及风险机制，除了可能对公司本身造成一定的侵害，往往还涉及公司债权人及公司职工、公司高管群体等相关者的利益，每一种利益群体都代表着一定的法益。

民法之利益权衡标准说早已完全打破了利益衡平中非此即彼、泾渭分明的界限。现代公司法强制性规范从股东中心主义迈向多元化保护主义，本身就使得强制性规范的边界模糊不清，况且，强制性规范所代表的利益并非绝对凌驾于其他利益之上。一直以来，从法益保护角度，债权人利益往往是交易秩序的载体，而私募投资人作为股东的情况下其利益载体往往代表着投资者市场。因此，当其与私募投资交易中的优先权发生冲突时，如确立私募投资人所要求的优先权股东地位及相应权利保护，则意味着国家利益向投资领域投资者的保护倾斜；对债权人利益的保护则代表着国家强制力对交易秩序的态度，孰轻孰重？况且，在交易已达成的投资关系中，本身就裹挟着仅强调对债权人利益保护，如一味否定优先股权利架构交易的合法性而不顾交易是基于完全意思自治的结果，这种价值判断本身就是对交易制度的伤害。所以，在更多合同效力判断的场景，首先要考察该公司法强制性规定的立法目的，即对该具体公司法强制性规范所要保护的法益加以分析，再将之与公司对外签订合同所要保护的利益进行比较、权衡，然后得出这两种利益哪一种更具有优越性，应该得到法律的保护。以此方法，对具体案件中优先清算权行使的利益结构进行理性思辨方是问题的解决之道。

优先股制度是私募股权投资兴旺发达的基础性法律制度，其代表的法益是投资人市场的活跃于兴盛，这也是十八大以来建立多元化资本市场的经济政策之所需。正如苏力所言，"在经济资产争议中，问题是产权归属，无论配置给谁，争议的那部分财产都不会消失，财产转移不消灭该物品的社会价值，一方的损失会是另一方的收获。这就导致在两可案件中，唯一值得考虑的问题就是将争议财产配置给谁更有效率，或在更有效率的意义上更公正。"[4] 因此，囿于原有知识结构，因循现行公司法制度体系解决新现象、新问题，往往面临力有不逮之困。相对于大量资本外流所致国内资本市场孱弱、国内私募投资领域各种规避法律的较量与妥协，如果能在立法技术上形成具有指导规范方法、规制手段及裁判规则的理论建构，不妨为利益最大化的方案。

（四）对回购权的分类认识

当投资人与目标公司约定回购条款的情况下，因需要履行法定的减资程序，往往涉及目标公司其他利益主体的关系。认为回购权无效的观点主要依据为：对该类行为，现行公司法对股东取得公司资产法律途径及公司减少注册资本已有明确禁止性规定。本书认为，对于股东取得公司资产法律途径《公司法》并无禁止之意，法律关注的是股东从公司取得资产的法律依据是否正当，以及是否将这一情况告知利益相关人以督促其行使权利。因此，公司法对公司减资的情形作出了通知利益相关人（主要是债权人）的程序，而履行减资的法定程序要件显然不构成否定合同效力的理由。关于对保底条款及其法律效力的质疑，本书认为，在投资领域，法律允许当事人在自愿原则下作出任何风险分担的安排，除非当事人意思内容造成对市场秩序、金融秩序的干扰，才会出现国家强制力干预的法律效果。而且即使存在国家强制力干预，也并非一定导致合同无效的后果。[5] 投资人与目标公司在投资合同订立之时即约定了回购权条款，投资人依此条款行使相应权利具备正当的请求权基础。而且，实践中回购权的履行通常通过正常的减资程序，具备程序上的正当性。可见，对回购权合法性的认识误区在于将法律对权利行使过程程式性的要求理解为权利存在的正当性要件，应予以纠正。同时，对该问题的正确理解还建立在对投资模式"为退而进"的交易特质的认识之上。对该内容可参考前文第一章关于回购权的仲裁实践及本章保护性优先权之回购权内容的介绍。总之，现行法规范关注的是回购权行使过程的公开性，至于将其调整的利益结构及规范配置归类于第二类或是第三类交易形态的分歧，对其本质认识并无关碍。

三、类型化下讨论

本部分写作的意图是，无论是出于公司法自身规范目的的需要，还是从法律行为效力的影响角度，一直存在强制性规范与任意性规范的讨论。如前文所述，代表性的见解如"对有限公司法而言，原则上普通规则可以是任意性的，而基本规则应具有强制性，不得由当事人自由变更。股份公司法中的基本规则和有关权力分配的普通规则适用于管理层与股东之间利益冲突最为激烈的领域，原则上它们应该是强制性的，有关利润分配的普通规则则允许有一定的灵活性"。[6] 也有学者从美国公司法发展历程的检索及理论问题的角度剖析，认为"公司法的适应性品格要求其对技术和市场保持敏感，对于多元利益主体格局之变迁做出明智的调适，这使其任意性与强制性规则的界限游移不定。我国公司法也应在适应市场的动态均衡中，努力寻求任意性与强制性之间的妥当平衡，唯此方能保持公司法的实质正当性"。[7] 这些观点对认识私募投资交易的法律适用均具有指导性意义。

本书所尝试的方法是，将法律规范协调的利益类型作为划分依据，结合民事法律规范的功能和在具体法律适用中的作用，得出最终的区分结论：公司法对私募投资交易中的优先权的规范态度，并非任意性规范和强制性规范的简单适用，也不能简单地通过与现行法条对比而得出合法或不合法的结论。对该类权利形态的认可及接纳，首先是一定历史时期经济发展需求所必需，再考虑以法律—利益之器规制方法、技术的科学性及正当性。按照民法理论，民法所协调的交易关系背景下的利益关系，包括民事主体与民事主体之间的利益关系，以及民事主体的利益与公共利益之间的关系。并可将民事主体与民事主体之间的利益关系进一步区分为：交易各方当事人之间的利益关系，以及交易关系当事人与交易关系以外特定第三人之间的利益关系。**8**对于仅涉及交易主体双方的利益类型就属于"交易各方当事人之间的利益关系"，法律对其利益关系的调整手段主要借助任意性规范，即对此类利益结构的分配法律不加强行干预，相关法律规范属于解释性、补充性规范，对其适用与否由当事人自行选择。

对于交易关系当事人与交易关系以外特定第三人之间的利益关系，需要借助授权第三人规范进行调整。即在交易当事人之间的利益安排有可能影响或实际损害了交易关系以外特定第三人的利益时，该特定第三人可以取得决定影响自身利益的交易行为效力的权利。这种权利，可以是追认权，如无权代理场合"被代理人"享有的追认权；也可以是撤销权，如债权人的撤销权；还可以是请求确认相对特定第三人行为无效的权利。授权第三人规范非经特定第三人主张不得成为裁判者的裁判规范，所以裁判者不得依职权直接去援引该类规范，这体现了对特定第三人意思自治的尊重。**9**于是，对于投资人与目标公司优先权所设计的而利益波及特定第三人的类型，第三人存在上述救济渠道进行民事权利救济的情况下，不存在强制性规范适用的必要。

原因之一在于，在民事裁判所遵循的价值判断体系中，存在着多重的判断标准均可导致权力的滥用并损害私法基本制度，因此，裁决者的价值判断应遵循一定的标准，并符合民法体系强制的要求。所谓体系强制，是民法制度的构造应力求系于一体，力求实现一致性和贯彻性，强调法律制度之间的逻辑和谐。裁决者在具体的法律适用中，在现有制度配给能够给予权利救济渠道的情况下，如再主动援引强制性规范作出价值判断，就会使私法自治原则丧失了存在的意义，民法也丧失了存在的正当性。

原因之二在于，从公司法的规范角度，投资人与目标公司构建优先权条款应纳入公司章程必备事项，而公司章程本身就属于多方合同的性质，且因其记载于工商档案而具有公示性。这就排除了投资人与目标公司之间利益结构存在损害第三人故意的可能性。虽然《公司法》中违反强制性规范的情形远比民法中的情况更为复杂，但民法关于法律规范的理论成果已被公司法领域广泛借鉴。不但要区分法律规范本身的立法目的及功能，还要对其适用的法律事实进行辩证分析，以便从强制性规范产生的立足点和保护债权人利益的角度出发进行相应的权衡。从根本上说，创业资本市场能否良性运作取决于制度上如何处理各种利益相关者的关系，在投资人、目标公司、实际控制人、债权人及众多公司利益相关者之间达成有效的平衡，就需要对利益相关者法律关系制度的合理建构。

由于私募股权投资合同交织于公司法律制度当中，投资人兼容了权益投资和债权投资的优势，投融资利益结构必然涉及公司其他股东的利益，或者说优先股的权益结构必然对普通股的股东造成一定的影响，因此，是否公开以及在什么范围内公开、以何种方式公开是非常重要的问题，这涉及该类权利产生及运行的正当性基础，在公司法理论上更强调章程的法律性质的完善治理还是以公权力的介入规范优先权的公示要件，确实是一个必须解决并对其时效性进行研究的技术问题。因此，我们又不得不重新回到公司法的规范该类交易的基础问题上来，比如公司及公司法的性质是什么？公司实际是什么？公司法又应当是什么？在规范私募股权交易行为的规范问题上为何出现了不协调现象？如何实现二者在法律适用上的统一？这将是本部分及后面篇章要重点回答的问题。

四、现行公司法与合同法规范配置的冲突

公司法是强制法还是任意法一直作为一个颇有争议的话题出现在学者的论著中。对具体问题的处理上需要解答的往往是某一公司法律制度具体规范的性质，但对公司法性质的认识往往决定了对某一具体法律规范的定位。目前主流观点认为，美国公司法是公司契约理论的产物，对于公司法的功能，除了具有交易合同的模板作用外，还发挥着对公司运作的拾遗补缺功能。公司法补充了而不是替代了当事方的协商，公司法不过是合同法在公司领域的延伸。也正是从这个意义上说，公司法构成了一项对开放性合约的补充机制。[10] 在司法制度供给方面，可以说，普通法系的判例法传统为其提供了相匹配的土壤。根据法律起源学派的观点，普通法系下当事人更容易实现交易合同项下的权利。[11] 由于私募股权投资合同是意思自治下的产物，从交易

结构到权利设置都体现出灵活多变的特点，突破了公司法关于股权制度的基础理论及配套的法律规定，造成法律适用上的障碍或难度加大。因此，即便是在被认为与类别股灵活特征相匹配的判例法国家，例如英国，法官们也不得不承认"在界定类别权利及其变更时，无论是扩大的解释，还是狭义的理解，法官们的共同初衷都是寻找多数和少数之间那个微妙的利益平衡点，只是因为每个案件的案情和经济背景不同，法官们需要根据个案的特定背景斟酌如何既适度又公正地保护类别权利"。**12** 可见该类交易实践不仅对法律制度，也包括对司法制度均存在一定的依赖性。大陆法系是以法律规范配置为供给的体系设计，其法律适用也严格遵守三段论为原则，一直被指缺乏灵活性，难以适应这种灵活多变的权利类型。这对我国，无论是从对公司、公司法性质的反思，还是对裁判中能动司法的研究，都是目前不可逃避的问题。在私募投资相关制度上，当前的交易实践现状总体可归结为：私募进入阶段坚持缔结合同意思自治为依据的有效说，而在退出阶段坚持公司法所体现的国家干预条款为依据的无效说。这体现为法律制度供给上不统一。再者，从私募"为退而进"的投资模式特质来看，退出是投资人实现此次交易的最终目的。因此，从私募相关的法律制度的总体而言，一个国家法律体系在私募投资退出机制中所体现出来的质量更为重要，甚至决定了该类投资交易模式在资本市场的活跃程度。

遗憾的是，中国法院在处理复杂商事纠纷中所表现出的专业技能明显不足，中国公司法在号称已实现国际化转型背景下体现出强制性色彩的加重，造成对该类交易的沉重打击。根据在中国的美国商会

2011 年的调查，分别有 31％和 29％参加调查的美国在华企业认为，官僚体系和模糊不清的法律法规是中国私募市场增长中最大的五个障碍之一。[13] 在私募股权投资合同这种以交易缔结的法律关系世界里，意思自治是当事人实施商事行为的准则。由于合同关系的当事人对自身利益关系所作的安排，在某些情况下会产生外部性从而影响到合同关系以外特定第三人的利益。[14] 因此，必然会受到来自国家强制力的干预，这在最高人民法院"世恒案"的判决中已有淋漓尽致的体现——最高人民法院认为估值调整条款因损害公司及债权人利益而无效。从民法理论上讲，当合同的外部性影响到社会公序良俗等国家、社会公共利益的情况下，自会产生意思自治法律效力的瑕疵。因此，公司自治与国家强制之间的分界线如何划分，就是公司法强制性规范何以存在以及如何存在的问题，在立法上如何定位和表述、在司法上如何识别和价值导入一直是困扰理论界和实务界的重点和难点。

在我国，公司法的性格之争由来已久，2005 年修订的《公司法》面世以来即因鼓励投资、放松管制等特色，被专家誉为在立法理念方面已经引领了 21 世纪公司法改革的世界潮流[15]，但对于公司法规则的强制性或任意性所寻求的法理判断，在诸多法条用语上体现出的"暧昧"和"含糊"，反映了立法者对这一问题的认识不够清晰，对相关公司法规则的属性的设计亦迟疑不决[16]，造成了我国目前司法裁判缺乏应有的定力和理念。虽然学者一直试图为建构一个对实践有可操作指导性的规则努力尝试，诸如"对有限公司法而言，原则上普通规则可以是任意性的，而基本规则应具有强制性，不得由当事人自由变更。股份公司法中的基本规则和有关权力分配的普通规则应该是强制性的，有关利润分配的普通规则则允许有一定的灵活性"。[17] 也有学者进一步尝试将判断标准归结为"调整闭锁公司的分配性规则和结构性规则，应以赋权性和补充性为主，而信义义务规则，则应以强制性为主。调整公众公司的分配性规则和一般的结构性规则，应以赋权性和补充性为主，而核心的结构性规则和信义规则，则应以强制性为主。"[18] 但在实践中如何界定和把握这些规则却不存在一个可以简单套用的公式。

作为学理上的研究，我们更多关注的是经济实践与法学理论的关系，很显然，法律不是一成不变的制度，它需要随着变动不居的社会生活适时调整。而适时调整就需要建构能够孕育市场交易的制度，通过对市场提供合法性预期支撑其良性发展。简单地说，法学理论应顺应社会实践的积累检索对法律进行变革的可行性和必要性，以及这种变革的利弊优劣，并在理论上进行检视其在立法技术上可能存在的障碍和问题。可以肯定的是，私募股权交易结构及优先股形态都是美国公司法律制度下的产物，美国公司法是以意思自治的赋权性规范为典型特征的。既然我国公司法既迎合公司自治、增设赋权性规范，又强化了公司的责任机制、设定了大量的强制性规范，也很难对现行《公司法》是赋权性规范为主，还是强制性规范为主作出一个清晰的评判。我们不妨顺着并行的思路暂时搁置对其性质的评判，而是根据现有理论和立法，对于该制度相关的强制性和赋权性两类规范进行归类解读，以期分角度、分层次地逐步认识私募股权投资交易法律制度中存在的问题。

（一）公司法任意性授权规范下的解读

笼统地说，对于私募股权投资人和目标公司及控股股东就优先权条款的协商，在不违反法律法规禁止性规定的情况下，我国公司法亦将充分尊重当事人的自治权。按照这样的逻辑，私募股权投资合同中的优先股及权利机制条款在中国公司法框架下应有其存在的自治空间。更何况，这类交易条款的达成是建立在合同法律制度背景下的，意思自治是其根本。根据2005年修订后的《公司法》，股东在章程中能否自由创设投票权规则一节，相关法律规定是因公司类型做出了不同的区分：其一，关于有限责任公司的股东表决权。《公司法》第四十三条规定，股东会会议由股东按照出资比例行使表决权；但是，公司章程另有规定的除外。显然，该条规定为股东在章程中另行议定规则，为排除一股一票之表决权规则的适用留下了空间；其二，关于股份有限公司的表决权规则。《公司法》第一百零四条规定，股东出席股东大会会议，所持每一股份有一表决权。由此很难判断公司能否发行表决权重各异的双重类别股份。2006年3月1日施行的《创业投资企业管理暂行办法》第十五条明确规定："经与被投资企业签订投资协议，创业投资企业可以以股权和优先股、可转换优先股等准股权方式对未上市企业进行投资。"这是我国首次通过部门规章的形式肯定了股权和优先股、可转换优先股等准股权方式，并且允许私募股权投资人可以通过投资协议运用到投资架构中。由于目前尚无程序性的规范要求，实践中，以公司章程、股东协议或投资协议、增资协议约定优先股及权利限制的情况都是存在的。

1. 任意性规范解读之公司章程的性质

"公司章程另有规定的除外"的表述基本上是对公司法赋权性规则的重要标志，因此，对章程性质的理解至关重要。在英美国家公司法中，公司章程有设立章程（articles of incorporation）和附属章程（by-laws）之分。[19]其中，"设立章程"是强制性的，必须遵照一定的格式书写及依法公示，而"附属章程"只需股东大会或董事会通过即可在公司内部发生效力，不仅不需要公之于众，也无须报请主管机关备案。我国公司章程没有作如上划分，在各工商部门备案的章程基本呈现"千人一面"的局面，实践中也并不重视章程的作用。我国公司法理论上理解章程性质的代表性观点主要有：第一种观点，认为公司章程是公司设立中公司机关发起人所制定的一种社团自治规章，既非契约（因为章程没有体现每位股东的意志），也非自治法规（章程与由国家立法机关制定的法律、行政法规或规章迥然不同）。所以，将章程视为公司法的渊源不妥。[20]第二种观点，认为公司章程具有契约或合同的作用，具有自治性。同时，公司章程是公司内部组织与行为的准则，对公司成员和事务有普遍的约束力，其实质是私法性规范，其生效的要件就是不违反强行法及公序良俗。[21]第三种观点认为，公司章程是涉他性契约，且是为第三人利益的契约。这种涉他性表现在两个方面：其一，主体和效力涉他。尽管公司章程的制定者只是公司设立阶段的股东，但其效力却可扩及公司成立后的股东，甚至在特定情形下，债权人等公司外部人也可能受其约束。其二，记载事项的涉他性。公司章程记载的事项大体可以分为有关公司内部组织、成员关系的事项和有关公司外部事务的事项，后者如公司分立、合并、解散等。因此，公司章程是一种非常典型的涉他性文件。**22** 必须强调的是，近年以来，在公司契约理论影响下，关于公司章程出现契约解释的观点，简而言之就是公司章程属于合同性质且具有不完备性。由于公司主体的宽泛和公司存续的长期性，使得章程合意表达的技术规则与传统的民事合同有所区别，但这不影响其合同本质。**23** 由此可见，关于公司章程的契约性质及涉他特征，正是私募股权及衍生权利机制的栖身依据。根据涉他性及公示效力的运用，或可成为规范该类交易的突破口，从而达到与民法意思自治规范配置的理论体系的统一。

在公司法理论中，章程是设立公司的必要条件，乃规定公司组织及活动之根本规则，对公司员工、股东、债权人甚或社会大众产生规制作用乃至公示效力，并对公司、股东、董事、监事、高级管理人员具有约束力。私募是以上市为目的的权益性投资，其所投资的公司组织结构与一般的闭锁性公司不同。由于公司结构的复杂性，公司章程往往体现为"同意则进，不同意则走"的签约方式，因此，章程首先是开放式合同；又由于公司所从事事业的不确定性及信息的不对称性，章程处于不停的修改完善之中，因此，章程体现为不完善合同的特征；同时，由于章程一般都必须在工商登记机关提供备案公示的法定文件，因其具有的公示效力解释了或者说排除了股权外部性问题对社会秩序的影响。总之，对章程进行合同性质的定位是完成私募投资交易制度法律规制的前提基础。在未来私募优先股的制度规范中，章程法律性质及在程序规范上的重要性均需要厘清及界定。

根据《公司法》在第三十五条、第四十二条、第七十二条和第一百六十七规定，"全体股东约定不按照出资比例分取红利或者不按照出资比例优先认购出资的除外"，"股东会会议由股东按照出资比例行使表决权；但是，公司章程另有规定的除外"，"公司章程对股权转让另有规定的，从其规定"和"股份有限责任公司章程规定不按持股比例分配的除外"，可视为对优先分红权、优先认购权、一票否决权、优先购买权授予自行约定的授权性规范。据此，投资人所主张的优先股若能通过一定的变通和设计并体现在公司的章程中，即可产生其预期的效果。根据现行法律，优先分红权在有限责任公司和股份有限公司下均有较大的自行约定的空间，而优先认购权和优先购买权仅在有限责任公司中才允许"另行约定"，对于其他权利机制，现行《公司法》则既无相应可揣摩的文义亦无规制之意。

2. 任意性规范下的效力分析

私募股权投资中的优先股条款来自于股东协议约定。股东协议是股东之间签订的约定其双方权利和义务的协议，投资协议是投资人与目标公司（或控股股东、实际控制人）之间就投资人向公司投资行为所涉事项的有关协议，其法律关系均属于合同法的规范范畴。在具体条款内容上哪些属于股东之间可以自由约定的事项，哪些不属于股东之间自由约定的事项，其判定标准之一就是公司章程的具体约定。此外，公司法对意思自治的放任并非漫无边界，但是在公司法规则中任意性规范和强制性规范如何抽象出一个科学的法理判断标准，如何界定公司章程自治与公司法强制的界限，无疑是个难解之题。在公司事务中，确实存在着公司法与合同法、侵权法的竞合适用。其中，公司法与合同法竞合的部分均源于对意思自治的干预：在合同法上"违反法律禁止性规定无效"及公司法禁止性规范的干预，对两者如何科学地搭建法律适用的技术规则均有不少论著，均有可圈可点之处。前文已述，有公司法学者主张将公司法的规则分为结构性规则、分配性规则、信义关系性规则。在封闭型公司如有限责任公司中，结构性规则与分配性规则属于授权性规则或任意性规则，信义关系性规则属于强制性规则。而在开放型公司如股份有限公司中，除分配性规则属于授权性或者任意性规则外，结构性规则和信义关系性规则均属于强制性规则。根据该理论，规定有限责任公司股东会职权的结构性规则应属于任意性规则。[24] 照此，有关优先股权利功能的条款可区别封闭型公司和开放型公司，在结构性规则、分配性规则及信义关系性规则下归类界定。但实际上，这种分类区分的办法也只是提供思考解决方法的一种路径。一个基本的原则就是，股东协议的效力必须是在公司法赋权性规范下并以公司章程有据可依为前提。例如，共同出售权和拖售权乃股东之间在公司未来发展过程中的合适时机就股权处置行为进行的一种特别约定，并不影响各股东在公司层面行使自己的股东权利。而认购期权实际上就是投资人能否保留一个在未来确定时间或时间周期内，按照既定的价格，对公司进行一定数量增资的权利，通过在股东协议里做类似如下约定即可达到效果：投资人行权时其他股东均应投票赞成，并且其他股东对这部分增资放弃优先认购权。"反稀释"条款虽在公司法中无任何禁止规定，投资人也可以在合同中约定由创始股东对投资人被稀释的权益进行补偿。在股东协议和投资协议中约定相关优先性权利存在的法律问题往往出现在两个方面：第一，投资人和创始股东或目标公司以违约金形式来执行双方的权利安排，该违约金应约定受制于违约金制度的法定限制，将来面对法院或仲裁庭予以调整的可能性；第二，根据最高人民法院"世恒案"判决逻辑，由于投资目标公司合同条款的内容源自于当事人的意思自治，在公司这样一个治理结构性主体中，尚存与其他利益主体的关系，是否应当受到公司法强制性规范的干预是一个有待实践检验及理论上再认识的问题。

（二）公司法强制性规范下的效力检视

由于我国现行公司立法仅采取单一的普通股类型，对优先股未做直接规定，只是在《公司法》第一百三十一条规定，国务院可以对本法规定以外的其他种类的股份另行规定[25]，可以视为授权性立法的规定。但从公司法的管制型特征上理解，优先股的类型、比例、发行程序都应进行相应的规范。同时，因为灵活多样的种类股股份属性的约定来自于股东的合意，有可能触及他人利益，合同法也应有干预之责。一般而言，交易关系所规范的具体行为的利害关系仅及于行为当事人，应尊重当事人意思自治而受私法原理支配。因此，原则上讲，如果有限责任全体股东约定一致的情况下并不波及其他利害关系人，优先股条款的设置是在股权交易基础上，通过控制权和优先权实现企业家和投资人之间的公平的利益分配问题，属于商事主体意思自治范畴。

但是，由于优先股条款虽设定于相对民事主体之间，但受波及者众多，其法律效力至少要受到这样几个方面的质疑：首先，其股权价格面临多次调整，例如价格计算过程中的估值调整、"反稀释"条款执行中的价格补偿或股权调整，这些条款的执行是否应受到《中华人民共和国公司法》第二十条的规范，可能"侵犯债权人和第三人利益"；其次，股权优先权中的回购权本质是什么？从而判断其是否违反《公司法》第三十六条及第二百零一条关于股东不得抽逃出资的规定，是否违反《公司法》第一百四十三条、第一百六十七条及第一百八十七条规定的股东取得公司资产法律途径的规定；再次，在普通股与优先股的分配机制上，法律架构的公平性在于：享有股权优先权能的股东不再享有普通股股东的表决权。但私募股权投资中灵活的合同执行机制不仅改变了这一规则，而且导致类别股权、类别权利和类别股东的界定不清，甚至连股权与债权界限也已经模糊，这是否违反公司法股权制度设计的基本原理；另外，优先股中的诸多约定在规范双方利益的同时，往往涉及特定或不特定第三方的利益，例如"全面棘轮"虽然对私募投资人十分有利，但因其极大的不公平性而会对公司、控股股东以及后续投资人均产生较大影响。再如，在行使拖售权的情况下，投资人将出售股权的行为变成了转卖公司的行为，会产生控制权溢价，极大地影响股权的估值。这些情形反映在司法上，裁判者裁决中不仅将"显失公平"视为当然适用之情形，其裁判思维还会受到证券法规甚至行政规章的禁锢。例如，我国《证券法》在上市公司收购中为保护中小股东权益获得平等待遇规定了拖售权，但严格将其适用范围界定于上市公司收购、收购人与中小股东同为一上市公司股东的情形。有人进而认为，这反映出我国证券法规下的拖售权在私募股权投资这一意思自治王国中并不认可。

本书在多处问题的讨论中一再申明这样的观点：有关约束上市公

司及股东行为的规范（即使是禁止性规范）也不能与合同效力评判中的禁止性规范等同看待。其在合同领域的效力如何考量确是需要裁决者理性思辨的问题。即使在英美法系的赋权立法体制下，也非常强调裁判者在具体案件的裁量中价值评判规则的运用。如美国威廉·L.艾伦大法官就提出，在谨遵公司法确定性和合法性的前提下，强调通过妥当的、连贯的、符合逻辑的解释能动司法。艾伦认为，公司法的目的可以通过条款的解释来加以实现，而且必须首先考虑"字面解释"，因为公司法是由极富智慧和经验的人制定的，他们当中的很多人有多年的从业经验；另外，对于许多公司从业者而言，他们通过理解公司法条文已经形成一定的心理预期，从稳定性角度，还是应赋予公司法条文通常理解上的意义为妥。同时，由于制定法是通过有限的文字规范无限的事情，挂一漏万的情形是难免的。如果僵化地理解公司法、固守字面解释，而不从其他方面寻求突破，即可导致立法目的落空。因此，对公司法强行还是赋权规范的理解，是软化还是硬化公司法规则存在一定的灵活性。

对上述具体问题，本书前文中已有大量笔墨的论述。从估值调整条款的认识角度，交易条款是投资人履行合同、支付对价及取回补偿款的法律依据，同时，因交易的对象是附加了优先权及其他权利功能的股权，这就导致了该类买卖合同的特殊性。而在实现私募股权投资"为退而进"交易目的制度安排中，企业家或投资者的利益格局在企业发展中处于不断变动中，约定在不同情形时的控制权，最终选择单边治理模式还是控制权的相机配置，恰恰就是通过这一特殊产品设计的功能实现的。

因此，交易标的物的特殊性是私募股权投资行为在社会生活中存在的前提。在判断其法律效力时，如系交易行为引发的争议，应以当事人订约时的身份为前提和基础，并基于合同法律的规定进行分析判断，投资人事后因投资行为取得股东身份这一点不构成判定合同效力的强制性规范适用的要素；相反，在具体的商事案件中，若系因股东身份及股东权利引发的纠纷，则需要以公司法相关规定作为判定行为效力的强制性规范适用。同时，即使在合同法制度规范下完成了对合同法律效力的判定，如合同的履行行为涉及公司法规范，仍需要遵照公司法规范履行相应的义务。例如，依据合同法规范的交易制度解决了回购权条款的法律效力，当履行具体的回购义务时应当遵照公司法履行相应的减资程序，例如公司需要减少注册资本时，编制资产负债表及财产清单并履行通知债权人、公告程序。如此，债权人可依公司法赋予的权利要求债务人偿还债务或提供担保等，也可依合同法授权第三人行使的规范维护自身利益，例如行使撤销权等。

如上文所述，在司法实践中，除了存在上述将程序性要件的履行作为否认合同效力的错误认识以外，还存在将合同的行政效力理解为民事法律效力以至于导致对合同效力错误裁判的情形。比较典型的是将证监会审查过程中关注的重大法律问题所致上市实质性障碍理解为禁止性条款。例如，根据《首次公开发行股票并上市管理办法》第十三条的规定，要求"发行人的股权清晰，控股股东和受控股股东、实际控制人支配的股东持有的发行人股份不存在重大权属纠纷"。优先股导致股东之间交叉重叠，其享有股权限制的条款必然导致股权不清晰的后果。如股权转让合同签订后未办理工商变更登记，证券监管部门会认为存在产权争议的隐患，造成目标公司上市发行的障碍，这就在行政效力实践层面否认了优先股及衍生权利可行性。但这与合同是否生效是两个性质的问题。因为，在民事法律适用中，就股权转让行为法律效力评判一直存在内部效力和外部效力之分，股权转让本属公司内部产生的一种民事法律关系，股权转让合同签订后，是否办理工商变更登记则属于合同履行问题。就其外部效果而言，股权的工商变更登记仅为行政管理行为，该变更登记并非设权性登记而是宣示性登记，其旨在使公司登记事项具有公示效力。虽然新《公司法》第三十三条规定"登记事项发生变更的，应当办理变更登记"，《公司登记管理条例》第三十五条规定"有限责任公司股东转让股权的，应当自转让股权之日起 30 日内申请变更登记"，但工商登记并非股权转让的效力要件，股权转让合同签订后，未办理工商变更登记仅产生对抗第三人效力的瑕疵。这在最高人民法院诸多判例中已明确体现。但遗憾的是，在针对私募股权投资合同股权转让协议、增发协议的效力审查中，优先股导致股东之间交叉重叠及股权限制的条款导致股权不清晰的问题一直成为合同效力考量因素。对这一问题的深入探讨，可参考本书第四章关于股权外部性问题及消解的解读。

我们并不否认，民商事规范中存在将合同的行政效力作为民事法律要式要件的范式。例如 2010 年最高人民法院《关于审理外商投资企业纠纷案件若干问题的规定（一）》第二条规定，"当事人就外商投资企业相关事项达成的补充协议对已获批准的合同不构成重大或实质性变更的，人民法院不应以未经外商投资企业审批机关批准为由认定该补充协议未生效。前款规定的重大或实质性变更包括注册资本、公司类型、经营范围、营业期限、股东认缴的出资额、出资方式的变更以及公司合并、公司分立、股权转让等。"在此，对合同构成重大或实质性变更的情况将会被视为相关民事行为不生效的情形，即一旦出现注册资本、公司类型、经营范围、营业期限、股东认缴的出资额、出资方式的变更以及公司合并、公司分立、股权转让等构成重大或实质性变更的情况，就会被认定为合同尚未生效。优先权的条款因承载着出资方式、出资额及股权转让等情形的变化，容易被认定为"对已获批准的合同构成重大或实质性变更"，这样一来，相关合同条款即存在不被认定为生效合同的风险。如果被投资企业是国有企业或国有持股的企业，该优先权条款需受到国有资产管理的相关法律约束。但即使存在上述明确具体的法律规定，也并未达到作为禁止性规范从而否定合同效力的程度。

目前实践中的共识是，从私募股权优先权属的种类来讲，优先认购权、优先购买权、优先分红权、PE 一票否决权均没有法律上的限制，但共售权、回购权（指的是公司回购的情形）由于分别触及《首次公开发行股票并在创业板上市管理暂行办法》第二章发行条件中"发行人及其控股股东、实际控制人最近三年内不存在损害投资者合法权益和社会公共利益的重大违法行为"的规定，这均是将行政审查的禁止性规定与司法认定中的禁止性规范等同认识而陷入的误区，应予以纠正。同时，也有因公司法及其他相关法律[26]的相关规定未给予优先股以明确的身份而质疑其合法性的观点，对此，本书在下面的文章中将分别从合同法规范类型配置及公司法相关理论角度陆续展开对其合法性的深入探究。

目前，随着国务院《关于开展优先股试点的指导意见》即国发[2013] 46 号文件的颁布及证监会对《优先股试点管理办法（征求意见稿）》公开征求意见，优先股已经被明确提出，随着相关规则和细则的完善，在不远的将来会通过修订《公司法》给予优先股以明确的身份和定位。但现行的法律框架下，投融资股份认购协议中往往是通过对股权控制权和优先权的协商对民事权利进行的设定，属于非标准优先股的范畴，并不是上述意见及细则规范意义上的优先股。该类优先股权利功能的设置为解决私募股权投资人与创业企业家之间存在严重的信息不对称、防范企业家急功近利的短期行为、保障创业企业快速发展起到重要的作用。私募股权投资人在使用优先股的时候，会在协议中附加一些其他的条款约定其享有的相关权利，以减少委托代理成本并加强对目标企业管理者的激励，这对于投资人、目标企业及参与企业未来事业共治的参与者来讲，是增加各方福祉的最佳方案。但一旦发生企业发展不顺利的各种客观情况或在谋求未来事业进程中任何一方的不诚信行为，都会导致对原优先股合理性结构的冲击，当事人条款在接受法律检视时，在立法、司法实践乃至理论均无储备的情况下，其境况可谓"听天由命"了。因此，从法律适用的角度研究合同法与公司法的关系，是对本章研究问题的一个深入解读。

注 释

1 这种类型化的界定是以股权交易结构利益类型所做的划分，是从合同法以利益为规范角度为出发点。在实践中，涉及股权投资的交易行为的处理与股权的内涵息息相关，因为在现代财产法上，股权既有身份权的内容，也有信用资产的价值内涵。因此，股权的外部性问题所关注的不仅是现实财产利益交易所带来的关系协调，还应考虑其丰富的价值内在所带来的外部性问题及消解，这个角度的法律问题在本书的第四章有所讨论。

2　参见最高人民法院民事审判第一庭编著：《最高人民法院关于审理城镇房屋租赁合同纠纷案件司法解释的理解与适用》，人民法院出版社 2009 年版。

3　《公司法》第一百八十七条规定公司清算财产分配的基本原则："清算组在清理公司财产、编制资产负债表和财产清单后，应当制订清算方案，并报股东会、股东大会或者人民法院确认。公司财产在分别支付清算费用、职工的工资、社会保险费用和法定补偿金，缴纳所欠税款，清偿公司债务后的剩余财产，有限责任公司按照股东的出资比例分配，股份有限公司按照股东持有的股份比例分配。清算期间，公司存续，但不得开展与清算无关的经营活动。公司财产在未依照前款规定清偿前，不得分配给股东。"因此，股东清算优先权的约定被指认为损害公司债权人及公司上下游群体利益、职工工资及社会保险、国家税款等，是社会公共利益价值载体。

4　苏力：《"海瑞定理"的经济学解读》，载《中国社会科学》2006 年第 6 期。

5　在中国国际贸易仲裁委员会审理的 DS20150982 号合伙协议争议案中，即存在关于该类问题的有力解说。该案的主要争议是：合伙人共同投资的项目失败，目标公司进入破产程序以后，合伙人之一的 A 公司向其他合伙人出具了保本付息的承诺函。关于该承诺函的效力，被申请人一方认为其违反《合同法》第五十二条的规定而无效，理由即是《私募投资基金监督管理暂行办法》第十五条"私募基金管理人、私募基金销售机构不得向投资者承诺投资本金不受损失或者承诺最低收益"的规定，属于禁止性规范。申请人则认为，该立法目的及适用情形与本案南辕北辙，并不存在与之匹配适用的法律事实。因为，本案承诺函是各合伙人就合伙事务执行完毕之后，在合伙体解散过程中以意思表示方式就利益分配问题再协商，并无涉第三人利益，完全是商主体意思自治的范畴。《私募投资基金监督管理暂行办法》第十五条的规定隶属于基金管理办法第四章"资金募集"章节下，约束的是在基金发起设立过程中，为了防止基金管理人以承诺保本的方式吸引投资者投资、损害金融秩序而作出的管理性规定。且该办法属于管理性规范文件，根据《合同法解释二》第十四条规定，《合同法》第五十二条第（五）项规定的"强制性规定"是指效力性强制性规定。根据最高人民法院司法解释及相关判例，一个人所共知的认识是：管理性强制性规定是指法律及行政法规没有明确规定违反此类规范将导致合同无效或者不成立，而且违反此类规范后如果使合同继续有效也并不损害国家或者社会公共利益，而只是损害当事人的利益的规范。而效力性强制性规定是指法律及行政法明确规定违反了这些禁止性规定将导致合同无效或者合同不成立的规范；或者是法律及行政法虽然没有明确规定违反这些禁止性规范后将导致合同无效或者不成立，但是违反了这些禁止性规范后如果使合同继续有效将损害国家利益和社会公共利益的规范。基金管理办法是由证监会颁布，属于部门规章，并非法律、行政法规的范畴，其规定的内容也非效力性强制性规定，并不能以此部门规章认定合同无效。因此，承诺函即使构成对上述规章的违反，也不发生合同无效的法律后果。该观点得到多数仲裁员的认可。参见中国国际贸易仲裁委员会审理的

DS20150982 号合伙协议争议案。

6　汤欣：《论公司法的性格——强行法抑或任意法?》，载《中国法学》2001 年第 1 期。

7　罗培新：《公司法强制性与任意性边界之厘定：一个法理分析框架》，载《中国法学》2007 年第 4 期。

8　王轶：《民法典的规范类型及其配置关系》，载《清华法学》2014 年第 6 期。

9　王轶：《民法典的规范类型及其配置关系》，载《清华法学》2014 年第 6 期。

10　罗培新：《公司法的合同解释》，北京大学出版社 2004 年版，第 77—78 页。

11　Edward Glaeser, Simon Johnson and Andrei Shleifer, "Coase vs.the Coasians", 116 Quarterly Journal of Economics 510–511 (2001).

12　蒋雪雁：《英国类别股份制度研究（下）》，载《金融法范》2006 年第 3 期。

13　2011 Business Climate Survey by American Chamber of Commerce in China. See Kathy Chu, "Is China Turning against Foreign Businesses?", US Today, Oct. 25, 2011, 8A.

14　王轶：《民法典的规范配置——以对我国〈合同法〉规范配置的反思为中心》，载《烟台大学学报》（哲学社会科学版）2005 年第 3 期。

15　江平、赵旭东、陈甦、王涌：《纵论公司法的修改》，法大民商经济法律网，http://www.ccelaws.com。

16　罗培新：《公司法强制性与任意性边界之厘定：一个法理分析框架》，载《中国法学》2007 年第 4 期。

17　汤欣：《论公司法的性格——强行法抑或任意法?》，载《中国法学》2001 年第 1 期。

18　罗培新：《公司法强制性与任意性边界之厘定：一个法理分析框架》，载《中国法学》2007 年第 4 期。

19　刘俊海：《股份有限公司股东权的保护》，法律出版社 1997 年 9 月版，第 27 页。

20　刘俊海：《股份有限公司股东权的保护》，法律出版社 1997 年 9 月版，第 27—28 页。

21　吴弘、李霖：《我国公司章程的实践问题与法理分析》，载顾耕耘主编：《市场秩序与公司法之完善》，人民法院出版社 2000 年版，第 228—229 页。

22　蒋大兴：《公司法的展开与评判》，法律出版社 2001 年版，第 281—287 页。

23　罗培新：《公司法的合同解释》，北京大学出版社 2004 年版。

24　罗培新：《公司法强制性与任意性边界之厘定：一个法理分析框架》，载《中国法学》2007 年第 4 期。

25　2013 年《国务院关于开展优先股试点的指导意见》、2014 年证监会《优先股试点管理办法》是我国目前优先股试行中可参考的相关法规及政策。

26　可参考前文张丽萨：表 1《优先权条款在中国法下的法律适用》及表 2《优先股条款在中国法下的合法性评价》。转引自沈朝晖：《公司类别股的立法规制及修法建议——以类别股股东的法律保护机制为中心》，载《证券法范》2011 年第 5 卷。

第七章

公司法与合同法在法律适用中的冲突与解决

一、问题的提出

投资者欲通过"筹资—投资—退出"完成一个资本增值的过程，其交易结构的建立是通过估值调整机制的设置完成的，投资协议中对应的"股权"也多包括优先权及衍生权利条款的结合使用，以此减少投资风险，同时在企业未来发展中出现的各种情况变动下，以优先股权利属性的变化来应对和调整。但是，这些特殊权利的综合运用，使得在同一公司治理结构中出现了同股不同权的现象，由此产生股权的外部性问题带来诸多不安定因素，势必导致其在中国现行法律制度下遭受质疑。因为在中国公司法上，虽然可以不按照股权比例分配利润，但并未规定股东之间可以存在分配次序的先后，更何况私募股权中的优先股的行使往往涉及众多公司参与者的权益，常受到侵害第三人利益及扰乱金融秩序的诟病。同时，对于股权的价格，通常不仅在交易达成时约定了估值及调整方法，而且在合同其他条款中也常有涉及并导致未来再次调整的可能性，这种调整方式极易被质疑为输送利益的工具，会被认为导致公司资产的不当减少，从而损害公司和其他债权人利益。

私募股权交易（指的是通常情况下的估值调整协议）的性质及合法性问题、私募股权投资交易中"股权"的特殊性及合法性问题，在金融市场交易产品多样化及交易结构复杂化的趋势下，形成对裁判者严峻的挑战。有观点认为，处理金融领域法律纠纷应强调创造性的司法审查，"金融创新作为内生于市场的力量，不会因为立法滞后而停滞不前，也不会因为拒绝司法而鸣金收兵。由于风起云涌的金融创新往往是在没有法律规制的'真空'中进行，这种创新完全有可能侵犯到相关利益群体利益并引发纠纷，此时就必然需要创造性的司法审查来补充完成。"[1] 创造性司法审查势必会赋予法官更大的自由裁量空间，这就将案件结果依赖于法官个人智慧和学识之上的人力资产，在目前的司法现状下未免引人担忧。虽是如此，但面对私募股权领域金融产品交易的创新出现的法律供给不足，在该类纠纷中的创造性司法也是情势所迫，因此，结合合同结构特征及主体身份多重性、权利分层及多面的特点，认识在裁判该类案件过程中影响裁判的因素及必须遵循的规则是很有必要的。

由于 PE 投资是最终通过上市、并购或管理层收购等方式出售持股以获利的投资方式，在公开发行股票前，监管部门通常有对估值调整协议予以清理[2]的惯例。监管部门主要基于以下考虑：估值调整协议结构的核心对交易建立时依预估业绩所得的资产价值根据后来的实际业绩进行调整，是针对未来业绩的企业资产估值调整，调整的结果可能是对投资人持股比例的调整，也可能是补偿款的支付，或出现其他利益补偿的情况。前者，对投资人持股比例的调整有可能使公司股权结构存在不确定性并有可能导致公司管理层发生重大变化；后者向投资人支付补偿款是股东和公司利益输送的一种情形，因违反公司规范运行的相关规定可能有对其他债权人或社会公共利益的损害之嫌。

合同中优先股及权利机制的存在，尤其是其可能导致的股权结构变动及控制权易主，使公司股权结构具有不确定性及可能导致公司管理层发生重大变化。这些均是对目标公司之上市请求不予审核通过的实质性障碍。这种监管部门在行政审查中的思维方式却对司法实践产生了极大的影响。尤其是在司法实践中，也确实存在类似以监管标准衡量合同效力的规定。例如，《最高人民法院关于适用〈中华人民共和国公司法〉若干问题的规定（三）》第十二条规定："公司、股东或者公司债权人以相关股东的行为利用关联交易将出资转出且损害公司权益的"，属于股东抽逃出资的一种情形，应当认定为损害公司利益的行为。由此推论，补偿款支付及回购条款的履行均有违反上述规定之雷同性。另外，私募股权优先股在我国并没有明确的法律依据，尽管法理上没有排除公司发行多种股份的可能性[3]，但对其有效与否的认识并不乐观。[4]投资业界一般会参考在具体的个案中审批机关和登记机关的做法来揣摩政策和法律的态度。

实践中，不仅在具体的审批程序中存在依据被投资企业的性质做出不同限制性规定的先例，在司法实践中也有类似可供参照适用的司法解释。例如，2010 年 8 月 16 日起施行的《最高人民法院关于审理外商投资企业纠纷案件若干问题的规定（一）》第二条之规定"当事人就外商投资企业相关事项达成的补充协议对已获批准的合同不构成重大或实质性变更的，最高人民法院不应以未经外商投资企业审批机关批准为由认定该补充协议未生效。前款规定的重大或实质性变更包括注册资本、公司类型、经营范围、营业期限、股东认缴的出资额、出资方式的变更以及公司合并、公司分立、股权转让等"。由于对外商投资的公司进行收购及相关的合同、章程是要式法律行为，实行审批制度，因此，如果投资者与被投资企业签订的估值调整机制，尤其是其中优先权条款容易被认定为"对已获批准的合同构成重大或实质性变更"。由是观之，现行法律规范中确实存在优先权条款无效的思维定式。

那么，PE 投资中的交易条款与传统投资交易模式的特殊性是什么？对其法律基本问题的认识也将是一个逐步深入的过程，对上述合同效力问题产生质疑的原因均指向违反公司法的禁止性规定。公司法本是调和自由和安全两种价值冲突的产物，虽然现代公司法一般认为公司设立及活动越来越超出股东个人利益的范围，成为直接影响社会利益的事情。但是，公司法主要调整私人领域民事主体之间的关系，其目的是保护和协商民事主体的私人利益，因此本质上仍属于私法。那么，同为调整私人之间利益冲突的法律规范，公司法与民法在规范此类交易上的立足点是否一致？在私法领域，私法自治原则是处于民法核心地位的基本原则，是民法基本理念的体现。民法最重要的使命，就是确认并保证民事主体意思自治的实现，民法体系中当以合同法为典型。但即使是在民法世界里，意思自治与国家干预也是从来并行不悖的，国家干预主要表现为基于法律正义价值目标的追求，通过强制力手段对权利体系施以干预和制约。在法律适用角度，体现为民事行为不得违反诚实信用原则、公序良俗原则为限度，具体体现为《合同法》第五十二条违反法律强制性规定的行为无效。

在私募股权投资合同的效力评判中，争议主要集中在对《合同法》第五十二条"强制性规定"的理解与适用上，并将公司法及相关商事规范中的有关规定理解为强制性规定。在具体案件处理中，诸如《公司法》第二十条、第二十一条、第三十五条、第七十二条、第一百三十四条、第一百三十八条、第一百六十七条、第一百八十七条、第二百一十八条，《中外合资经营企业法》第八条、第二十条、第九十四条，《中外合作经营企业法》第二十一条、第二十三条，《合伙企业法》第二十三条、第三十三条、第三十四条、第四十二条、第四十三条、第六十九条、第七十四条、第八十九条等，均曾被理解为强制性规范。因此，无论是《合同法》基于公平正义对私权行为规范角度，还是《公司法》及相关商事主体法基于利益相关者保护的角度，均涉及强制性规范的理解与适用。这就是实务界所理解的，在私募股权投资合同效力评判中存在《合同法》与《公司法》的竞合适用问题。尤其是公司法存在众多的管制型条款，这些条款是否构成强制性规定从而导致合同无效始终是该类争论的核心问题。正如"世恒案"再审法官所言，架构私权的"意思自治"需以"不违法"作为前提，违反法律的意思自治是不被承认的。法官依据法律规定判决某些私法行为无效具有无可辩驳的正当性。[5]在投融资法律关系中，以意思自治为主线，基于合同基本理念干预意思自治的因素是否与公司法对该类公司相关行为管制的因素存在弥合？抑或是矛盾？是《公司法》管制型条款本身就构成对该类合同效力评判的否定，还是《公司法》与《合同法》弥合并接受相同类型的强制性规范的约束？由于价格估值及优先权系列条款在《合同法》中是非典型合同，其在《公司法》中也未有明确规定，该类问题因蕴含着诸多未知因素形成实践中的巨大困扰。

接下来的讨论还需我们重新回到"世恒案"的一审、二审及再审判决，尤其是三级法院对《增资协议书》第七条第（二）项部分一致作出该约定内容因违法而无效的认定，其相应的裁判文书中所引用的法律依据也均为"违反《中华人民共和国合同法》第五十二条第（五）项之规定"，"应认定无效"，但各级法院对基础事实违法性角度的认识却不相同。世恒公司、海富公司、迪亚公司、陆波在《增资协议书》中约定，如果世恒公司实际净利润低于3000万元，则海富公司有权从世恒公司处获得补偿，并约定了计算补偿款的计算方式（公式）。一审法院认为"海富公司有权要求世恒公司补偿的约定损害公司利益及公司债权人的利益，不符合《中华人民共和国公司法》第二十条第一款的规定"，即一审法院认为该条关于"不得滥用股东权利损害公司或者其他股东的利益的行为"的规定为禁止性条款，因而导致合同无效；二审法院认为，"海富公司要求世恒公司及迪亚公司以一定方式予以补偿的约定，则违反了投资领域风险共担的原则，使得海富公司作为投资者不论世恒公司经营业绩如何，均能取得约定收益而不承担任何风险。……明为联营，实为借贷，违反了有关金融法规，应当确认合同无效"；最高人民法院则认为，"这一约定使得海富公司的投资可以取得相对固定的收益，该收益脱离了世恒公司的经营业绩，损害了公司利益和公司债权人利益"[6]，因而合同无效。在这里，对何种情形属于《合同法》第五十二条禁止性规定的理解，三级法院法官均根据个人的理解做出了截然不同的诠释。对于其在法律适用中存在的认识误区前文已做了充分的解读。而最高人民法院判决书中并未涉及"海富公司可以取得相对固定的收益的约定损害了公司利益和公司债权人利益"这一论断的论证过程，但在事后主审法官的文章中提到，"因为在民间融资投资活动中，司法不是就事论事的行为。在利益平衡的过程中，不仅要考虑案内，还要考虑案外，不仅要考虑当下，还要考虑将来。对于潜在的第三者的利益也要顾及，例如潜在的债权人。"[7]"融资方和投资者设置估值调整机制（即投资者与融资方根据企业将来的经营情况调整投资条件或给予投资者补偿）时要遵守《公司法》和《合同法》的规定。投资者与目标公司本身之间的补偿条款如果使投资者可以取得相对固定的收益，则该收益会脱离目标公司的经营业绩，直接或间接地损害公司利益和公司债权人利益，故应认定无效。"[8]由此可以直观地看出，裁判者认为，取得固定的收益且这一收益与实际业绩不符是问题的关键，这"会直接或间接地损害公司利益和公司债权人利益"。

笔者相信，这一结论的得出有裁决者对交易结构误读的因素，交易条款中的股权回购权的约定使私募投资股权具有"两栖"性——股和债的双重特征，当股转债的情形发生时，其特征即显现为约定有固定回报的投资行为。由此可以看出，优先权及衍生权利条款是投资人利益最大化的结果，其条款的设计突破了现行公司法关于股权设置的基础性制度，运用灵活多变的合同机制放大自己的权利，在利益和风险固定的情况下，优先权股东的利益最大化的保有势必就是风险向普通股股东的转移；其中股转债权利机制的设置实现了股东到债权人身份的转化，且其利用股东身份形成的权利优势保护自己的债权实现，这就势必"侵害其他债权人利益"。裁判者很容易得出相同的结论——某类优先权权利类型是对公司、股东利益和债权人利益的侵害，这实为股权外部性问题所导致的代理成本问题在法律上的体现。法官关于"融资方和投资者设置估值调整机制时要遵守公司法和合同法的规定"的表述也不免引发我们的思考和担忧：公司法与合同法的性质分别是什么？合同法的本质属性是任意法，如果按照将合同法的规范配置所进行的类型区分，可将其归纳为任意性规范、倡导性规范、授权第三人的法律规范、强行性规范以及混合性规范等，当事人当然可以排除某些合同法规范的适用，法律关注的仅是排除强制性规范及其后果。但是，公司法是以意思自治为核心还是以市场管制为核心？对这一问题的不同回答决定了将公司法的本质属性界定为任意法还是强行法的两种结果。于是，当事人在涉及权利结构时是否可以排除公司法的适用？也出现截然不同的两种境地。

我们很容易理解这样的实例：甲公司欠 A、B、C、D 的债务，法院执行甲公司的财产偿还其所欠 A 债务的时候，一般不会出现这样的考虑：将甲公司的资产执行给 A 是不是损害了 B、C、D 的权利呢？在甲公司不存在破产程序的情况下，很显然是不存在这种疑问的，问题是为什么在被投资企业（类似于债务人甲公司）偿还投资人（类似于 A）补偿款的时候，或者是基于双方合同约定由公司或大股东回购股权的时候，这种疑问却出现了呢？这一认识的差异性是因为司法裁决者对公司这一特殊的民事主体的法律性质的分歧，还是出自对私募股权投资这一特殊交易模式的经济合理性和法律公平性的认识欠缺？抑或是因为执法者存在对其行为目的——上市过程中股权结构、利益输送的担忧？还是存在其他原因？

通常理解，在传统民法以物权、债权所构建的财产权二元体系中，物权因绝对性和排他性而具有了对抗一切人的特征，并因占有和登记的公示效力解决了交易外部性问题；在法律技术手段上，债权被界定为相对权，因其指向特定的交易主体不产生外部性。而股权的转让一定会产生外部性问题：股权的受让方接受的不仅仅是财产权利还包括股东身份，因此受让人一旦承继股权就必须接受其因股东身份所承载的一切。例如，因股东身份所产生的投票权等共益权与其自益权相匹配；基于身份权产生的其他限制等。股权交易中外部性产生的各种关系的消解过程，就是在合同自由、资本多数决和降低代理成本之间的利益平衡。从根本上说，私募股权投资模式所谓的权益性投资是投资者将在二级市场、一级市场的投资行为提前到上市前准备的若干年，在上市进程中的合适时机实现利益套现，这就是将原本属于监管机构审查的事项摆在裁决者面前时，裁判文书能不能发出监管者的声音？答案很简单，监管机构基于种种担忧可以否决其上市，而审判者基于同样的担忧却不可以轻易否决其合同效力。欲彻底认清这一问题，我们尚需从源头上去探寻影响裁判者价值判断的若干基础理论问题。

二、两个前提性的基础理论问题

（一）对公司性质的不同理解

公司的本质究竟是什么？是公司参与者各方的合约缔造了公司，还是公司法创造了公司？这一问题数十年来困扰着法学和经济学者，他们一直尝试着用各种理论对这一问题进行解释和阐述，但即使对于最为基础的问题——什么是公司，"做一个全面而客观的理论阐释，几无可能"。[9]当公司法律制度成为法学、经济学、管理学、政治学、社会学等诸多学科的研究对象时，对这一问题的理解更是难以求同。加之受到不同的时代背景、经济社会环境、人们的认知程度等的制约，对公司本质作出一个全面客观、能被各学科所接受的理论解释是不现实的。然而，在私法领域，公司是重要的一类民事主体，民法中的很多制度都与这一主体的特殊性息息相关，因此对公司性质等基本问题的正确理解是解决其他制度问题的前提。例如，公司制度中的有限责任制度对经济发展所起到的作用常常被比作像蒸汽机的发明一样伟大，为此，在法律制度的构建中一直以强势保护所有者的态度将风险转化给债权人。从赋予公司独立人格角度，无论是实体保护规则还是由此延伸出的优先权规则及清算保护规则等，都是风险转向债权人的具体体现。为了对这些制度设计有一个相对合理的解释，为什么赋予公司这样一个没有生命的"人"以法律人格，使其可以成为民法上的人来独立承担民事责任，民事主体理论上有代表性的解释包括法人说和契约关系说。该两种不同学说导致对公司本质的不同理解及整个公司法制度构建理念的不同，并由此影响到对公司法性格的认识——强制性规范和任意性规范的边界的不同理解，从而影响到对相关法律规范在交易法律关系判定中的不同认识。

1. 法人说

公司法人说认为，公司是法人[10]，具有独立的人格并以其全部财产对外独立承担民事责任。法人理论自发端以来一直存在争论，且不说历史上陆续出现法人拟制说、法人否认说、法人实在说的各种分歧，单就法人实在说，因为对"社会实在"的认识分歧，又分存在有机体说、组织体说和社会作用说的争论。近代以来，在大陆法系国家，法人实在说曾一度占有优势，以我妻荣为代表的民法学者从公司社会责任的角度使法人实在说具有一定的影响力，但随着现代公司法实践尤其是经济全球化背景下的公司法一元化的趋势，该学说的缺陷已愈加凸显。评论者认为，法人拟制说和法人实在说均无法回避公司虚拟性的现实。他们认为，公司之所以是法人是因为法律进行了这样的规定，而不是其本身所固有的特性。经学者对公司历史的考察，公司并非自始即"依法设立"，在相当长的时间里是由当事人依契约自由原则任意创设，作为一种事实存在，与"法人"无干。[11]法律之所以进行这样的拟人化处理，主要是基于商事经营的便利。换言之，将公司作为一种独立人格的法人来看待，是一种法律的虚拟而非现实的存在。若以现实的眼光来看，则是真实的人在从事经营活动。譬如，有些情况下由个人决定公司事务，有些情况下由个人代表公司执行事务，公司的利润或者损失最终必须由个人享有或者承担。原因是

"公司的法律人格仅仅是方便而不是现实，将公司当作法人的说法往往会掩盖其交易的本质"。[12] 因此，此学说的影响力已渐行渐远。

从民法理论体系的角度认识，上述诸学说均立足于从法人外部因素研究法人制度，着眼于法人何以成为民事主体以及这种民事主体具有何种功能的角度，解释了法人和自然人一样作为民事主体构建法律关系的合理性。但对于法人的内部组织关系以及内部组织关系成员与法人外部的关系，上述学说无法给予合理、充分的解释。如，他们不能合理解释为什么股东在股份平等的前提下所享有的权利是不平等的，不能解释为什么在特定条件下公司或公司的某些股东要承担以公平合理的价格购买其他股东股份的义务，不能解释为什么公司在采取某些重要的行为时应当获得公司某些股东的同意，等等。公司法调整的是一个个被抽象为理性人的商人在公司运作过程中发生的经济关系，其盈利不仅仅是参与经济领域的交易行为，更多的是众多投资人借助公司这样一个工具所完成的公司治理与资本运作行为，当公司在资本市场领域所从事的相关行为必须以上述内部关系合理性解释为前提时，该学说的天然缺陷及其与时代脱节的特征就凸显出来了，从而暴露出该学说对社会发展中出现的经济现象解说上的苍白无力。

2. 契约关系说

契约关系说起源于法经济学理论的研究成果。20 世纪 30 年代科斯在《企业的性质》中用经济学的分析方法提出了公司契约理论，后经阿尔钦和德姆塞茨詹森和麦克林等人进一步论著，经弗兰克·伊斯特布鲁克和丹尼尔·费雪引入公司治理的纵深分析，契约理论达到完善。[13] 概括地讲，契约关系理论是一套关于现代公司经济模型的理论。根据该学说，公司被认为是各种要素的集合并朝着共同的生产或者服务目标而努力。这一集合因素包括股东、债权人（包括长期客户、债券持有人，甚至包括企业侵权的债权人等）、雇员、管理者，他们自愿结合起来自行安排各种交易，他们共同构成了一种复杂的契约关系束。这"一系列合约关系"，包括法律拟制物（公司）和原材料或服务的卖方签订的供应契约，和向企业提供劳动力的个人签订的雇佣契约，和债券持有人、银行及其他资本供应方签订的借贷契约以及和企业产品的购买方签订的销售契约等。在这些公司契约中，部分契约是明示（Explicit）的，也有很多契约是"暗含"（Implicit）的。公司设立时订立的公司章程，确立公司和员工、公司、其他产品和服务供应者之间关系的文件以及对公司运行过程中是否增资、减资，以何种方式进行，是借贷还是发行新股和对股东表决权行使的种种规定都可以视为明示的契约，而部分需要法院进行解释确认的内部关系则可以视为"暗含"的契约。公司契约理论的重心在于公司制度的供给与形成来自于利益相关者的自治。

该理论不仅从法人内部关系且能从外部关系角度论述法人的本质，从而成为资本与产品市场的全球化所带来的制度趋同背景下最有影响力的学说。公司契约理论主张，以公司契约理论来分析公司内部的制度安排时，公司就是错综复杂的利益关系——股东之间（控股股东与少数股东、普通股东与优先股东、既存股东与后来股东）的关系、股东与公司债权人的关系、物质资本出资者与人力资本所有者的关系以及公司与其他利益相关者之间的关系等复杂的利益安排构成的"关系之网"。这个关系之网的形式与内容就构成了公司制度。

Jonathan Macey 是这样阐释的："一旦我们认为公司不是一个实体而是一系列契约的结合，这个组织（公司）就解体成——投资者、经理、债权人、职员、供应商——他们通过协议在他们之间达到均衡。这也就是说任何公司参与者，即使是股东也不能把他自己当成是公司的所有者。"该学说的主要代表人物有大法官弗兰克 H. 伊斯特布鲁克（Frank Easterbrook）和丹尼尔 R. 费雪（Daniel Fischel）教授，他们甚至认为："公司各方参与人之间的相互关系通常取决于契约和相应的契约法，而不是取决于公司法或者公司作为一个实体的法律地位。"[14] 因此，公司法在很大的意义上就是合同法，公司法规则应当主要是"补充性"的，而且出于公司的个性化要求，当事方可以选择适用（Opt In）、也可以选择不适用（Opt Out）这些条款。[15]

本书无意于过多笔墨介绍有关公司契约理论的细致论证。但行文至此，作者要表达的核心观点是：对公司本质的理解决定了对公司法功能的赋权性需求。如果公司的本质是"契约束"，则更适宜的公司法规则主要是"补充性"的，那么当事人可以自主决定适用或不适用这些条款；如果公司的本质是法律的拟制，那更适宜的公司法规则应当是"强制性"的，因此，当事人自然不可规避这些条款的适用，且一旦触犯其禁止性条款即发生合同条款不生效力的法律后果。而这两种不同理解最终决定了公司法和合同法之间关系的不同：如果公司法规则主要是"补充性"的，那么当事人可以自主决定适用或不适用这些条款，公司法的性质也主要体现为赋权性法律规范，其自然可以视为合同法的延伸；如果公司法规则是"强制性"的，则公司法的性质主要体现为强制性的法律规范，公司法本身更多体现为构成干预合同法效力的强制力规定。于是就构成前文中论述的：诸如《公司法》第二十条、第二十一条、第三十五条、第七十二条、第一百三十四条、第一百三十八条、第一百六十七条、第一百八十七条、第二百一十八条，《中外合资经营企业法》第八条、第二十条、第九十四条，《中外合作经营企业法》第二十一条、第二十三条，《合伙企业法》第二十三条、第三十三条、第三十四条、四十二条、第四十三条、第七十四条、第六十九条、第八十九条等应被理解为强制性规范，从而导致合同无效。那么，事实是怎样的呢？在私募股权投资领域，其又应当是怎样的呢？对这些问题的回答需要回到公司法根本理论问题的纷争渊源上。

（二）对公司法功能的认识分歧

在法学角度审视，关于公司本质的主要学说——法人理论及契约理论在不同的角度看均有一定的道理。然而，经济学家关于契约概念的理解远比法学家理解的范畴宽泛得多，法学家的契约概念往往关注于契约的形式要件——要约和承诺，经济学家的契约要件更多关注实质——两个以上行为人对投入事业的共同期待。根据契约关系学说，其契约理念包含了合意理性关系（Consensual Rational Relationship）与非合意理性关系（Non-Consensual Rational Relationship），前者就是显性合同或者称为真实合同，后者成为隐性合同或者非真实性合同。[16] 在经济学家看来，一个隐性合同是一种可由市场机制而非法院来执行的合同。这些合同的"效力"不会给受害方带来法律救济，但是经过一段时间却会给违约方带来惩罚。例如，在现实中，即使存在信息噪音或不透明因素，管理者依然有适当的激励。这最终使那些对投资者不利的条款显露出来，公司也就会因此在争取投资者资金的竞争中落败。[17] 这一思维范式体现了：在经济学家眼里合同是"应该是什么而不是实际是什么"的理念，而恰恰是这一分歧，导致了经济领域实践中，商人习惯按照应然的状态设计交易模式以构建公司未来，而这种应然状态下的很多制度甚至理念在法学实践中是行不通的。

具体而言，经济学家的应然范式是建立在一系列假设的基础上的，这些假设是，所有的人对交易都是充分了解的，并且他们的行为能够理性地使财富发生最大限度的增值，但是在真实的世界里却并非如此。所以，如果面对一种交易，并不是所有的人（主要指参与交易的人）都能了解，当他们的行为没有按照其预计的轨迹发生或因其他因素诱发利益之争的时候，现实中的商人们不是去等待市场给予的惩罚，而是尽可能地寻找法律的缝隙谋求自救。此时，对交易信息及交易结构不了解、不充分即成为其寻求法律救济的突破口。例如，私募股权投资交易中估值调整机制的复杂设计、股权及权利组合的特殊功能等架构中意思表示瑕疵等，种种能够让当事人不遵守在先约定的理由俯拾皆是，诉讼中充斥着交易结构的设计损害了债权人及第三人利益、交易行为违反法律禁止性规定的请求与答辩，足见经济学家构想的理想社会关系并不存在——他们不会等待市场的惩罚，他们会拿起一切能够维护自身"利益"的武器，法律的真空状态成为商人逐利本性的成全机制，从而使他们本能地放弃对诚实信用理念的秉持和遵守。因此，在具体的裁判中，排除对这种复杂交易结构所依附事实本身所需要的经济学（尤其是财务）知识，在立法尚处于空白期的情况下，若实现对社会治理大有裨益的创造性司法，裁判者能对公司本质及公司法功能有着准确的理解是最基本的前提。

在公司法人说和契约关系说下，对公司法赋予功能的理解是截然不同的。

在法人说的视野下，公司是法人，具有独立的民事主体地位。在立法技术上将法人与股东的人格分离并规定其承担有限责任的制度，作为一项强势保护出资人的形式实现了风险向债权人转化。该制度自诞生以来一直因对债权人的不公而饱受非议。为了平衡该制度导致的股东过度投机给债权人不公，不仅公司法理论存在揭开公司面纱等理论与实践，民法上的撤销权制度等一直作为补充和供给。法人人格独立为企业融资、降低监控成本、刺激管理者高效管理方面，在保障企业市场价格的真实性、多样化投资、投资者最优决策等方面，具有无可厚非的优势并为经济发展带来了举世瞩目的效果。虽然公司法理论上对此存在多个角度的解说，但无论如何法人说都从不否认法人之所以成为独立的民事主体，是因为法律进行了这样的规定，这只是法律的虚拟而不是现实。法律虚拟的合理性在于，它还在实体上和程序上做出了一系列规定，保证其人格与自然人在民事责任上一样的责任能力：首先，法律保障其设立、运行的实质性要件，例如法定人数的限制、最低注册资本及缴纳措施的限制、经营条件、组织机构等；其次是法律关于设立、运行的程序性要件，例如发起人制定章程、行政审批、登记注册及年检等制度。此外，民法上关于法人制度的规定，商法关于商主体和商行为的规范、工商税务部门对企业登记税务管理的规定等，都是规范公司设立及运行的法律依据。法人拟制的合理性在于存在一系列管制型规范能够约束公司财产独立、财产保有等，这一系列能保证以其资产对外独立承担民事责任的制度，以此弥补了弱化债权人利益保护所带来的不公。因此，在这一学说背景下，公司法的功能体现为强制性规范。这是我国公司法的立法背景，而且也是至今仍支撑着我国公司法实践的基本理念。

公司法参与经济生活营利的目的性及商人追逐利益趋利避害的本性，决定了有关公司参与交易实践的本质。在现代社会，公司并不仅是以交易者的身份参与经济生活，其还因为参与多元化的利益关系中承担社会责任；同时，公司本身成为众人治理的工具，并因为公司治理运行成为一个盈利的关系结构，因此，仅以独立承担民事责任的外部关系审视和规范已出现了与社会实践的脱节。如果将法学研究和制度设计的合理性尺度界定为在一定的法律场域确定正义的标准，再以此为基础完成权利义务的分配的话，规范公司设立机制及运作的标准是什么？是国家强制还是契约自由，是遵循政府管制机制还是遵循市场机制？众所周知，自由是企业的精髓和灵魂，能够指挥和规范企业行为的是市场竞争这只"看不见的手"，这在亚当·斯密《国富论》发表以来即被古典自由主义和新自由主义都接受的共识。

市场经济是一种开放的经济，金融资本的全球自由流动是不以人的意志为转移的，各国要谋求自身经济的发展就必须融入全球经济大循环中。21世纪以来，全球经济一体化的浪潮已势不可挡。在经济全球化背景下，竞争不再限于国内环境。日趋激烈的国际竞争，不仅对传统的法律理念产生了前所未有的挑战，也带动许多国家和地区对公司立法进行重大修改，公司法立法技术变革也已出现规则趋同

现象 [18]：立法者不得不将提升本国公司国际竞争力之目标作为考量因素，并关注借鉴其他国家变动中的经济及公司治理的实践经验。伴随着信息化时代与资本化时代的交织进化，公司法已经别无选择地走进了一个问题丛生和风险重重的开放性社会，社会生活的变动不居决定了公司法必须不断进行理念更新与制度变革才能确保其具有时代适应性，公司法也唯有跟进社会变动与发展的步伐，自觉融入法治现代化的趋势，植根于本土化的法律资源，才能保持其旺盛生命力。[19]各国公司法立法理念的变化，除了全球经济一体化背景及竞争格局的影响，在理论上无一不受到公司契约关系理论的影响。

公司契约关系说认为，公司不是真实的人格化的主体，而是由企业事业的参与者之间各种要素权利和义务的集合。在这里，所有权不具有特别的意义。每个人都在这里得到自己应得的部分，任何人无权对公司享有全部所有权。股东、债权人只是对公司资产求偿顺序上的区别。公司的核心人物是管理层，由他们领导企业走向成功。公司法基本上由赋权性规则（Enabling Rules）构成，这种法律只控制程序不控制结构。因此，公司法的功能体现在：第一，节约交易成本的需要，公司法负责提供一种示范（Standardized）或脱轨原则（Off the Track Principle）。公司作为一种复杂的关系契约，涉及的人际关系及事物关系复杂，非一般的商人穷尽智慧所能及，公司法上的许多规定，如表决权规则、定足规则等，惠及众人且人们都乐于接受。第二，公司法可起到填补合同空白及补充完善的功能。如信托规则（Fiduciary Rules）能够帮助人们预先预见并设计，起到填补合同空白和审查合同条款合法性的作用。第三，由政府出面而不是由合同的一方负责标准合同的设计，有利于平衡各方利益，使合同本身获得正当性。使其成为"公共产品"并具有"第三方效应"。**20** 由此可见，契约关系说下的公司法功能为赋权性规范。在这一理论下建构的公司法称为美国模式。

由于同为对契约自治行为的规范，在此背景下，公司法被视为合同法在商事领域的自然延伸。

三、公司法功能之重塑

（一）资本角逐——公司法竞争

关于法人说和契约关系的讨论已持续良久，二学说均在一定程度上对公司本质问题有着符合其解说背景的论断，均有一定的合理性。但无论何种解说都无法否认：最好的治理结构并非从理论中产生，而是从实践经验中发展而来的。正如哈耶克"自生自发秩序"观所言，"法律不是凯恩斯主义式的人类自负的理性心智'创造'……法律乃是经由法官或法学家和行动者不断做出的发现和否定而发展起来的。"经济领域的交易实践与法律制度的交织角逐演变史形象地揭示了这一规律。

20 世纪 90 年代，适逢改革开放后中国经济的复苏与发展阶段，大量国际资金青睐于中国市场。但由于我国 1993 年《公司法》秉持在公司法人说下的严格管控制度，在经历了短暂的投资黑暗期之后，企业纷纷寻求海外上市之路，大量资本逃离中国。与此相反，在对国际资本进行争夺的过程中，有些国家甚至采取了"朝底竞争"（The Race to The Bottom）的策略，即朝向公司法最低限制、最低条件的竞争。[21] 英属维尔京群岛、开曼群岛等地正是依靠"朝底竞争"策略而迅速成为全球著名的离岸金融中心，"曲线上市的优美拐点"、"风险投资的软猥保甲"、"合法节税的风水宝地"等彰显了离岸公司的竞争优势，中国的众多企业纷纷在海外平台上实现了资本在市场上的聚合。

以百度公司为例，百度在其成立之初的 1999 年和 2000 年进行过两次融资，融资金额分别为 120 万美元和 1000 万美元。截至 2004 年年底，该公司的总资产仅约 3100 万美元，股东权益当然只能更少。但在 2005 年 8 月，百度公司正式在美国 NASDAQ 挂牌上市时，仅增发融资部分的金额已达 8.7 亿美元之多。[22] 足见资本在市场上的聚合能力。虽然我国《公司法》进行了多次修改，但并未改变其管控型特征，加之我国对互联网领域的一些其他管制政策，奔赴海外的曲线上市之路仍是这类企业的首选。再如，北京小桔科技有限公司（滴滴打车）2012 年成立，其号称致力于用移动互联网技术打造全球最大的出行平台，也是通过海外架构的方式赴美上市解决其融资需求。仅 2015 年 7 月，滴滴打车就获得包括中投、中国平安创新投资基金、资本国际私募基金、阿里巴巴、腾讯、淡马锡、高都资本等 20 亿美元投资，创造了全球单笔融资的最高纪录。

由此可见，在依托美国公司法所形成的证券市场上资本的聚合力更为强大。电商京东、唯品会，视频网站优酷、分众传媒、完美风暴、盛大游戏等都是无一例外地选择了"VIE"架构及赴美上市，逃离中国资本市场；更无一例外地将其经营主体放在了中国，通过"可变利益实体"的交易结构实现对国内企业利益的控制。

以上现象充分说明了资本天生所具有的逐利本性，它倾向于流向富有体制效率的资本市场，而资本市场的国际化意味着跨国投资将会从没有采取理想公司治理模式的环境中转移出来，从而导致资本外流，这无疑给该国的公司法律制度带来压力。在我国目前建立多层次资本市场的经济背景下，固守白纸黑字的法律规则，还是适时调整法律使之有效地作用于市场，是保有既定制度管控型机制还是顺应国际经济一体化趋势，是立法者必须做出抉择的时刻了。

（二）还原公司自治本质的必要性

自从 2001 年加入 WTO 之后，我国融入世界经济一体化的步伐明显提速，境内外资本市场的联动效应日益增强。2005 年以来，我国对公司法及相关制度进行了频繁的立法活动。学界一直称颂这次立法为"打破传统管制型公司法而转变为现代自治性公司法"，"在立法理念方面已经引领了 21 世纪公司法改革的世界潮流"。[23]《公司法》得此盛赞的一大缘由是学者们声称这部新法秉承了公司自治的商事精神，处处顾及公司参与方的谈判空间，大大拓宽了任意性规范之适用范围。但事实并非如此乐观，2005 年《公司法》的自治性规范增多但强制性规范的数量并未减少，而是加大了强制性规范的适用范围，在公司设立登记、控股股东和高管人员的责任承担、公司人格滥用之避免、公司社会责任之承担、公司工会的组织建设等方面，设定了大量的强制性条款。据统计，"应当"、"不得"、"必须"等强制性字眼，由原来《公司法》的 243 处增加到 271 处。新《公司法》诸多法条用语的"暧昧"和"含糊"，反映了立法者对这一问题的认识不够清晰，对相关公司法规则属性的设计亦迟疑不决，造成了不少负面影响。[24]这种负面影响不仅反映在暧昧和迟疑下的立法理念不明，也给实践带来了更大的干扰和困惑。这一后果已在私募股权投资领域有着直观的显现。

与立法的犹豫含混相比，在私募股权投资相关政策及执行方面则表现出很大的随意性，这更加大了该领域未来金融风险的可能性。2006 年施行的《创业投资企业管理暂行办法》第十五条规定，"经与被投资企业签订投资协议，创业投资企业可以以股权和优先股、可转换优先股等准股权方式对未上市企业进行投资"，该条可谓优先股在中国合法性的认可。

近几年来，中国私募投资蓬勃发展，截至 2015 年 5 月 30 日，已有 11000 多家私募基金管理机构在中国基金业协会登记备案。[25]除了法律未定政策先行的现状，在司法实践中，2012 年以来，私募股权投资合同纠纷开始大量涌入，自最高人民法院"世恒案"裁决后引发的一系列理论争鸣，尤其是中国国际贸易仲裁委员会对于富汇创投与宁夏泰瑞制药"对赌协议"估值及回购条款有效性的认定，揭开了一直笼罩在投行领域的谜团。2014 年 6 月 3 日，最高人民法院《关于人民法院为企业兼并重组提供司法保障的指导意见》对估值调整协议、股份转换协议等合同效力的原则性意见、《国务院进一步优化企业兼并重组市场环境》等一系列法规的出台，均为简政放权提供自由宽松的市场环境提供了政策依据。这一系列法规政策影响了大批赴海外上市企业回归国内资本市场。

还以互联网企业为例，2015 年 5 月，在深交所举办的"互联网行业座谈会"上，深交所负责人表示，"互联网 +"已经上升为国家战略，国家改变原管控措施态度而出台了一系列的支持政策，深交所将进一步优化相关规则，设立差异化的上市条件，细化行业信息披露要求，建立符合企业成长规律和经营特点的制度体系。在之后华泰证券主办的"互联网 +"高峰论坛上，经纬中国负责人披露，经纬共投资了 230 多家企业，其中 110 多家企业是美元架构。目前，40 多家正在拆除结构，准备回归国内资本市场。之后，百度公司 CEO 李彦宏在接受媒体采访时表示，百度将来有可能完全从美国退市，回归国内 A 股市场。由此可见，改变政府监管方式、为投资者提供自由、公平的投资环境，是建立多元化资本市场所必需的，也是全球资本市场一体化背景之大势所趋。目前，行政政策和司法实践走在了立法和理论的前面。

法律制度变革有其规律性，在市场经济领域典型的法则就是"需求适应型"规律，即"当市场与社会对法律的需求力量积累到一定程度，会自下而上地促使法律制度的变更"。我国私募股权投资领域的长期实践，已将美国引进该制度中的权利机制设置根植于交易实践，无论中国法律体系中有无允许其存在的法律规范，无论中国目前的公司法现状及相关理论演变是否成熟，金融投资家和企业家们全然不顾，他们跟随着经济发展的一般规律，从大胆"尝试"到频繁交易，无疑已经成为公司法此类实践的开拓者。是不做利弊权衡地一味排斥、打压以墨守成规，还是根据市场需求调整现有法律以有效的手段规范、约束，何者方是法作用于社会的目的，公法学者与私法学者的答案是一致的。一个基本的共识就是在何等空间接纳之、以何种尺度和法律技术规范之，才有利于社会经济发展及秩序安全，这是需要继续深入讨论的问题。在公司法上，如果秉持公司契约理论的一般理念，除规范董事、经理对公司股东所负责任的基本规则原则上是强行法外，在公司章程或股东会就具体事宜进行具体授权时，可以体现出一定限度上的灵活性。那么，如何重新认识我国公司章程性质的法律地位，是公司法应当整合的一个重大的理论问题。公司契约论进一步强化了公司法的私法属性，为公司的自由设立提供了法理依据，可否在秉持公司章程自治的前提下依合同法理论衡平公司各利益主体意思自治及权利自由的限度，也是民法学者应深入研究的课题。如果真能够在现有民法合同轨道上实现公司法理论的深入运行，可谓二者实现了合同法与公司法的和合[26]共治。

（三）公司法性格的适应性

任何制度的生成都有其内在的推动力，公司法律制度的发展变化一直是与公司在经济生活中的角色特征相随相伴的。在大陆法系国家，"公司"一词的通常定义是，以从事商行为或以营利为目的的，依照公司法组建、成立的社团法人。[27]在普通法系国家，"Corporation"一词专指法人社团，是与大陆法系"公司"概念相对应的部分，仅仅是具有法人资格的商人公司。[28]而在现代法律制度中，法人性、社团性、营利性和法定性一直被视为公司的基本特性。[29]那么，公司的这些基本特征是否与生俱来并不可改变呢？学者对在法人制度形成之前就已经存在的公司相关制度的考察得出结论，公司并不是一开始就具有"依法设立"的属性；相反，自由设立状态却延续了相当长的时间。这与其说是受某种深思熟虑的理论支配，不如说是为便利社会生活而在法律上所作的灵活变通。没有任何证据表明公司在自由设立时期就有法人属性。[30]公司并非自始即"依法设立"，在相当长的时间里是由当事人依契约自由原则任意创设，作为一种事实存在，与"法人"无干。而法人制度之理论，所以早为罗马人所发明者，实以适应当时之需要为最大原因。[31]公司也在从自由设立到特许设立的过程中转变为法人，而这一转变的原因也正如霖尔维茨所说的，借此可以产生一个得以受领某些政府权力与贸易特权的实体的需要。从这一段简短的叙述即可看出，公司是由当事人依契约自由任意创设的事实存在，而公司法作为一门应用科学，天生就有贴近生活、解释实践的内在本性，是一门根据头世之需的正义标准规范、调整将公司视为"什么"的法律技术。明确了这一点，有关公司法理论问题的很多争论均可视为立法技术问题的争论。在《公司法》的修改中，学者也表达了这一观点，认为凡是实践证明我国公司运营需要，而国外也证明完善的商事公司制度是不可缺少的规则，此次《公司法》修改中必须加以充实。《公司法》的修改就是为了使《公司法》好用。[32]

任何话题的讨论均应建立在不同法律场域下才有意义，而有关公司性质之争均是站在不同的法律场域对公司角色的定位。公司契约论是将公司视为合同关系群，在这里股东、债权人和公司其他利益相关者的区别就是对公司财产求偿顺序的不同，至于对相关权利的保障措施，则可以民事权利其他供给制度予以实现。例如，股东之间普通股和优先股的配置不同导致权利实现的先后不同，而债权人在债权形成之际，也往往设置担保、抵押、质押等权利保障措施，各方主体基于本性使然，在交易关系达成之时都会为自己做出最优化的方案。如在制度上存在一种方式能够使利益相关者信息共享，使其在发生对己不利的情况时能够知晓并存在相应的权利救济机制，就在理论上解决了是否存在损害及发生这种损害的公平性。因此，公司章程及信息披露制度是《公司法》在立法技术上至关重要的一节。

至于契约关系理论的实践效果及所受到的质疑，除了前文所说持该观点的经济法学家对实际生活"应然范式"的理解，也存在法学思维和经济实践的脱节。该理论受到的质疑还包括，公众公司的股东与公司之间、股东在公开市场购买股票的行为并不是合同关系；即使这种行为是经济学家所说的"隐性合同"，但公司在侵权的情况下造成的债权人与公司之间的关系根本不存在任何合同关系。另外，关于该理论取消强制性规范的见解，基于一些契约中当事人对风险和利益缺乏足够的认识和决策能力，或者仅仅依靠契约关系的约束并不能阻止管理者的自私自利行为，这些，即使在契约关系模式下也是当然存在的。笔者认为，这些质疑在个别角度上对公司契约论的严密性进行了反击，具有一定的道理。但这并不能否定其在公司行为实践中决定性的地位。因为公司所凝结的各种社会关系中，盈利是各个主体趋同性的目标，在这一系列关系群中并不否认存在其他法律场域下的价值目标，但在公司法的规范意义上来讲则无须顾及。这并不是将现有理论建立在求大同存小异下的苟且，而是对经济实践活动大有裨益的经验总结和社会财富最大化目标下的现实妥协。

（四）公司法功能之重塑

最近几十年以来，法经济学对法学的影响是非常深刻的，无论是司法判决还是法学论著都无法逃避经济全球化带来的理念更新。其实，自亚当·斯密的《国富论》发表以来，公司契约理论对公司及公司法问题的审视带来了焕然一新的角度。公司是经由当事人任意创设的事实存在，是私法意思自由的产物。在经济生活中，自由是企业的天性，而实现自由的方式是市场竞争这只"看不见的手"。在契约说下，公司是一系列"合约的连结"包括同原材料或服务的卖方签订的供应合同，同向企业提供劳动力的个人签订的雇佣合同，和债券持有人、银行及其他资本供应方签订的借贷合同以及和企业产品的购买方签订的销售合同等。在法律形式上，这些合同既可能表现为文字和口头交流，也可以通过明示或默示的方式来完成。因此，《公司法》规范的对象首先是基于意思自治产生的一系列合同关系群，《公司法》即为合同法在公司领域的延伸，本质上起到法律规范的引导作用，类似于标准示范合同，这与我国现行合同法实践中的房屋销售合同标准条款、贷款合同的标准条款等价值出发点是相同的。又由于公司长期存续，公司既然是一系列"合约的连结"，这种合同具有长期合同的特征，与即时清结的合同相比，必然存在因当事方思虑不周或过于乐观而留下的诸多漏洞。[33] 由于长期合约所固有的一些特征，诸如不确定性、无法预见性等，使得这类合约的条款难以周全而挂一漏万，法律规范的功能之一应该能够起到对这些漏洞进行补充的作用，这与合同法在私权领域所体现的主要功能也是一致的，与民法的基本原则达到体系规范上的协调统一。因此，从赋权功能上，《公司法》与《合同法》在本质是一致的。

不容否认，现代公司法还承担着越来越多的社会责任，如保障债权人利益、雇员、顾客等利益相关者（stakeholder）的利益等，这些都与强制性规范息息相关。这与《合同法》基于正义理念出发对意思自治进行干预的出发点也是相同的，其所承载的法益均为公共利益、交易安全及社会秩序等。但在具体的法律适用中，则应区分二者所调整的财产特征所引起社会关系的不同。概而言之，针对任何类型的财产的交易都属于合同法调整的范畴，但因财产特征不同其交易关系又各自有其特点。可以简单地这样理解，在股权买卖合同中，买卖双方交易的标的物是股权，在私募股权投资合同中，投资人和目标公司交易的标的物是以股权（股票）形式记载的未来公司权益。因此，其交易机制及纠纷的解决机制都与这一交易标的物的特征相关，这就涉及对因股权（股票）交易的外部性带来利益相关者的看法，如利益相关者代表社会公共利益，则因以强制性规范调整；如界定为第三人利益的范畴，则可借鉴合同法授权第三人规范调整。

作为一门应用科学，《公司法》天生具有贴近生活、解释实践的内在品性。其强制性规范也因其调整社会关系的变化而体现出进化理性主义特征。例如，现代公司法从股东中心主义迈向多元化保护主义后，就使得强制性规范的边界模糊不清，强制性规范理由的多元化和差异性会导致法律适用的复杂性。"随着公司形式的发展演变，商事公司法允许更大程度地偏离（如通过对股份所有权及其转让施加限制）公司基本形式的默认规则，或者设计出针对封闭公司的、适应性更强的种种不同形式，从而提升所有者配置方面的灵活性。然而，公司法的默认规则通常是围绕投资者所有权而设计，偏离这一范式难免有些棘手。在高科技创业公司中，创业者和投资者关于分享利益、资产和控制权的复杂安排，就是一个耳熟能详的例证。"[34] 实际上，公司法制度构建中的很多制度都是围绕股东中心主义还是债权人中心主义展开的。目前，公司主体多元化、公司合约的长期性等特征导致了公司法利益衡平的复杂局面，其衡平机制还需要随着公司发展变化随时调整的特性，体现了规范对象的灵活多样且变动不居，非极强的适应性不能堪此重任。一部好的公司法不是具体规则的技术处理，而是随着法律规则生成的社会背景调整变化，体现为法律作用于市场的动态过程，这就需要公司法指引当事人行为、规范权力配置、补充合同漏洞、解释合同的一系列规则和功能。

在国际私募投资行为中，其交易模本多直接复制于美国国家风险投资协会发布《美国风险投资示范合同》一系列示范性文件。美国私募股权投资合同的投资方一旦完成投资款的交付就成为资本的权利人，投资合同作为一种获取权益的证书得到法律的特殊关照，符合一定条件的"投资合同"属于"证券"的范畴，必须向证券和交易委员会注册并履行信息披露义务。因此，公司参与的交易行为中，公司法的主要功能体现为赋权性的，法律赋予公司章程中自主决定相关事务并将相应的权利义务配置以公示方式"告知"相关利害关系人，解决了权益投资交易外部性带来的诸多弊端。在我国的私募股权交易实践中，虽然对美国风险投资协会制式文本进行了不同程度的变动，但基于这类交易的特殊性，以预估方式对企业进行估值的定价机制、对后续融资的优先权保护、参与管理的优先权条款等内容已充斥于对众多中小企业股权投资的交易实践中。目前，因为缺乏明确的立法规定，私募股权基金协会关于该类基金的备案制度无异于无本之木，规范手段和管控措施均受到制约。

由于受制于我国银行业主导的金融市场，很多中小企业对私募股权的青睐如久旱逢甘霖，众多私募也借中国市场创造了资本升值的神话。一直以来，《公司法》管制型特征以及优先股制度的欠缺备受实践的非议，同时也漠视《合同法》的存在甚至认为在该类交易中合同法力有不逮。然而，私募股权交易实践所渴望的并不是一套纯粹的技术规则。另一方面，有针对美国、日本、德国、中国、俄罗斯、韩国六大经济体的制度剖析表明，无论是发达国家，还是转型经济体，公司治理法律制度本身均无法自足。国别化的政治经济约束所产生的路径依赖，以及资本与产品市场的全球化带来的制度趋同压力，都给公司法律制度打上了迥异于技术规则的社会烙印。[35] 如果秉持公司的本质属性是相关利益主体的自治的观点，公司法即被视为合同法在公司领域的自然延伸，遵循意思自治理念的赋权性公司立法方能提供合乎公司本性的自然生长环境。私募股权投资实践已经证明并加速了这一规律的生成，未来《公司法》的修改必然遵循这一趋势，在公司治理的国家管制与市场机制之间、强制性规范与契约自治之间谋求尊重社会福祉的最佳平衡，在参与全球化经济竞技以求生过程中，实现《公司法》自身完善与重塑。

四、公司法与合同法的适用关系

从本质上讲，私募股权投资合同属于商事主体之间的交易行为。由于其中涉及公司治理及以上市为投资最终目的的原因，有涉《公司法》及《证券法》管控之嫌，因此，在发生争议的情况下，依合同法律关系还是公司法律关系界定主体间的权利义务是实践中的争执焦点。

在"富汇案"[36]中，仲裁庭认为，在对合同条款作出判断以前必须明确的是"价格估值条款是合同法律关系，还是公司法律关系，抑或两者兼而有之"。[37]正是在仲裁庭多数意见认为估值调整安排在法律性质上是合同法律关系的前提下，"在判断其法律效力时，就应以申请人在订约当时仅是投资人为前提和基础，并基于合同法律的规定进行分析判断，申请人事后因投资行为取得股东身份这一点本身不应构成判断该条款法律效力的考量因素。鉴于申请人（投资人）要求实际履行估值调整时已取得的股东身份可能会使之受制于公司法的相关规定。如果该实际履行即要求被申请人支付投资补偿与公司法律中的强制性规定直接相冲突，就会导致该条款无效（若违反的是效力性强制规定的情况）或不可强制履行（违反的是管理性强制规定的情况）。"[38]在裁决者的行文中可以清楚地看到，在判定投资人与目标公司关系时将基础法律关系界定为交易关系是避免"受制于公司法的相关规定"关于规制股东义务条款的前提。然而，事实是否如此呢？或者说，在处理该类交易引发诉讼中的法律适用时，合同法与公司法是否存在博弈关系，是竞合还是融合？

对于私募股权投资合同而言，根据前文论述，基于商事主体及投资合同目的的特殊性，价格估值条款、优先权条款及衍生权利机制的设置并不有涉主体实质平等问题的平衡，但无论公司补偿款、回购权之诉，还是公司股东优先权利确认，都存在涉及第三人利益问题，究其原因还是股权这一特殊财产权利的特征所致。单就股权转让而言，股权的受让方继受的不仅仅是财产权利，还包括股东的身份，这是产生股权行使中外部性效力的内在原因。股权的交易本属意思自治范畴，股东之间可以就股权的内容自行约定，但由于股东身份本身包括投票权等共益权，共益权的特征使其权利的行使必然带来外部性。以投票权为例，按照公司法原理，股东投票权与其剩余索取权是相匹配的，也就是说每一股所拥有的剩余索取权相同，其附着的投票权权重也是相同的。如果表决权与剩余索取权不成比例，理论上讲，人的本性决定了股东极难付出与投票权所得利益分配相对应的努力，与投票权比例对应的损失承担也不具有公平性。因此，风险和利益机制的不合理性对于一般的人而言，均很难做出最优的决策和努力。而且，更为糟糕的是，他们极其容易实施关联交易等行为将公司掏空，从而损害公司利益及债权人利益。假设甲在 A 公司持有 10% 的股权，为了达到对 A 公司的控股，一般情况下，他应该再购买 41% 的股权成为持有 A 公司 51% 股权的股东，但一个更小的成本可以使甲只购买另外 41% 的股权中的投票权，从而达到对 A 公司的控制。其后果是：甲在 A 公司享有 51% 的投票权，其可以采取各种增进公司利益的激励措施而努力（承担这部分成本）但他却只有 10% 的剩余索取权，那么，他会不会竭尽全力为谋取公司利益的最大化而努力？如不能做到勤勉尽责就在客观上已经造成了对第三人利益的损害。接下来的疑问则是，他既然只有10%的剩余索取权，他为什么去购买另外41%的股权中的投票权？执法者忧虑的往往是让他持有控股权的不利之处，现实中股东利用控股权损害公司及其他股东利益的行为证实了这种担心。也就是说，甲不但会消极无为，而且利用自己控制股东大会将公司资产进行转卖牟利，而这一利益就是其购买投票权所产生的代理成本。如何避免上述损害第三人情形发生就是在法律上解决股权外部性效力的消解过程。

（一）传统财产法对损害他人利益的救济方法

但从本质上探究，民法有关财产交易的法律制度都有一定的外部性，任何违约、侵权都涉及对第三人利益的侵犯，民法体系的科学性在于其运用若干制度为侵犯第三人利益作出合理性解脱。德国民法典采取以物权与债权二元划分的方法规范财产法立法模式，其技术手段为：以绝对性与相对性对物权和债权进行了界分，又分别以支配性和请求性归纳了两种权利实现利益的不同方式，并对物权法上的物以有体物为限。有体物以占有、登记为公示方法的权利外观，通过物权绝对效力的法律功能解决了其外部性问题，也就是说，只要以占、登记方式彰显为权利人的，世间一切人都有不作为的义务，以此达到了定纷止争、秩序井然的治理目的。即使这样，为了物权外部性带来的其他后果，民法也存在重要的配给机制对利益冲突进行权衡和协调，如善意第三人制度等。对于债权而言，法律界定债权具有相对性，只能针对特定的义务主体，因而不发生对第三人的外部效力。实际上，针对债权的交易外部性常常有之，但如不遵循财产法的基本分类及功能配置，所有的交易都因陷入无法证明的魔鬼定律而无法进行。为了消解债权外部性问题带来的弊端，民法辅之以若干制度进行了规制，其中最重要的就是在财产法二元论前提下的公示制度，即动产的占有、不动产的登记制度。还包括针对第三人利益影响的规范例如撤销权制度、代位权制度等。总之，不是物权或债权客体的转让不会产生外部性问题，而是民法体系存在若干消解这些外部性问题的权利救济机制。

（二）股权交易中的外部性问题及消解

股权是公司财产权益的利益载体。根据公司法基础制度设计，股权可以分为自益权和共益权。自益权主要是指股东的财产性权利如分红权、剩余财产分配请求权等；而共益权是指股东基于身份权所享有的为自身利益享有兼为公司利益而为的权利，如表决权、选举权、知情权等。由于共益权的不当行使会伤及公司共同体相关利益者的合法权益，在经济学上认为行使共益权会带来代理成本，即如果股东转让股权中的共益权会导致受让人获得身份权与股权本身的财产权相分离，带来激励的错配。由此，股东出售投票权获取对价虽然符合意思自治的正当性外观，但其行使投票权的行为与投票权后果的承担相分离，由于投票权相对应后果由全体股东承担，这就导致对其投票权不负责任的风险，这不仅会导致转让投票权的股东利益受损（这种利益受损可以理解为交易的必然后果，尤其正当性）也会损害其他股东的利益。

285

从其他股东虽然不是此投票权交易的当事人但仍会受其损害这一角度而言，应为法律所不允。再者，公司财产权、决策权与管理权的分离会造成极高的代理成本。不仅公司的股东可以利用上述权力分离造成的信息不对称谋取利益；公司的管理者也极易滥用手中权力谋取不当利益损害公司及股东利益，产生代理成本。享有公司决策权的股东也会利用其基于权利自由行使所得的控股权，利用一切极尽可能谋求自身利益的最大化。在一定的时空内，公司的价值是固定的，公司利益相关者们采取不同的方法以权谋私，势必会损害其他股东的利益。权力结构的复杂与混乱透视着公司的治理水平影响着公司股票价格，在证券市场的公司，甚至会导致金融秩序的混乱。因此，尽管股东会决议或公司章程的约定符合意思自治及资本多数决的权利外观，但股东之间关于股权过度限制会伤及其他股东利益，甚至会干扰资本市场对公司高管的监管，最终导致对公司及社会公众利益的损害。

上述经济学中关于股权外部性的一般表述，若用合同法所代表的契约自由理论来解释，一言概之，股权转让的受让方继受的不仅仅是财产权利，还包括股东的身份，其必须接受由于此种身份所带来的利益或者损害。凡此种种，均必须在合同自由、资本多数决和降低代理成本之间寻求平衡。由此可见，任何关于财产权的交易行为都不可避免地具有外部性，法律衡平的困难之处在于在计算这些行为为社会生活带来社会福祉时，应在多大程度、多大范围内考虑这一外部性。在运用法技术手段规制调整就这些利益冲突时，何者更具有法律上的正当性，似乎并无可规则性可言，只有付诸具体的利益冲突结构中由裁决者进行衡平。如处理不当会伤及交易的相对性，影响市场行为预期，最终会伤害法律的安定性。

私募股权投资是以未来公司上市退出为目的的权益性融资，是以企业走向资本市场为目的的。在私募股权投资法律关系构建的过程中，投资人（往往是基金管理人）与公司（往往是大股东、实际控制人）为企业未来上市带来财富增值可谓双方共同的事业，考虑到在企业上市成长的过程中很多不可知的因素，双方会约定上市途径之外的其他退出方式；为应对在企业发展的过程中可能出现其他的投资人，双方也会进一步约定一些权利的优先条款及其他特殊权利机制，谋求一定的优势地位或避免出现不利局面。对《公司法》的正确理解和适用，必须以了解在该类交易中公司在代理成本控制方面的装置是如何达成各方利益平衡的。可以简单地说，私募股权投资合同最核心的问题是其在代理成本控制方面的装置，这是合同及公司法律制度在资本市场演进中沉淀的智慧。法律作为治理社会的工具，应适应社会发展的需求并适时对之进行有效的规制，顺应其服务于公司实践自然规律的需要。正如探究合同法实施中存在的契约自由与国家强制的关系一样，在公司法律制度中市场机制与政府管制、赋权性规则与强制性规则的界限，都是契约自由行使中外部性问题的消解过程，在这一艰难的行走路途中，任何依赖于个人智识的人力资产都是不可靠的，立法、司法者应站在经济生活和社会实践的前沿，多一些进化理性，少一些建构理性，方为大有裨益的良方妙药。

（三）竞合抑或融合

在 18 世纪、19 世纪盛行的古典契约理论中，源于"主体平等"

和"完全自由市场"的假定，契约自由与契约正义被理解为内在的统一体。在古典契约理论看来，人们按照自己的意愿交换相互的财产或服务，在相互自由、自愿基础上建立起来的关系最为公正，于社会也最为有利，因为理智之人不会订立损害自己的契约，因而自由缔结的契约即为公正的。从政治背景看，在当时的自由竞争环境下，资产阶级革命的胜利使得市场主体摆脱了身份的束缚，政府甘愿充当"守夜人"的角色，公共权力不会对市场主体的缔约"肆意"干预；从经济背景看，因为经济活动的主体主要为个人，其经济地位的差距并不大，即使存在平等性的差距也可以通过契约中地位的互换性来弥补。因此，康德说"当事人就他人事务作出决定时，可能存在某种不公正，但他就自己的事务作出决定时，则绝不可能存在任何不公正"**39** 这一论断可视为该契约理论哲学思想的体现。20 世纪以来，科技发展、工业进步、商业发达等因素使得社会经济环境日益复杂，经济力量的集中致使垄断加剧、契约弱势群体出现，"主体平等"和"完全自由市场"这两大假设不复存在。不仅以充分信息为支撑的完全自由市场不存在了，契约这一原本认为只涉及相对人利益的载体越来越多地被指侵害第三人的利益甚至公共利益。"越来越多的合同种类成为专为第三人利益而设的合同，在这类合同中，享有合同上的权益的往往不是订立合同的合同者本人，而是合同之外的第三人；同时，随着消费者利益保护运动的高涨，在传统的合同种类中，也不时有第三人向合同的当事人主张权利要求赔偿。"**40** 于是，契约自由即正义的观念越来越流于形式，人们不再仅仅关注契约自由，在自由之外更加兼顾契约内容的公正性和其他的社会利益，力求自由与公正的完美结合。于是出现了近代民法向现代民法的转变特征——"形式正义向实质正义的转变"。[41] 现代民法为此创立了一些新的原则和规则，例如，通过所有权社会化、诚实信用、公序良俗等社会观念维护市场交易中的社会利益；通过情势变更原则、无过错归责原则、契约自由之限制、具体人格，以及契约附随义务法定化等来调整平等主体之间不平衡的经济利益关系。[42] 以上关于实质公平理念并以之规制契约自由的理论的简要介绍，即为合同法强制性规范产生的理论背景。但是，在具体的法律适用过程中，何为应该导致行为无效的强制性规范一节，却是需要依据具体的法律事实由法官评判的内容。

在民事私法领域，公平更多情况下关注的是：在社会经济领域，主张实质而非形式的机会公平；关注具体而非抽象的人格平等；强调全局性而非局部性的社会利益等。在具体的民事裁判的法律适用上，学者主张通过"利益倾斜性配置"来调节和消除基于出身、禀赋等偶然因素而形成的不平等关系以及社会历史过程中基于财富累加而形成的"交易优势"。[43] 当社会发展为价值取向多元的背景下，也有学者建设性地提出了解决价值判断问题的实体性论证规则："即在没有足够充分且正当理由的情况下，应当坚持强式意义上的平等对待；在没有足够充分且正当理由的情况下，不得主张限制民事主体的自由。"[44] 借此，达到民法利益调整平衡之目的，维护民法社会治理功能，并兼顾实现主体实质平等、信息充分、保护公共利益和第三人利益、限制垄断等法律价值目标。就公司法所调整的社会关系而言，借助商法理性人的理论，公司法规范的是一个个理性的商人在公司运作中发生的经济关系，盈利性是其唯一目标。尊重情感、伦理、扶助弱小等在其他法律场景下可能被考虑的因素，在公司法中均无须顾及。这也是法经济学分析方法与公司法追求价值目标能够完美契合的内在原因。在民法体系中，合同法是调整经济领域经济行为的法律规范，所涉商事领域的合同，与公司法调整经济生活的法律价值目标趋于一致。

在私募股权投资合同效力评判中，虽然实务界有观点认为存在公司法与合同法的竞合关系，诸如"富汇案"仲裁庭认为，应将"价格估值条款是合同法律关系还是公司法律关系，抑或是两者兼而有之"作为争议解决的前提性问题，但这一前提的虚实取决于对公司性质及公司法本质相关理论的不同认识。如持公司法主要为强制性规则的立法背景下，公司法与合同法存在着对同一事实的竞合适用，在责任竞合情形的情况下，同一事实被两种法律规范基于不同的规范目的评价其法律效果会有不同。但公司契约理论不仅为我们解读公司制度提供了全新的视角，也使我们能身处经济生活实践中重新审视公司自治与国家规制的关系，在该理论基础之下，公司法是赋权性规范。国家赋予公司依据章程自治公司事务，除非相关行为造成对社会秩序、公共利益的损害。有些情况下，公司法也将不再关注公司契约自由，而去兼顾契约内容的公正性和其他的社会利益的保护，力求自由与公正的完美结合。这与合同法的法律价值目标并无二致。因此，在私募股权交易制度中，《合同法》与《公司法》达到了法律适用的融合。

注　释

　　1　冯果：《金融创新的司法审查》，载《人民法院报》2016年1月19日。

2　于晖在中国创投委对赌效力最新判例解析及立法研讨会发言：根据此类非诉业务实践，证监会明确指出为上市审核的禁区五类对赌：上市时间对赌、业绩对赌、股权对赌协议、董事会一票否决权安排、企业清算优先受偿协议，在申请上市时，存在此五类对赌安排者通常会被证监会要求予以清理，参见 http://www.vcpe.org.cn/news/2014-04-30/vcpe0000011490.shtml。

3　《公司法》第一百三十二条仅提到国务院可以规定发行其他股份的规定，但这可以理解为授权性立法规定。根据《创业投资企业管理暂行办法》第十五条规定："经与被投资企业签订投资协议，创业投资企业可以以股权和优先股、可转换优先股等准股权方式对未上市企业进行投资。"我国法律上存在优先股的合法渊源。但严格地说，这个规定未必能够普遍性地适用于所有的有限责任公司。

4　具体可参见第三章关于优先股类型及效力的归纳部分。

5　罗东川、杨兴业：《"对赌协议"纠纷的法律规制——设立裁判规则，促进投资市场有序发展》，载《人民司法》2014年第10期。

6　最高人民法院（2012）民提字第11号民事判决书。

7　罗东川、杨兴业：《"对赌协议"纠纷的法律规制——设立裁判规则，促进投资市场有序发展》，载《人民司法》2014年第5期。其实，这一观点在实践中非常常见。例如在富汇一案中，被申请人认为，该条款是股东滥用股东权利，损害公司利益、债权人利益和未来上市后中小股东利益的行为。被申请人认为，投资人选择目标公司作为对赌对象时，如果公司对赌失败，将给公司带来非正常经营的大额债务。在公司上市前该条款履行时，将损害目标公司利益及其背后的利益相关者尤其是债权人的利益。若为了上市该条款暂不履行，待在公司上市后履行的，不仅损害上述利益相关方的利益，还将导致按照募集说明书规定的本应用于公司扩大再生产或者减少公司财务成本等特定用途的中小股东投资资金因公司履行本条款而进入风险投资人的口袋，这还将损害未来公司上市后中小股东的利益。

8　罗东川、杨兴业：《"对赌协议"纠纷的法律规制——设立裁判规则，促进投资市场有序发展》，载《人民司法》2014年第5期。

9　罗培新：《公司和公司法漫谈》，载《金融法苑》2003年第1期。

10　关于法人的本质，理论上存在法人拟制说和法人实在说之分，法人拟制说是较早论及法人本质的学说在我国民事主体制度中影响深远。该说深受罗马法的法律思想影响，为注释法学派所倡导。其主要观点为，法人的人格是基于法之拟制，法人纯为观念的存在。后来巴特鲁斯等注释法学家又再次强调，自然人是实在的人类，而法人则为无肉体、无精神的观念上的存在，只不过为法律所拟制的产物。法人实在说认为，法人并非法律凭其技术拟制的抽象物，而是在性质上宜作权利能力者的社会实在，法人本身就是实实在在的独立实体。

11　方流芳：《中西公司法律地位历史考察》，载《中国社会科学》1992年第4期。

12 [美] 佛兰克·伊斯特布鲁斯、丹尼尔·费雪：《公司法的经济结构》，罗培新译、张建伟译，北京大学出版社 2005 年版，第 12 页。

13 参见阿尔钦和德姆塞茨詹森的《生产、信息费用和经济组织》、詹森和麦克林的《企业理论：管理行为、代理成本和所有权结构》。转引自 [美] 佛兰克·伊斯特布鲁斯、丹尼尔·费雪：《公司法的经济结构》，罗培新译、张建伟译，北京大学出版社 2005 年版。

14 [美] 弗兰克 H. 伊斯特布鲁克、丹尼尔 R. 费雪：《公司契约论》，黄辉译，载《清华法学》2007 年第 4 期。

15 Easterbrook & Fische,"Corporate ControlT ransactions", 91 Yale L. J. 698, 700–03 (1982); Easterb rook & F ische, l "Voting in Corporate Law", 26 J. L. & E con. 395, 401–03 (1983).

16 [美] 佛兰克·H. 伊斯特布鲁克、丹尼尔·R. 费雪：《公司契约论》，黄辉译，载《清华法学》2007 年第 4 期。

17 [美] 佛兰克·伊斯特布鲁斯、丹尼尔·费雪：《公司法的经济结构》，罗培新译、张建伟译，北京大学出版社 2005 年版，第 21 页。

18 See Joseph McCahery, Erik Vermeulen, Masato Hisatake & Jun Saito, Traditional and Innovation Approaches to Legal Reform: The"New Company Law", European Business Organization Law Review, Vol.8, 2007, pp.7–57.

19 叶林：《公司法研究》，中国人民大学出版社 2008 年版。

20 [美] 佛兰克·伊斯特布鲁斯、丹尼尔·费雪：《公司法的经济结构》，罗培新译、张建伟译，北京大学出版社 2005 年版，第 33—35 页。

21 中国政法大学课题组：《公司资本制度改革研究》，上证联合研究计划第八期研究课题，2003 年。

22 根据此次增发时百度提交的招股说明书显示，该公司共发行了 3230 万股股票，发行价已达 27 美元。

23 江平、赵旭东、陈甦、王涌：《纵论公司法的修改》，法大民商经济法律网，http://www.ccelaws.com。

24 罗培新：《公司法强制性与任意性边界之厘定：一个法理分析框架》，载《中国法学》2007 年第 4 期。

25 http://money.163.com/15/0603/02/AR5C8M4Q00253B0H.html.

26 "和"、"合"二字都见之于甲骨文和金文，《国语·郑语》最早出现"和合"一词："契能和合五教，以保于百姓者也"。《尚书》中的"和合"是指对社会、人际关系诸多冲突的处理，使之和谐统一。此处借鉴用来比拟《合同法》与《公司法》的关系，同时也体现其在实现治理社会功能上的融合贯通、和谐统一的关系。

27 具体可参见《法国商业公司法》(66 — 537 号法律) 第 1 条第 1 款；《日本民法典》第 35 条第 (1) 项，《日本商法典》第 52 条第 (1) 项、第 54 条第 (1) 项；《瑞士民法典》第 59 条第 (2) 项；《德国商法典》第 6 条。

28 方流芳:《中西公司法律地位历史考察》,载《中国社会科学》1992 年第 4 期。

29 李建伟著:《公司法学》,人民大学出版社 2011 年版,第 5—6 页。

30 方流芳:《中西公司法律地位历史考察》,载《中国社会科学》1992 年第 4 期。

31 陈朝璧著:《罗马法原理》(上),商务印书馆 1944 年版,第 76 页。

32 王保树:《从法条的公司法到实践的公司法》,载《法学研究》2006 年第 6 期。

33 罗培新:《公司法的合同路径与公司法规则的正当性》,载《法学研究》2004 年第 2 期。

34 [美]莱纳·克拉克曼、亨利·汉斯曼等著:《公司法剖析:比较与功能的视角》,罗培新译,法律出版社 2014 年版,第 16 页。此处,创业者和投资者关于分享利益、资产和控制权的复杂安排指的就是私募股权投资合同的复杂交易机制。

35 [美]米尔霍普、[德]皮斯托:《法律与资本主义》,罗培新译,北京大学出版社 2010 年版,第 5 页。

36 该案因投资人与目标公司之间依据《股份增发协议》引发的投资合同纠纷,涉及投资人与目标公司之间股权投资价格估值条款效力之争,这在本案作出之前,实务界一直认为,投资人与股东之间的对赌协议是有效的而与目标公司之间的对赌协议是无效的。即对赌协议效力"二分法"。

37 就此问题,"仲裁庭的理解是,在达成本案协议当时,本案申请人只是投资人而不是被投资公司即本案被申请人泰瑞制药的股东,申请人是以投资人身份而不是股东身份与被申请人达成投资协议的,本案协议是双方以平等缔约主体身份达成的合同,直接建立的是投资合同法律关系,而不是股东与公司之间的公司法律关系。只有当申请人依照本案协议实际投资成为被申请人股东后,申请人和被申请人才开始形成股东与公司之间的公司法律关系。由此可以确定,本案协议本身的性质是基于合同建立的法律关系。尽管本案协议的履行即投资行为会导致申请人和被申请人之间形成股东与公司的公司法律关系(如涉及公司治理、业务经营、利益分配、关联交易等诸多关系事项),但此履约投资行为之结果并不改变本案申请人与被申请人之间依据本案协议而建立的合同法律关系性质。"参见(2014)中国贸仲京裁字第 0056 号裁决书。

38 参见(2014)中国贸仲京裁字第 0056 号裁决书。

39 康德:《法的形而上学原理》,沈叔平译,商务印书馆 1991 年版,第 50 页。

40 傅静坤:《二十世纪契约法》,法律出版社 1997 年版,第 153 页。

41 梁慧星:《从近代民法到现代民法——二十世纪民法回顾》,载《中外法学》1997 年第 2 期。

42 江帆:《经济法实质正义及其实现机制》,载《环球法律评论》2007 年第 6 期。

43 李昌麒:《经济法理念研究》,法律出版社 2009 年版,第 133—138 页。

44 王轶:《民法价值判断问题的实体性论证规则——以中国民法学的学术实践为背景》,载《中国社会科学》2004 年第 6 期。

结　论

规则趋同下的私募股权投资交易

我国私募投资领域的长期实践，已将美国引进该制度中的权利机制设置根植于交易实践，尢论中国法律体系中有无允许其存在的法律规范，无论中国目前的公司法现状及相关理论演变是否成熟，金融投资家和企业家们已全然不顾。这种社会关系的演变和积累已经在一定范围内改变了既有交易结构和交易产品的形态，突破了原财产法规范范畴，法律制度的变革已势在必行。具体而言，私募股权投资合同的效力问题，最终还是归结到合同法与公司法的紧张关系。持公司法赋权性立法的国家，公司法和合同法不存在冲突和对立关系，它们同为调整私法领域的法律制度，以不同侧重的方法协商着民事主体的私人利益，但根基和落脚点均是对交易和秩序、自由和安全关系的调整。而在持公司法管制型立场的情况下，公司法的更多条款均体现为合同法之"违反法律禁止性规定"的内容，从而造成对意思自治的过多干预色彩。

　　法律制度的正当性首先是其正当化的过程以及为这一目的而运用的法律技术。这一点，在公司法立法之初如此，现时代下也是这样。为了经济发展的需要所人为拟制的法人制度，其合理性在于在法律技术上构建了一系列管制型规范，立法者说服民众相信这一系列制度能够约束公司财产独立、财产保有等，能够保证法人财产独立于背后控制他的自然人并能以这些资产对外独立承担民事责任的制度，以此弥补、弱化债权人利益保护所带来的不公。现如今，同样是为了经济发展的需要，公司契约说认为公司不是真的人格化的主体，而是由企业事业的参与者之间各种要素权利的权利义务的集合。因此，公司制度的供给与形成来自于利益相关者的自治，公司各方参与人之间的相互关系通常取决于契约和相应的契约法，而不是取决于公司法或者公司作为一个实体的法律地位。公司法本质上就是合同法在公司领域的延伸。与其说这一学说为公司的自由行为寻找法理依据，倒不如说它从另一个侧面对法人制度进行了解说。在这一解说下，公司法是赋权性的，涉及公司在意思自治领域的行为，公司法与合同法一样，应当主要是"补充性"的规则。那么，接下来的问题仍然是在法律技术正当化的过程，包括实体法上体系化强制上的需要进行的制度构建以及程序上正当化的规则。

　　《公司法》经过几次修改，尤其是 2013 年的修改淡化了公司法管制过多的立法色彩，体现了我国公司法立法顺应社会发展及国际化大趋势的态势，这体现了中国公司法与英美及德日等国公司法的规则趋同；在这一趋同背景下，公司法管制型特征的淡化就是赋予公司行为更多的自治权利，体现出给予更多意思自治空间的立法趋势，这体现出公司法与合同法规则趋同的走向。

正是在这个意义上，笔者认为，私募股权投资交易——无论是在交易目的还是结构设置，还是交易产品特质以及由此体现出的法律特征的变化，都体现为双刃剑。一方面，因为交易结构所带来的多次调整为交易安全带来隐患，但如若不接受这样的结构设置就不会出现这样的交易或隐含在交易中更多的不公；另一方面，股权的灵活设置也给交易安全带来隐患，但其灵活多样的股权功能也能引来不同需求的投资者，有利于多元化资本市场的建立。同时，笔者认为，无论是基于动产还是不动产的交易都因交易财产所呈现的外部特征形成对交易秩序的困扰，任何违约、侵权都有涉对第三人或潜在第三人利益的侵犯，民法体系的科学性在于针对这种外部特征进行的法律技术规范，以及运用若干制度为侵犯第三人利益作出合理性解释。物权或债权客体的转让也会产生外部性问题，但民法体系存在若干可以消解这些外部性问题的权利救济机制。私募股权投资交易秩序之所以引发政府监管部门的担忧，也是囿于立法缺位及法律规制手段的缺失所体现出的执法无序。如将上述问题一并归结于司法裁决中法律适用不当，则无异于让私法承担了立法功能，乃其不能承受之重。

综上及论述所述，笔者的最终结论是中国的私募股权投资交易实践市场已推动了公司法的变革，这一变革应该包括对公司及公司法立场的全面检视。优先股制度给交易秩序所带来的困扰和挑战也必将是法律技术日臻成熟、理性和完善的过程，达到合同法与公司法实现社会治理的融合与协作状态，彼时，私募股权投资交易必将在两大规则趋同下纳入良性发展的轨道。

参考文献

中文书目（著作类）

1.［德］卡尔·拉伦茨：《德国民法通论》，王晓晔等译，法律出版社 2003 年版。

2.［美］科斯、哈特等：《契约经济学》，李风圣主译，经济科学出版社 2003 年版。

3.［美］艾伦·R．帕尔米特（Alan R.Palmiter）著：《公司法案例与解析》，中信出版社 2003 年版。

4. 罗结珍译：《法国公司法典》（上册），中国法制出版社 2007 年版。

5. 费安玲等译：《意大利民法典》，中国政法大学出版社 2004 年版。

6. 王保树主编：《最新日本公司法》，于敏、杨东翻译，法律出版社 2006 年版。

7.［美］莱纳·克拉克曼，亨利·汉斯曼等著：《公司法剖析：比较与功能的视角》，罗培新译，法律出版社 2014 年 2 月版。

8.［美］佛兰克·伊斯特布鲁斯、丹尼尔·费希尔：《公司法的经济结构》，罗培新译、张建伟译，北京大学出版社 2005 年版。

9.［美］米尔霍普、［德］皮斯托：《法律与资本主义：公私危机揭示的全球法律制度与经济发展的关系》，罗培新译，北京大学出版社 2010 年版。

10.[美] 克罗斯、普伦蒂斯：《法律与公司金融》，吴巧芳、高汉译，北京大学出版社 2011 年版。

11.[美] 亨利·汉斯曼：《企业所有权论》，于静译，中国政法大学出版社 2001 年版。

12.[英] 艾利斯·费伦：《公司金融法原理》，罗培新译，北京大学出版社 2012 年版。

13.康德：《法的形而上学原理》，沈叔平译，商务印书馆 1991 年版。

14.陈朝璧：《罗马法原理》（上），商务印书馆 1944 年版。

15. 王保树、崔勤之：《中国公司法原理》，社会科学文献出版社 2006 年版。

16.李昌麒：《经济法理念研究》，法律出版社 2009 年版。

17.廖大颖著：《公司法原论》，三民书局 2009 年版。

18.赵旭东：《公司法学》，高等教育出版社 2003 年版。

19.蒋大兴：《公司法的展开与评判》，法律出版社 2001 年版。

20.何美欢：《公众公司与股权证券》（上中下），北京大学出版社 1999 年版。

21.彭丁带：《美国风险投资法律制度研究》，北京大学出版社 2005 年版。

22.施天涛：《公司法论》（第 2 版），法律出版社 2006 年版。

23.邓峰：《普通公司法》，中国人民大学出版社 2009 年版。

24.罗培新：《公司法的合同解释》，北京大学出版社 2004 年版。

25.刘俊海：《股份有限公司股东权的保护》，法律出版社 1997 年版。

26.叶林：《公司法研究》，中国人民大学出版社 2008 年版。

27.李建伟：《公司法学》，人民大学出版社 2011 年版。

28.王文宇：《新公司与企业法》，中国政法大学出版社 2003 年版。

29.陈志武：《金融的逻辑》，国际文化出版公司 2009 年 8 月版。

30.顾功耘主编：《商法教程》，上海人民出版社 2001 年版。

31.孔祥俊：《合同法教程》中国人民公安大学出版社 1999 年版。

32.王利明：《合同法研究》第 1 卷，中国人民大学出版社 2002 年版。

33.李永军：《合同法》法律出版社 2005 年版。

34.史尚宽：《民法总论》，中国政法大学出版社 2000 年版。

35.石少侠著：《公司法》，吉林人民出版社 1996 年版。

36.[隋]彭生：《合同法论》，法律出版社 1997 年版。

37.傅静坤：《二十世纪契约法》，法律出版社 1997 年版。

38.最高人民法院研究室：《最高人民法院关于合同法司法解释（二）：理解与适用》，人民法院出版社 2009 年版。

39.关景欣：《中国私募股权投资基金法律操作实务》，法律出版社 2008

年版。

40. 李寿双:《中国式私募股权投资——基于中国法的本土化路径》,法律出版社 2008 年版。

41. 北京市中伦律师事务所著:《资本市场业务》,中国法律出版社 2013 年版。

42. 陈永坚:《中国风险投资与私募股权》,法律出版社 2008 年版。

43. 邓峰:《普通公司法》,中国人民大学出版社 2009 年版。

44. 王红一:《公司法功能与结构的法社会学分析》,北京大学出版社 2002 年版。

45. 邹箐:《私募股权基金的募集与运作》,法律出版社 2009 年版。

中文书目（论文类）

1. 张斌、巴曙松:《PE 的运作机制研究:一个文献综述》,载《财经科学》 2011 年第 11 期。

2. 王卫国:《现代财产法的理论建构》,载《中国社会科学》2012 年第 1 期。

3. 罗培新:《公司法强制性与任意性边界之厘定:一个法理分析框架》,载《中国法学》2007 年第 4 期。

4. 汤欣:《论公司法的性格——强行法抑或任意法?》,载《中国法学》2001 年第 1 期。

5. 冯果、李安安:《投资者革命、股东积极主义与公司法的结构性变革》,载《法律科学》2012 年第 2 期。

6. 冯果:《金融创新的司法审查》,载《人民法院报》2016 年 1 月 19 日。

7. 季境:《对赌条款的认识误区修正与法律适用》,载《人民司法》2014 年第 5 期、人大复印资料《法学文摘》2014 年第 3 期。

8. 罗东川、杨兴业:《"对赌协议"纠纷的法律规制——设立裁判规则,促进投资市场有序发展》,载《人民司法》2014 年第 5 期。

9. 刘锋、姚磊:《私募股权投资中股东承诺投资保底收益的效力》,载《人民司法》2014 年第 5 期。

10. 俞秋玮、夏青:《论股权投资估值调整协定的法律效力》,载《法律适用》2014 年第 6 期。

11. 罗培新:《公司法学研究的法律经济学含义——以公司表决权规则为中心》,载《法学研究》2006 年第 5 期。

12. 王轶:《民法典的规范类型及其配置关系》,载《清华法学》2014 年第 6 期。

13. 王轶：《民法典的规范配置——以对我国〈合同法〉规范配置的反思为中心》，载《烟台大学学报》（哲学社会科学版）2005 年第 3 期。

14. 王轶：《民法价值判断问题的实体性论证规则——以中国民法学的学术实践为背景》，载《中国社会科学》2004 年第 6 期。

15. 季境：《私募股权投资中股权价格调整条款法律问题探究》，载《法学杂志》2014 年第 4 期。

16. 季境：《在民事裁判中运用法治思维》，载《新华文摘》2014 年第 1 期。

17. 罗培新：《公司法的合同路径与公司法规则的正当性》，载《法学研究》2004 年第 2 期。

18. 方流芳：《中西公司法律地位历史考察》，载《中国社会科学》1992 年第 4 期。

19. 赖继红、石璁：《浅谈 PE 优先权及对赌协议在 PE 中的应用》，载《资本市场业务》，中国法律出版社 2013 年版。

20. 殷志刚：《商的本质论》，载《法律科学》2001 年第 6 期。

21. 尹田：《乘人之危与显失公平行为的性质及其立法安排》，载《绍兴文理学院学报》2009 年 3 月。

22. 张豪：《合同显失公平的认定》，载《人民司法》2009 年第 12 期。

23. 李永军：《民法上的人及其理性基础》，载《法学研究》2005 年第 5 期。

24. 朱小辉：《PE 投资优先权在中国遭遇法律困境》，载《资本市场》2008 年第 9 期。

25. 沈朝晖：《公司类别股的立法规制及修法建议——以类别股股东的法律保护机制为中心》，载《证券法苑》2011 年第 5 卷。

26. 汪青松、赵万一：《股份公司内部权力配置的结构性变革——以股东"同质化"假定到"异质化"现实的演进为视角》，载《现代法学》2011 年第 3 期。

27. 傅穹：《对赌协议的法律构造与定性观察》，载《政法论丛》2011 年第 6 期。

28. 谢海霞：《对赌协议的法律性质探析》，载《法学杂志》2010 年第 1 期。

29. 孙艳军：《论对赌协议在中国创业板市场中的法律地位》，载《中央财经大学学报》2011 年第 11 期。

30. 彭冰：《"对赌协议"第一案分析》，载《中国仲裁》2013 年第 3 期。

31. 姚泽力：《"对赌协议"理论基础探析》，载《经济研究》2011 年第 8 期。

32. 杨宏芹、张岑：《对赌协议法律性质和效力研究》，载《江西财经大学学报》2013 年第 5 期。

33. 王云霞：《中国法律环境下对赌协议的法律性质及效力分析》，载《行政与法》2013 年第 4 期。

34. 黄占山、杨力：《附"对赌协议"时股东承诺回购约定的效力》，载《人民司法》2014 年第 5 期。

35. 龙翼飞：《企业间借贷合同的效力认定及责任承担》，载《现代法学》2008 年第 2 期。

36. 李杰杨波：《VC、PE 对投资项目进行估值的方法》，载《产权导刊》2009 年第 9 期。

37. 李志起：《对赌协议是个圈套》，载《中国经济周刊》2008 年第 46 期。

38. 许德风：《论私法上的财产定价——以交易中的估值机制为中心》，载《中国法学》2009 年第 6 期。

39. 李岩："对赌协议法律属性之探讨"，载北京大学金融法研究中心主办：《金融法苑》2009 年第 1 期。

40. 熊智、杨泽：《私募股权投资中对赌协议的定性及效力的司法认定》，载《北京仲裁》（第 84 辑）。

41. 程继爽：《"对赌协议"在我国企业中的应用》，载《中国管理信息化》（综合版）2007 年第 5 期。

42. 罗培新：《公司和公司法漫谈》，载《金融法苑》2003 年第 1 期。

43. 曾智、朱玉杰、雪莲：《我国私募股权投资中引入优先股的理论解析与现实思考》，载《山东社会科学》2014 年第 3 期。

44. 蒋雪雁：《英国类别股份制度研究》（下），载《金融法苑》2006 年第 3 期。

45. 蒋雪雁：《英国类别股份制度研究》（上），载《金融法苑》总第 72 辑。

45. 吴弘、李霖：《我国公司章程的实践问题与法理分析》，载顾耕耘主编：《市场秩序与公司法之完善》，人民法院出版社 2000 年 5 月版。

46. 宣顿、赵美珍：《美国风险投资优先股制度的演进与运用》，载《经济导刊》2011 年第 10 期。

47. 任尔昕：《关于我国设置公司种类股的思考》，载《中国法学》2010 年第 6 期。

48. 朱慈蕴、沈朝晖：《类别股与中国公司法的演进》，载《中国社会科学》2013 年第 9 期。

49. 梁胜、易琦：《境外优先股法律制度比较研究》，载《证券法苑》2013 年第 8 卷。

50. 苏力：《"海瑞定理"的经济学解读》，《中国社会科学》2006 年第 6 期。

51. 刘胜军：《类别表决权：类别股股东保护与公司行为自由的衡平》，载《法学评论》2015 年第 1 期。

52. 刘小勇、周朴雄：《创业投资中类别股份的利用与公司法制的完善》，载

《证券市场导报》2011 年 6 月。

53. 沈伟：《中国公司法真的能"孵化"私募投资吗？——一个基于比较法语境的法经济学分析》，载《现代法学》2014 年第 3 期。

54. 弗兰克·H. 伊斯特布鲁克、丹尼尔·R. 费雪：《公司契约论》，黄辉译，载《清华法学》2007 年第 4 期。

55. 梁慧星：《从近代民法到现代民法——二十世纪民法回顾》，载《中外法学》1997 年第 2 期。

56. 江帆：《经济法实质正义及其实现机制》，载《环球法律评论》2007 年第 6 期。

57. 江平、赵旭东、陈甦、王涌：《纵论公司法的修改》，法大民商经济法律网，http://www.ccelaws.com。

58. 中国政法大学课题组：《公司资本制度改革研究》，上证联合研究计划第 8 期研究课题，2003 年。

59. [美] 爱森伯格：《公司法的结构》，张开平译，载王保树主编《商事法论集》第 3 卷，法律出版社 1999 年版。

60. 王保树：《公司法律形态结构改革的走向》，载《中国法学》2012 年第 1 期。

61. 叶林：《商行为的性质》，载《清华法学》2008 年第 4 期。

62. 汪青松：《商事主体制度建构的理性逻辑及其一般规则》，载《法律科学》2015 年第 2 期。

外文书目

1.Easter Brook & Fische, "Corporate Control Transactions", 91 Yale L.J.698, 700–03（1982）;Easterb rook & Fische, l "Voting in Corporate Law", 26 J.L.& E con.395, 401–03（1983）.

2.Walter Kuemmerle, "Comparing Catalysts of Change: Evolution and Institutional Differences in the Venture Capital Industry in the US, Japan and Germany"（2001）.

3.Allen T. Cheung, China Private Equity Deals Are Expected To Accelerate, Int I Heraid Trib, Nov.8, 2005.

4.Kathrin Hille, "China in New Push on Web Ownership", Financial Times, Sept.2, 2011, p.14.

5.Easter Brook & Fische, "Corporate Control Transactions", 91 Yale L.J.698, 700–03（1982）;Easterbrook & F ische, l "Voting in Corporate Law", 26 J.L.& E con.395, 401–03（1983）。

6.Sahlman William, "The structure and Governance of Venture Capital Organization", Journal of Financial Economics Vol.27, Iss.2.

7.Saul Levm ore, Self-assessed Valuation Systems for Tort and Other Law, 68 Virginia Law Review 771, 771–772 (1982).

8.Raphael Amit, I, awrence Glosten and Eitan Muller .Entrepreneurial Ability, Venture Investments and RiskSharing [J]. Management Science, 1990, 36 (10).

9.Sahlman W. The structure and governance of venture capi tal organizations [J]. Journal of Finance, 1990, 27.

10.Gompers.The Theory, Structure, and Performance of Venture Capital (Funding) [D]. Harvard University.

11.Edward Glaeser, Simon Johnson and Andrei Shleifer, "Coase vs. the Coasians", 116 Quarterly Journal of Economics 510–511 (2001).

12.2011 Business Climate Survey by American Chamber of Commerce in China. See Kathy Chu, "Is China Turning against Foreign Businesses?", US Today, Oct.25, 2011, 8A.

13.Securities and Exchange Commission v.W.J.Howey Co., 328U.S.293 (1946).

14.Easterb rook & Fische, l"Corporate Control Transactions", 91 Yale L.J.698, 700–03 (1982) ;Easterb rook & Fische, l "Voting in Corporate Law", 26 J.L.& Econ.395, 401–03 (1983)。

15.Joseph McCahery, Erik Vermeulen, Masato Hisatake & Jun Saito, Traditional and Innovation Approaches to Legal Reform: The"New Company Law", European Business Organization Law Review, Vol.8, 2007.

16.Allen T.Cheung, China Private Equity Deals Are Expected to Accelerate, Int' I Herald Trib., Nov.8, 2005.

17.Myers, S.C., Determinants of Corporate Borrowing. Journal of Financial Economics, 1977, 5 (1) :411–487.

18.Timothy Luehrman, Investment Opportunities as Real Options: Getting Started on the Numbers, Harvard Business Review 76, No.4 (July—August 1998), pp.51–67;Strategy as a Portfolio of Real Options, Harvard Business Review 76, No.5 (September—October 998), pp.87–99.

后 记

随着"富汇案"胜诉裁决尘埃落定，私募股权交易这个顽强的小生命终于在中国市场经济的广阔舞台上赢得了属于自己的合法生存空间。从当时写出数十万字的各种论证至今，这本书又写了整整两年，今天终于从内心里确认可以付梓了。虽感于学术的博大精深及自己积淀尚浅，不满之处仍多，但无论如何，回首几年来的所思、所学、所悟，实已获益良多，也算是对自己有一个能过得去的交代吧，今后的学习和研究也应该步入一个新的阶段了。

大学毕业后我便进入法院民庭工作，断断续续近十年光景。虽然已离开审判一线进入高校多年，但仍对法官职业有着一份深深的情怀，以至于几年前一个重回法院的机会摆在面前时，竟让我纠结了好久。也许是性格决定命运，最终还是让步于自己的随性，继续紧跟实践前沿研究学问、体会并随时修正着我的教学思想。毕竟法官审理的案件来自于分配，不能根据自己的兴趣随意选择，而大量的开庭及案头工作也会导致没有精力甚至体力从事自己喜欢的研究工作。我也曾从事几年专职律师工作，其不菲的经济效益也确实解决了一个公务员家庭的经济窘境，但这份职业带给我的欣喜和成就感并不完全来自于金钱。2008 年，我执业第一年即接受招商证券委托，代理其被诉证券欺诈案，该案后来被中国证监会作为范例向全系统通报，对于规范证券人员从业行为起到了很大作用。2012 年的"富汇案"已是我专职执业的"收官"之作，未曾想到的是，此案奠定了我在私募投资实务界的影响力，也成就了我在该领域学术研究的风格，而这也正是我在踏入西政校门那一刻所期望的。虽然，彼时的自己因"实务专家"的头衔而忐忑甚至有些许自惭，但如今，我已欣然并欣慰于自己紧跟实务前沿的学术之路。

我是一个特别幸运的人，在人生的重大转折处，总能得到恩师、挚友的无私帮助，虽然写在本书的后记中有些唐突，但我特别想表达对引领我走上了学术之路的各位老师的感激之情。由于自知天赋不高，所以只能尽力在自己关注的领域做实做精。在北大学习期间，我一直拿着北大和人大的课表辗转于两校之间，尹田老师、刘凯湘老师、王小能老师、王轶老师、叶林老师的学术思想对我影响甚深。特别是尹田老师对我攻读博士的鼓励，令颇为自由散漫的我坚定了从事学术研究的信心。费安玲老师更是亦师亦友，对我学识的提点、生活的关照和帮助让我至今想起仍备感温暖，并一直作为楷模影响着我的师者风范。虽然老师可能不曾记在心里，但我终生不敢忘怀。我常想，能为国家和社会做点什么，或许就是老师对我最大的期冀。

我也是一个喜欢不断探索并挑战自我的人。我的博士研究生导师杨振山先生去世后，时常有一些学术问题乃至人生方向令我困顿，却有幸深得王牧老师、信春鹰老师的指导和教诲，每每令我茅塞顿开，既有顿悟亦有升华，受益终生。

近几年，我的学术研究重点进入金融法和信息法领域后，深得王卫国老师的教诲和提点，不仅感念老师品格之高尚，更叹服于老师对实务的洞悉和精深，对问题体察的细致入微，一旦知悉事情的来龙去脉只言片语便切中要害。感谢同窗好友司艳丽博士，共同的价值观和人生理念让我们成为一生的挚友，开怀的欢笑和痛哭的时刻都有你的陪伴。

随着年龄的增长，我深深感受到，只有在各种历练、挑战中方能成长和认清自己，才能把握真实需要的人生状态。我也常常感动自己有这样美好的人生路途，与这样的老师、朋友一起同行的时光值得一生珍藏。

特别感谢我的爱人丁英华博士，多年来他欣赏的目光给了我诸多期许、鼓励，他有力的臂膀为这个家遮挡风雨，在共风雨的生活历练中、在案牍文字的磨砺中和我一起慢慢变老。也感谢我的儿子，他为本书的外文书籍搜寻和翻译所做的工作。还要感谢我的外甥王鋆，他在深交所忙碌的工作之余去港大图书馆查找资料及案例。是你们的爱，支撑着我的成就与成功。

人民出版社的关宏老师为本书的付梓做了大量细致、辛苦的工作，在此深表感谢！

季　境

2016 年 4 月于北京世纪城

责任编辑：关　宏
装帧设计：木　辛
责任校对：张红霞

图书在版编目（CIP）数据

私募股权投资交易法律适用与实践／季境 著 . —北京：人民出版社，
　2016.12
ISBN 978 - 7 - 01 - 017079 - 4

I.①私…　II.①季…　III.①股权－证券投资基本法－研究－中国
　IV.①D922.287.4

中国版本图书馆 CIP 数据核字（2016）第 303225 号

私募股权投资交易法律适用与实践
SIMU GUQUAN TOUZI JIAOYI FALÜ SHIYONG YU SHIJIAN

季　境　著

人民出版社 出版发行
（100706　北京市东城区隆福寺街 99 号）

北京盛通印刷股份有限公司印刷　新华书店经销

2016 年 12 月第 1 版　2016 年 12 月北京第 1 次印刷
开本：710 毫米 ×1000 毫米 1/16　印张：22
字数：243 千字

ISBN 978 - 7 - 01 - 017079 - 4　定价：56.00 元

邮购地址 100706　北京市东城区隆福寺街 99 号
人民东方图书销售中心　电话：(010) 65250042　65289539